读懂
十三五
②

—— 国家智库权威学者前瞻未来中国 ——

吴敬琏 厉以宁 林毅夫 等◎著

朱克力 曾铮◎主编

中信出版集团·北京

图书在版编目（CIP）数据

读懂十三五．2/吴敬琏等著；朱克力，曾铮主编．-- 北京：中信出版社，2017.5
ISBN 978-7-5086-7467-4

Ⅰ.①读… Ⅱ.①吴… ②朱… ③曾… Ⅲ.①国民经济计划－五年计划－中国－2016-2020 Ⅳ.① F123.3

中国版本图书馆 CIP 数据核字（2017）第 066868 号

读懂十三五．2

著　　者：吴敬琏　厉以宁　林毅夫　等
主　　编：朱克力　曾　铮
出版发行：中信出版集团股份有限公司
　　　　　（北京市朝阳区惠新东街甲 4 号富盛大厦 2 座　邮编　100029）
承　印　者：北京诚信伟业印刷有限公司

开　　本：880mm×1230mm　1/32　　印　张：13.5　　字　数：287 千字
版　　次：2017 年 5 月第 1 版　　　　印　次：2017 年 5 月第 1 次印刷
广告经营许可证：京朝工商广字第 8087 号
书　　号：ISBN 978-7-5086-7467-4
定　　价：58.00 元

版权所有·侵权必究
如有印刷、装订问题，本公司负责调换。
服务热线：400-600-8099
投稿邮箱：author@citicpub.com

目录

序 章

落实改革，提高供给侧效率 // V
国务院发展研究中心研究员　吴敬琏

寻找中国红利新源泉 // XIII
北京大学光华管理学院名誉院长　厉以宁

中国仍将是世界经济增长引擎 // XXIII
北京大学国家发展研究院名誉院长　林毅夫

第一章
黑天鹅与不确定性

应对黑天鹅，关键在改革 // 003
国务院发展研究中心主任、研究员　李伟

重压之下，中国经济砥砺前行 // 012
中国银行国际金融研究所　陈卫东　宗良　周景彤等

中国经济的运行趋势与发展经验 // 039
民生证券首席经济学家　邱晓华

第二章
中国经济稳中求进

转型拐点下的中国经济前景 // 051
中国社会科学院副院长、全国政协常委　蔡昉

合理的供给结构让经济行稳致远 // 067
国务院参事室特约研究员　左小蕾

稳中有升：中国经济形势分析与预测 // 074
中国社会科学院经济学部　课题组

宏观经济与大类资产展望 // 091
民生证券副总裁、研究院院长　管清友等

第三章
变革中的风险与挑战

中国"十三五"面临的五大挑战 // 131
中央党校国际战略研究所副所长　周天勇

找回丢失的"锚"：市场最担心的几个问题 // 138
天风证券首席经济学家、中国首席经济学家论坛理事　刘煜辉

金融市场风险点基本研判与处置对策 // 151
国家发改委市场与价格研究所副主任　曾铮

第四章
深化改革,释放新动能

改革创新,突出重围 // 165
北京大学国家发展研究院经济学教授　周其仁

重点改革领域和亟须消除的障碍 // 190
国务院发展研究中心研究员　吴敬琏

深入推进农业供给侧结构性改革 // 206
中央财经领导小组办公室副主任　韩俊

从中国产业基础寻找发展新动能 // 212
北京大学企业与政府研究所所长　路风

新经济新就业,激活居民增收动力 // 222
中国社会科学院人口与劳动经济研究所所长　张车伟

第五章
跨越中等收入陷阱

未来十年,从数量追赶到质量追赶 // 229
国务院发展研究中心"中长期增长"课题组

中国经济:新常态,新举措,新希望 // 252
中国人民大学校长、著名经济学家　刘伟

新一轮动力转换与路径选择 // 268
国务院发展研究中心副主任　王一鸣

第六章
新治理改变中国

新阶段的中国经济，呼唤新治理 // 307
国务院发展研究中心资环所副所长　李佐军

完善产权保护制度的行动纲领 // 338
国务院发展研究中心研究员　吴敬琏

让房地产市场回归居住属性 // 344
国务院参事室特约研究员　左小蕾

信用政府：迈向治理能力现代化的基石 // 362
国务院发展研究中心副研究员　龙海波

后　记

立足新方位，凝聚新势能 // 395
——兼谈"三破""三立"新经济法则
智石经济研究院执行院长、研究员　朱克力

序章

落实改革,提高供给侧效率

国务院发展研究中心研究员　吴敬琏

当前,我国经济发展最热门的话题是供给侧结构性改革。对这个概念的理解不同,会对改革的实际推进产生很大影响。

推进供给侧改革不应与"调结构"混为一谈

什么是供给侧结构性改革?各种各样的解释中,有一种我认为不太准确的解释,就是把它看成由政府用行政手段调结构。

之前在中国很少用"结构性改革"这个词,一般说体制改革。但在西方发达国家,这是一个经常用的词,甚至中文中的"体制改革"一词也常常被译作"structural reforms",即"结构性改革"。它们所说的结构性改革,是指在市场经济的总框架下对部分制度架构和政府规制架构进行的改革,特别是指对政府工作方式进行改革。中国在 2000 年初步建立社会主义市场经济框架,在此框架下进行的改革也可以叫作结构性改革。而当下的供给侧结构性改革，就是为了提高供给效率对一些制度环节和政府职能进行的改革，不能把它们与政府用行政手段进行"调结构"混为一谈。

供给侧结构性改革成败的关键在于，能否把全面深化改革的各项措施落到实处，建立起一个好的体制，使市场在资源配置中起决定性作用，同时也要更好地发挥政府的作用。这里需要注意的是，市场与政府两者的作用并不是平起平坐、半斤八两，因为它们的作用领域是不一样的，作用方式也不相同。

市场的基本功能有两条，一条是有效配置和再配置稀缺资源，另外一条是形成兼容的激励机制，激发创新创业的积极性。政府在市场经济中起作用的领域不同，它的基本功能是提供公共品，而不是直接插手私用品的生产和经营，即不是操控市场、干预微观经济和直接"调结构"。

什么是公共品？主要包括以下几方面：提供良好的法治环境和平等竞争的经营环境；建立良好的教育系统和基础性科学研究体系；用PPP（公私合作模式）的方式提供共用技术和牵头组织产业联盟开发新技术；用"补需方"等方式提供补助；组织对技术发展趋势的讨论和因势利导，提供非指令性的产业规划。在我看来，政府太多地干预微观经济，其实效果不好。

以当前供给侧结构性改革要达到的重点目标"三去一降一补"（去过剩产能、去房地产库存、去杠杆、降成本、补短板）为例。其中，去产能、去库存、补短板就是实现资源的有效再配置。过去在市场发育程度很低、政府在资源配置中起决定性作用的情况下，这类工作由政府下指标实现。看似很快见效，其实由于政府官员并不一定具有洞察什么是最好结构的特殊能力，经常会发生资源误配。

实现资源再配置的另一种方法是通过市场进行，即在竞争的推动下实现优胜劣汰，使有限资源从效益低的地方流向效益高的地方，就能做到事半功倍。所以，这次调整虽然要用一些行政手段，但还是应当依靠市场力量。

不少人认为，"三去一降一补"和20世纪90年代末国有企业"三年脱困"时的情况有一些相似之处。不过，我觉得对它的介绍有一点片面性，就是把行政命令、"限产压锭"和实施"再就业工程"的作用估计得太高。

当年"三年脱困"，确实是从纺织业"限产压锭"和在全国各地建立再就业中心开端的。但由于缺乏新的就业岗位，除了上海好一点，全国各地都发生了再就业中心雍塞，成千上万的下岗职工无法真正分流的情况。后来，政府采纳了把民营中小企业作为国有企业职工下岗分流的主渠道方针。随后，各级政府部门采取了有力措施，大力扶植中小企业的发展。这样一来，民营企业迅速发展，成为国有企业下岗职工就业、创业的主要出口。在那次结构调整中，行政手段起了作用，但真正解决大问题，还是靠市场创造大批新的企业和新的就业岗位。

降成本、去杠杆这种事情，要靠企业家和企业职工发挥积极性、创造性。然而，人们的积极性、创造性通常是不可能靠行政命令调动起来的。所以，政府应该"牵牛鼻子"，而不是"抬牛腿"，主要是提供良好的营商环境，依靠市场竞争的奖优罚劣作

VII

用，激发人们的积极性、创造性，而不是操控市场，干预微观经济和直接调结构。

应对经济增速下降，关键在于提高供给侧效率

近年来，中央一再指出，当前中国经济发展面临的主要挑战是经济增长换挡期、结构调整阵痛期和前期刺激政策消化期"三期叠加"，以及经济增速下降、工业品成本下降、实体企业盈利下降、财政收入增速下降和经济风险发生概率上升等"四降一升"。我觉得，这些判断是正确的。从中可以看到，当前挑战的症结是中国经济发展进入了下行通道。

如何探寻经济下行的原因，进而提出应对方略？从宏观经济学角度，可以从需求侧和供给侧两个方面入手。

2009年以来，分析中国经济增长的主流办法是着眼于需求侧，认为基本的原因是投资、消费和出口等"三驾马车"的力量不足，即总需求不足。根据这一分析结论得出的政策结论，就是"扩需求、保增长"。从需求侧分析的理论误区，是用凯恩斯主义的短期分析框架去分析长期问题。从实际结果来说，也会出现一些消极后果，如投资回报递减、杠杆率（负债与GDP比率）不断推高、资产市场泡沫生成和金融风险积累等等。

在这种情况下，越来越多的人开始怀疑主要用扩需求的办法保增长的正确性和有效性。特别是许多经济学家一直主张，应当从供给方面因素的分析中去寻找中国经济下行的原因和寻求应对的办法。从供给侧看，决定经济增长的是新增劳动力、新资本形

成和效率提高等因素。这种分析不但能很好地解释改革开放以来中国经济为什么能够长期保持高速增长，也能很好地解释为什么近年来增速持续下降。

例如，改革开放以来打破了以往城乡隔绝的状态，使原来在农村低效利用的土地、劳动等资源大量进入城市，得到较高效率的利用。同时，对外开放使中国在自主创新并不发达的情况下，通过购买外国设备、引进外国技术很快提高了技术水平。

然而，到 21 世纪初期，随着人口红利逐渐消失，新增劳动力对经济增长的贡献越来越小；城市化的快速发展，使得通过结构改善提高效率的空间变窄。此外，中国在技术上从一个完全跟随者变成同跑者，甚至成为某些领域的领跑者，再用简单引进的办法提高效率也就变得困难了。加上增加投资正面效应递减，负面效应累积，减速就成为必然。如此，要解决经济增长减速问题的关键就在于，把驱动经济增长的主要动力从增加投资转向技术创新和提高效率。

需要指出的是，中国从"九五"计划开始就要求提高效率，从粗放型增长方式转向集约型增长方式，但实际效果有限。为什么会出现这种情况？转型不顺利的原因是存在体制性障碍。所以，要真正实现发展方式转型，关键是通过深化改革消除这种体制性障碍，发挥市场在资源配置中的决定性作用并更好地发挥政府的作用。只有这样，才能提高效率和实现经济发展方式转型。

从上面的分析可以得出的应对方略是，在稳住大局、防止发生系统性风险的前提下，集中主要力量推进改革，建立能够激发创新创业积极性的机制体制，依靠好的体制机制实现供给侧效率提高。政府、企业和社会要共同推动改革,实现转变。

政府要做好自己应该做的事情。最重要的是保持宏观经济环境的稳定,建设法治化的市场体系,从根本上鼓励创新创业,而不是直接去确定微观领域的技术路线、经营战略,或是给企业补贴。假如在竞争阶段继续给予特定、少数企业补贴,反而会导致不公平的市场竞争。

企业应是变革的积极参加者。市场化、法治化的变革,对于某些在旧制度下有既得利益的企业虽有影响,但对所有企业和市场的长远发展、对整个国家经济的健康发展是有根本和长期推动作用的。所以,企业家要做好适应新环境的准备。在新的竞争和经营环境下,如何适应消费需求的变化,如何提高自身竞争力和创新能力,是企业需要花力气钻研的。只有这样,才能从根本上解决我们面临的问题。

按照中央精神推进改革,化大震为小震,避免风险积累

我们说,从根本上解决问题要靠改革,但是改革不是一两天就能成功的。现在金融风险已有相当程度的积累,所以必须采取措施维持大局的稳定,为改革赢得时间。

怎么防止发生系统性风险?第一个方面是采取措施控制风险、化解风险。具体做法包括,妥善处理各级地方政府的债务;动用国有资本偿还社会保障基金缺口等政府隐性负债;停止对没有回报或回报过低的项目进行投资;停止对"僵尸企业"输血,政府如果不是发挥自己应当承担的社会保障功能、帮助解决企业

破产带来的困难，而是支持这类"僵尸企业"继续浪费社会资源，只会增加风险积累；停止"刚性兑付"，对资不抵债的企业实施破产清盘或破产保护下重整，这样可以化大震为小震，避免风险积累；盘活由于粗放增长方式造成的死资产存量，如成片卖不掉的商品房、"晒太阳"的开发区等等。

另一方面，在必要的时候，凯恩斯主义式短期政策也是可以用的。但总体来说，还是要去杠杆，而不能加杠杆。在货币政策和财政政策这两种主要的宏观经济政策中，由于特定经济状况下，"闲钱"不愿意投到不易退出的实业中去，而往往选择投向股市等资产市场，容易造成资产泡沫膨胀，所以应主要采用财政政策。

近年来，财政赤字率控制目标提高到3%，结果可能会超过3%，那么财政政策怎么用？所谓扩张性财政政策，说白了就是用财政赤字创造需求。扩大赤字有两种办法，一个是增加支出，另外一个是减少收入。由于政府投资和补贴等往往是低效甚至有负效应的，如财政为部分新技术企业提供补贴，就会破坏竞争，产生负效应，所以建议主要进行普惠式的减负，来提高创新创业的积极性。现在中国经济面临的一个大问题是，不少企业家对未来缺乏信心。当然，营商环境不够好只是造成这种状况的原因之一，但降低税收对于改善营商环境和提高企业家的积极性有好处，这是确定无疑的。

如果我们能通过以上办法维持大局的稳定，利用这段时间抓紧推进改革，在良好体制的推动下提高供给效率，国民经济就有可能摆脱目前的被动状态，逐步进入发展与改革相互促进的良性循环。

现在最重要的问题是，怎么能够按照中央精神推进改革？党的十八届三中全会在经济改革方面有 336 项改革，其中有一些进展得不错，有些方面还需要提速。从金融改革来说，前一个时期利率市场化和汇率市场化的进展比原来预想的还快。但利率市场化和汇率市场化单向推进是走不远的，需要其他方面的配合，整体推进。又如，党的十八届三中全会做出了国有企业的管理要从管人管事管资产转向管资本为主的重大决定。由于国有企业迄今为止仍然掌握着国家最重要的资源，能否实现这些改革，一定程度上决定了供给侧结构性改革的成败，因此，必须加快。

总而言之，供给侧结构性改革就是要建设良好的制度环境、经营环境，提高供给侧的效率。如果我们能够做到这些，实现中国经济持续稳定长期发展是可以预期的。30 多年改革已经为我们打下了一个很好的基础，现在需要做的是大家共同努力，落实各项改革措施。

寻找中国红利新源泉

北京大学光华管理学院名誉院长　厉以宁

原有红利的丧失和新红利的涌现,是一个全世界都存在的问题,这里将对红利的源泉做一些探讨。

原有的红利是怎样消失的?

1. 原有的红利消失是经济发展过程中的正常现象。

原有的各种红利是适应于经济发展前期的。因此,随着经济的继续发展,经济发展方式必然要变化,这样一来,原有红利的消失是完全可以理解的。

2. 原有红利的消失应主要归因于转型的不及时和不到位。

如果经济发展方式成功转型,那就不会发生红利消失的情况了。但要注意到,这种变化要有市场的催促和压力。换言之,红利消失前如果不事先做好准备,就会引起社会的不安或动荡,因为经济会突然下滑。

3. 原来红利的消失，在相当大程度上也与留恋原有的优势有关。

如果企业总是存在侥幸心理，以为原有的优势不会消失，那就走上了没落之路。生产要素的重组实际上取决于信息的重组，不了解信息重组的必要性，就只能失去市场。

4. 经济中缺乏创新的动力和创新的条件，将不可避免地把经济拖入停滞和衰落。

创新的必要性也可以从另一个角度来考察：不创新，不仅没有红利，连企业也会垮掉。也就是说，任何留恋原有的优势而不愿转型的地区，都会自食恶果。

红利的新源泉究竟在哪里？

1. 新的"红利"不可能自发地涌现。

在原有的红利消失以后，新的红利不可能自发涌现。这是因为，如果没有一种新的体制或机制，新的红利就缺乏产生的温床，涌现是不可能的。

2. 红利的新源泉首先蕴藏于新的体制之中。

这表明，必须有新的体制，才能产生新的机制，新红利才会出现。新体制、新机制就好像一种新的制度环境，不仅能催生新红利，而且能保护新红利的获得者。

资本不足，再聪明的创业者都无能为力。而有些场合，不怕融不到资，只怕融到资以后也不知道如何用好这笔资金。有眼光、有作为的创业者同其他人的差别正在于会不会用好手中的资本。

3. 与此有关的是，红利的新源泉也来自亿万群众和千万家企业的活力。

那么，新红利的获得者是哪些人？他们就是亿万群众，就是千百万家企业，包括不同所有制的企业。他们在新的体制和机制下，发现了发展机会，同时认识到自己必须抓紧机会而不能放弃机会，这才有可能得到新的红利。

4. 有了新体制，再加上群众和企业有活力，新的红利就会涌现。

新红利如何在经济发展中不断涌现并把经济社会引向新的方向？既不能阻碍每一个有志于创造和盈利的群众和企业的拼搏，也不能把致富和发展的信息局限在狭小的圈子内。必须在新体制的激励下使群众和企业的活力充分发挥出来。

新改革红利应当成为普遍存在的红利

1. 既然新红利首先来自体制改革，那就应当明确近期最需要改什么。

新改革红利实际上不仅存在于今天，而且存在于过去，不仅存在于某一个国家或地区，任何一个国家或地区，只要实行了符合国情的改革，都会带来一定的改革红利。

2. 近期最需要改革的项目之一，是农村土地确权和农业产业化。

这是20世纪80年代开始的承包制改革的继续，但最重要的是，当年的承包制没有明确产权，当然也就谈不到农村的合作制和农业的产业化。因此，农村土地确权实际上开辟了一个新的环境。

3. 近期最需要改革的另一个项目是供给侧的结构性改革。

在企业改革方向上，结构性改革是十分迫切的。首先要形成有活力、有竞争力、产权明晰的企业，包括国有企业、国家控股企业、混合所有制企业和民营企业，这样才能涌现新改革红利。正是供给侧的结构性改革，才能完善企业主体、降低成本、调整结构和创新，才能有改革红利。

4. 这两个项目的改革取得明显的成果后，会给中国带来改革红利，也就是普遍的红利。

农村土地确权及此后的进一步改革，不同类型的企业成为有活力企业后的进一步措施，都会带来改革的红利。二者是并重的，缺一不可，都是新常态下最重要的改革。这说明新改革红利是普遍存在的红利，要靠改革者自己创造。

5. 在讨论新改革红利时，一定要把保护产权放在重要位置。

国有企业通过改革明确了产权，民营企业也应明确产权，对私人投资形成的产权进行保护。

新人口红利是无形的，但它的涌现是可以期待的

1. 新人口红利的涌现，实际上表明人力资本的升级以及由此带来的新优势。

这里一个重要的经验是，"教育不公平、就业不公平、收入

不公平、生活不公平、下一代不公平"的恶性循环将被打破，这是新人口红利产生的前提。劳动力市场也会随之变化。无论农民的人力资本存量增加，还是农民的人力资本增量增加，都是农民人力资本的升级。

2. 在农村，土地确权的改革会造成成千上万农民成为有知识有能力的"职业农民"。

通过农村土地确权，农民不再是一种身份，而变为一种职业，或称为"职业农民"。他们可能成为"家庭农场主"，并通过土地流转（租赁、转包）扩大规模，也可能引进合作者，解决资金不足、农业科技不足和农产品销路不畅等问题。"城归"是新现象，是人力资本的新突破。这样，农村中的新人口红利涌现了。

3. 新人口红利的另一个来源，就是职业技术教育推广所带来的"新工匠精神"。

农村土地确权以后，农民外出务工的积极性增加了，而且也放心了。这就会继续吸引农村劳力外出。但进入 21 世纪以来多年的经验告诉人们，社会上缺乏的是技术工人，是工匠。所以职业教育的推广是必然的，这就是新人口红利的另一个来源。

4. 科学研究队伍的壮大和发展是水到渠成的事情，这会不断带来新的人口红利。

科学研究队伍的壮大和发展会提供新的人口红利，这是毫无疑义的。这取决于两方面的工作进展，一是教育的发展和教育质量的提升，二是科研力量的优化配置。动员各方面的科学人才，使科研成果有创新、有突破，这样就会有源源不断的新人口红利。

新科学技术红利主要来自创新，但它离不开市场竞争

1. 新科学技术、新工艺、新设备、新产品，无一不来自创新，而创新，又无一不同创意有联系。

先有创意，然后有创新和创业。只有新科学技术的发明还不等于创意和创新。创意和发明皆是科学家的事情，创新和创业则归功于企业家，科学家可以兼企业家，但不是一定要兼企业家。

2. 创新只有在市场竞争中才能实现，垄断条件下，任何创新都没有必要性，甚至没有可能性。

没有市场竞争，不可能出现创新。垄断，不仅扼杀了创新，而且扼杀了创业。但如果完全没有垄断，只有市场竞争，那么企业都处于观望状态，等待别人发明创新，自己盗用。所以垄断是起作用的，这就是：对于发明创新需要保护知识产权，容许一定时期的专利。

3. 政府在创新中的作用主要在于：规划、引领、反垄断，以及支持创新主体、创新活动。

规划是最重要的，如果缺乏规划，科技创新活动难以取得成绩，特别是难以走向世界前列。这需要政府来领导规划的制订。中国科学技术的进步就是证据。

4. 创新不可能停止，因为市场竞争不会停止，竞争者既来自国内，更来自国际。

科技创新即使有成绩，也不能大意。因为市场竞争一直存在，包括国内的竞争和国际上的竞争。对于这些竞争，不用担心，竞争既是压力也是鞭策，因为创新活动不会停顿。

新资源红利是创新的成果，但同样离不开市场竞争

1. 资源红利是指土地、矿产、水资源等方面的优势，一旦供给趋紧，这种优势就会消失。

在经济发展前期，土地、矿产、水资源等资源的丰富与否，是当时各个国家走上工业国道路的发展实力的反映。当时列强之间的争夺，与掠夺廉价资源有关。这种情况至今没有根本改变，所不同的只不过是采取合同方式或合资经营来掩盖掠夺、独占的行为。

2. 新资源优势来自科学技术的不断进步，也就是说，新资源优势来自技术创新。

但不管怎样，原有资源是在枯竭过程中，人们不断地依赖科学技术去发展新资源。新的资源红利随科学技术进步而产生。对稀缺资源、资源替代品的研究和开发，已经取得了很大成绩。可以认为，新资源红利同新科学技术红利是不可分的，新资源红利也可以被看成新科学技术红利的组成部分。

3. 水、土地、矿产等资源，只要是在技术创新条件下就不会枯竭，因为总有替代品。

所有资源之所以不会枯竭，如果从人类社会的特殊性来看，可以得出三个结论：

第一，人类社会从古至今，始终有寻找稀缺资源的替代品的愿望和对策；第二，人类社会从古至今，一直在选择原材料和饮食原料，不停地舍弃得来不易的资源；第三，人类社会从古至今，一直在利用不断迁徙，甚至远距离迁徙，来避免资源供给不

足的困境。

4. 新资源红利同样是创新的产物，不停创新，新资源红利就会长存。

新资源的发现，利用和产生新的红利，是社会经济不断发展和壮大的保证。这对世界所有国家都是非常重要的。可以说，不会资源的转换和开发利用的国家，最终必然落后、衰落。

社会和谐红利是影响最深远的红利，有赖于文化建设

1. 社会和谐红利的特殊性，以及社会和谐红利产生的特殊途径：

社会和谐红利的特殊性之一：它是无形的，而不是像其他红利那样，通过某个主体行为而表现。

社会和谐红利的特殊性之二：它是累积形成的，或者说它可能是通过持久的工作逐渐形成的。

社会和谐红利的特殊性之三：它是无声无息扩散的，默默地影响人群、渗透到人群之中，从而形成一种社会风气。

2. 收入分配制度的改革，实际上是社会和谐红利涌现的前提，医疗保健的新措施也是如此。

要实现社会和谐，既要深化收入分配制度改革，又要扎实推进医疗保健制度改革，这两方面的改革都同民生问题紧密相连。具体地说，如果社会上收入差距过大，以及医疗保健制度改革迟缓，都会影响社会和谐，使社会和谐红利显示不出来。

3. 社会资本概念的含义，以及如何建设和谐社会，如何发挥

社会资本的独特作用：

社会资本是一种无形资本，是一种人际关系——人们相互信赖的关系。也就是说，社会资本来自诚信。没有诚信，社会资本不存在，社会和谐也不存在，也就谈不上社会和谐红利的涌现。

4. 社会和谐红利之所以是影响最深远的红利，是因为它同广大人民群众密切相关。

社会和谐红利的产生，实际上与所有的改革有关。这就是说，所有的改革综合在一起，最终必定带来社会和谐红利。社会和谐红利是国内经济社会发展和稳定的成果。

所有的新红利都依赖我们的创造

1. 以上提到的新改革红利、新人口红利、新科学技术红利、新资源红利和社会和谐红利是互相关联的。

新的红利不止一种，但各种红利一直是相互联系的。它们作为改革的成果，可能相互启发，相互促进。这是规律，但任何规律都必须在实践中经受检验。这样，新红利就能被人们熟知了。"失败为成功之母"，不完全正确，思路要改，"成功为成功之母"，是对的。

2. 所有这些红利今天仍处于刚开始涌现或即将涌现的阶段，但这已是很好的开始。

刚进入21世纪，国内不少人担心的是旧红利陆陆续续消失，但就在这个时期，新的改革开始了。例如农民工流动、农民工学技艺、农民工创业相继增多，新的人口红利涌现了。又如，改革的深化，特别是中共十八大以后，使新改革红利、新科技红利、新资源红利不断涌现。因此，人们的信心增加了。

3. 所有红利都依赖我们的创造，创造既指"从无到有"，也指"推陈出新"。

"从无到有"，提出新产品、新能源、新设备，当然属于新创造。

"推陈出新"，使已有产品增加功能，使已有设备更有效，使新能源采掘更容易、用途更广泛，这些同样是创新。重要的不是生产要素重组，而是信息重组。21世纪是信息重组的时代。

4. 只要不停地有新红利涌现，我们就不用担心我们的经济和社会会衰退。

经济发展到一定阶段，原有发展方式的不足之处就会相继反映出来，这就是红利丧失的主要原因。但只要不停地有创意、创新、创业，发展方式就会更换，新的红利就会出现，经济会再上一个台阶。创新可以因发展阶段不同而不停出现，这就是前景。全世界皆如此，无一例外。

中国仍将是世界经济增长引擎

北京大学国家发展研究院名誉院长　林毅夫

谈中国经济发展，不管是在国内还是海外，大家最关心的一个问题是我们能不能实现"十三五"规划提出的经济增长目标——2016—2020年，GDP（国内生产总值）平均每年增长6.5%以上。

6.5%以上的增长对中国来讲非常重要。这关系到党的十八大提出的到2020年国内生产总值、城乡居民人均收入能不能比2010年翻一番目标的实现。这对世界来讲也非常重要。2008年国际金融经济危机以后，中国每年的经济增长对世界经济增长的贡献超过30%。现在全球经济还没有完全复苏，那么，中国是不是依然是世界经济增长的引擎？这是大家对6.5%这个指标非常关心的主要原因。

发达国家可能陷入长期停滞

2016—2020 年平均每年增长 6.5%，与 1979—2015 年平均每年增长 9.7% 的增速相比，已经向下调整了 30%。照理说，这个调整的幅度不小，那余地应该比较大，实现起来不会有太大的困难。可是大家为什么心里还没底呢？主要的原因是中国经济增长率自 2010 年以后逐年下滑，2015 年是 6.9%，这是 1990 年以来最低的。而且，这是改革开放以后第一次出现连续 6 年经济增长速度下滑。2016 年的经济增长速度是 6.7%，比 6.9% 又下滑了 0.2 个百分点。而过去 30 多年，虽然每年都有波动，但经济下滑周期一般也就是两三年，之后经济增长就会回升。

那么，在这种状况下，中国经济增速下滑的底部在哪里呢？会不会突破"十三五"规划所讲的 6.5%？要回答这个问题，首先要了解为什么 2010 年以后我国的经济增长速度逐年下滑。

中国作为一个发展中国家、一个转型国家，肯定有不少自己内部的问题，包括我们的经济体制，比如说国有企业所占的比重还相当高。首先，国有企业表现欠佳，被不少人认为是经济下滑的主要原因。其次，我国的市场机制还不够完善，党的十八届三中全会提出全面深化改革，但很多措施还没有完全落实。既然市场没有完全发挥作用，资源配置就会有问题，因此有人认为，这是我国经济下滑的另一个主要原因。再次，供给侧的结构性问题也是切实存在的问题，而解决问题就要付出代价。也有人认为，这是我国经济增速连续 7 年下滑的主要原因。

我认为，上述问题都实实在在地存在，也实实在在地影响了我们的经济绩效，我们应该发挥定力，下定决心来改革这些问题。但是，我们必须在全球变革下来看中国经济。中国现在是世界第二大经济体，这是按照汇率计算。如果按照购买力平价计算，中国已经是世界第一大经济体。同时，中国是世界第一大贸易国。中国的经济增长会影响世界，同样，世界经济的发展状况会深深影响中国。

在分析中国经济增速从2010年以后逐年下滑的时候，我们要看看世界上其他国家的经济表现怎么样。

比如说，与跟我们同等发达程度的金砖国家做个对比。我国在2010年的经济增长速度是10.6%，2015年是6.9%；巴西在2010年的经济增速是7.5%，2015年是-3.8%，下滑的幅度比我国要深得多；俄罗斯在2010年时的经济增速是4.5%，2015年是-3.7%，下滑的幅度也比我国深得多；印度2010年时的经济增速是10.3%，跟我国的10.6%在同一个水平，2015年为7.6%，比我国的6.9%好像高一点，但它的发展态势跟我国完全一样。而且，我们看印度2015年7.6%的增长的时候，要考虑两点因素。一是它2012年的经济增速下滑幅度比我国深，我国经济增速从2010年的10.6%降到2012年的7.7%，印度则是从10.3%降到5.1%，印度现在经济增速高一点，有所谓触底反弹的因素。二是印度在2014年年底调整了国民经济统计方法，这个调整让印度每年的经济增长速度提高了一个百分点。如果把这两个因素考虑进去，那么印度2015年的经济表现并不比我国强。在这些金砖国家中，不存在所谓国有企业比重太高的问题，它们中有的本来就是市场经济（像印度、巴西），有的是在20世纪90年代已经进行了彻底的市场经济转型,它们也没有我国存在的供给侧结构性问题,但它们的经济表现跟我们一样,甚至比我们还糟。

我们再来看东亚那些所谓高收入、高表现的经济体,比如新加坡。2010年,新加坡的经济增长速度是15.2%,2015年则是2%,下滑的幅度比我国深。我国的台湾2010年的经济增长速度是10.8%,2015年只有0.7%,下滑的幅度同样比大陆深。韩国2010年的经济增长速度是6.5%,2015年是2.6%,下滑幅度也非常深。这些高收入经济体不存在所谓体制机制问题,但它们的经济表现很糟。

进行了这样一番比较之后,我们就能发现,几乎所有主要经济体的经济增速都下滑了,那必然是有共同的外部问题、共同的周期性问题。

2008年国际金融经济危机爆发以后,发达国家的经济也没有完全复苏。发达国家在危机前平均每年的经济增长率在3%到3.5%之间,但2015年,欧盟经济增长速度只有1.3%,下滑了两个多百分点。日本推出安倍经济学,想加快复苏日本经济,但2015年的经济增长速度只有0.5%。在经济慢增长的状况下,欧洲、日本的失业率维持在高位,家庭收入增长也非常缓慢,消费增长疲软。

在发达国家中,美国的经济表现似乎比较好,但2015年经济增长速度也只有2.4%。美国的就业状况似乎比较好,现在失业率达到了危机之前的水平,在4.9%上下。但是,在考虑美国失业率的时候,我们首先要了解美国是怎么统计失业率的。美国的劳动者如果失业,有一个月时间不去找工作,他就算退出劳动力市场，也就不在失业统计之内。因此，要了解美国的就业状况，需要参考另一个指标——劳动参与率。目前，美国适龄劳动人口的劳动参与率比危机前低 3 个百分点，为什么这些有劳动能力的人不去找工作？因为他们找不到工作，干脆就不去找了。如果把这个因素考虑进去，美国现在的失业率将是处在历史高位的 8%~9%。从家庭收入增长等各种统计指标来看，美国的家庭收入状况跟危机之前基本没分别。而且，这次危机在美国爆发的主要原因是其家庭负债过重，危机发生以后，很多家庭要在收入不增长的情况下省钱还债，因此美国的消费增长非常疲软。

这些发达国家是世界需求的主要来源，由于失业率高、家庭收入没有增长，导致消费需求乃至整个世界需求疲软。危机之前世界贸易增长率是世界经济增长率的两倍以上，在危机爆发以后，世界经济增长放缓，而世界贸易增长率比世界经济增长率还要低。这当然会影响到每个出口比重较大的国家，例如中国、其他金砖国家、东亚那些高收入经济体。就我国来讲，1979—2014 年，平均每年的出口增长率达到 16.4%，而 2015 年是负增长，同比下滑了 2.8 个百分点。2016 年上半年，我国按美元计算的出口增长率同比下滑了 7.7 个百分比。这种状况当然会影响到我国的经济增长。

出口之外，投资增长也是拉动经济的重要动力。大家知道，在 2008 年国际金融经济危机爆发的时候，每个国家都采取了一些积极的财政政策来启动需求、创造就业、稳定经济。中国有"4 万亿计划"，其他国家也有或多或少的积极财政政策。但这些积极财政政策支持的项目，在 5~7 年之后都已经建成了，而国际经济还是没复苏。如果没有新的积极财政政策支持的投资项目，那投资增长必然下滑。以我国来说，在"十一五"规划期间（2006—2010），平均每年的投资增长率是25.5%；在"十二五"期间（2011—2015），平均每年的投资增长率是18.8%，下降了7个百分点。而且，"十二五"期间的后几年下降得更多，2015年的投资增长率只有10%，考虑到投资品价格下滑的因素，真实的投资增长率也不过12%，比"十二五"期间的平均18.8%还是下降了6.8个百分点。这种状况当然会影响经济增长。

那么，拉动经济增长的主要手段就只能靠消费了。近年国内消费增长状况还比较好，因为我们的就业、家庭收入增长等方面的状况比较好。以2015年为例，国内生产总值的增长率是6.9%，家庭收入的增长率是7.5%，后者比前者高了0.6个百分点；消费增长率也维持在8%左右。其他经济体出口、投资增速下滑的情形跟我们一样，但居民收入、消费增长的情况比我们差，所以，它们的经济表现就比我国差很多。

整体来看，我国经济增长率连续6年下滑，很大程度上是由于这些外部性、周期性的因素。那么，展望中国经济未来的发展，就要看发达国家的经济是不是会复苏，以及要看国内经济自身增长的动力到底怎么样。

从外部来看，发达国家很可能陷入了长期的停滞。这是现在国外经常讨论的问题。为什么发达国家可能陷入长期的停滞呢？我们知道，一个国家发生金融经济危机，一定是内部有结构性问题，只有进行结构性改革，经济才能完全复苏，这在发达国家是有共识的。从2008年到现在，他们每年都在谈结构性改革，但是，结构性改革却一直落实不下去。

发达国家最主要的结构性改革内容是什么？是要减少福利、金融去杠杆、政府减少财政赤字。减少福利就会减少消费，金融去杠杆就会减少金融机构以贷款支持企业和家庭的投资和消费，减少政府财政赤字也会导致投资消费减少。总而言之，如果发达国家要推行结构性改革，就必然要减少投资、消费，经济增长速度一定会随之往下调整。而发达国家的经济增长率已经非常低了，再往下调的话，失业率必然增加，而他们现在的失业率也已经很高了。那么，他们推行结构性改革就会遇到政治方面的压力。这是为什么日本从1991年泡沫经济破灭到现在，结构性改革一直落实不下去的主要原因。安倍上台以后提出安倍经济学，要发出三支箭，第一是用宽松的货币政策降低日本的汇率，第二是用积极的财政政策启动国内的需求，第三是进行结构性改革。安倍上台已经4年，前面两支箭都发出去了，但第三支箭却射不出来。现在，发达国家很可能都像日本那样陷入长期的经济增长疲软。

美国当选总统特朗普想学习中国经验，我们说中华民族的伟大复兴，他说美国再次伟大；他也想学中国用基础设施来启动国内的需求。虽然他实施这样的政策，可能会使美国的经济好一点，但美国经济只要稍微好一点就要加息，而美国加息就可能导致其他国家的金融与经济遭遇很大的压力、发生很大的波动。

以补短板投资作为供给侧结构性改革切入点

我们判断未来几年的经济增长，总体来讲，外部环境会相当不好。在这种状况下，中国经济增长只能靠内部动力。从内部来看，中央在几年的经济工作会议中都提到，要适度扩大总需求。但我们与国外不同，适度扩大总需求可以与供给侧结构性改革相结合。供给侧结构性改革有五大内容——去产能、去库存、去杠杆、降成本、补短板。适度扩大国内总需求完全可以跟供给侧结构性改革的补短板结合在一起，而且，这也会给供给侧结构性改革创造有利条件。

补短板的第一个方面是产业升级。中国经济有着许多难题，其中之一是产能过剩，但是，过剩的钢筋水泥、平板玻璃都在中低端行业，我们可以进行产业升级，而且产业升级的空间非常大。2015年，我国进口的制造业产品就达到1.2万亿美元，这些进口产品的质量应该比我们国内的高或者是我们国内不能生产的，那样我们才会进口。那么，我们可以在这些领域进行产业升级。要产业升级就要进行投资。

补短板的第二个方面是完善基础设施。这些年，我们的基础设施确实建设了不少，跟其他发展中国家比较，我们的基础设施是比较好的。但是，我们国内的基础设施还有非常多的缺口。比如，大城市交通非常拥挤，说明地下交通还是严重不足。另外，2016年六七月份下了几场大雨，全国有1000多个城市被水淹，说明我们地下管网不足。这些领域都还可以进行基础设施投资建设。

补短板的第三个方面是改善环境。这些年经济发展快，环境的压力也越来越大。我们要推行绿色发展，同样也需要投资。

补短板的第四个方面是推进城镇化。现在我国城镇人口占总人口的比重是56%，发达国家则超过80%，所以，我国还在城镇化的进程中。农民要进城,政府必须提供公共服务,这些都是要投资的。

不管是从经济回报还是从社会回报来讲,上述投资的价值都非常高。这是中国经济的增长前景跟发达国家相比最大的不同点。发达国家在经济疲软的时候,也去搞投资,但它们的产业已经处在全世界最前沿,很难找到新的投资机会,虽然有3D打印、电动汽车等创新,但一两项投资不足以拉动它们的整个经济。而中国产业升级的空间非常大。外国的基础设施也比较完善了,无非就是老旧一点。发达国家环境也好,城镇化也完成了。所以,发达国家很难找到好的投资机会,而我们还有很多好的投资机会。

投资需要钱,从钱的角度来看,我国也是相对有优势的。现在我国中央政府与地方政府积累的债务占我们国内生产总值的57%,其中17%是中央政府债务,40%是地方政府债务。而发达国家和其他发展中国家的政府债务与GDP的比例普遍超过100%。这意味着,我国财政政策可利用的空间比其他经济体要大得多,我们可以用积极的财政政策来撬动投资。我国不仅政府的财政状况相对较好,民间储蓄也占到GDP的近50%,是全世界最高的国家之一。所以,我们可以用政府的钱撬动民间的钱去投资。另外,我国有大量的外汇储备,是全世界最多的。其他发展中国家跟我们一样有好的投资机会,但他们可能财政状况不好、民间储蓄低,或者是外汇储备不足,这是中国与其他发展中国家最大的不同。

如果把这些有利的资源用起来,我国可以保持适当的投资增长率。投资适度增长就会创造就业，使就业保持在比较高的水平。而就业好，家庭收入的增长就会比较快，进而消费状况会比较好。如果投资和消费都维持在一个合理的水平，我相信，我们完全可以实现"十三五"规划提出的经济平均每年增长6.5%以上的目标。

而且，从补短板的投资作为切入点，供给侧结构性改革也会有良好的条件。补短板的投资需要钢筋、水泥、平板玻璃，那过剩的产能就会减少，去产能就容易了。再看去杠杆，现在杠杆率最高的就是产能过剩严重的行业，如果需求增加、价格上升，企业就有更多收入用于还债，杠杆率就会下降。去库存方面，主要是房地产库存，而房地产的需求很大程度上取决于家庭的未来就业与收入增长情况，如果就业与收入的前景好，他们对房地产的需求就多，这有助于库存减少。

因此，我们有信心，平均每年6.5%以上的经济增长目标一定能实现，党的十八大提出的两个翻一番目标一定能实现。我国现在的GDP为世界的15%，每年6.5%以上的增长可以为世界的增长贡献一个百分点，世界的经济增长也就3%左右。所以，我们每年对世界经济增长的贡献仍将保持在30%以上，中国仍将是世界经济增长的引擎。

第一章
黑天鹅与不确定性

应对黑天鹅，关键在改革

国务院发展研究中心主任、研究员　李伟

2016年下半年以来，国际形势风云变幻，英国脱欧影响仍在发酵，法国和德国大选充满变数，韩国"闺密门"事件引发朝野动荡，美国特朗普当选总统更是引起全球政治经济的大幅波动。与此同时，我国经济在经历2011年以来增速持续下降和转型调整之后，增速快速下降的风险明显降低，经济运行增速缓中趋稳、质量稳中向好。在全球经济政治不确定性增多、逆全球化的"黑天鹅"事件频发的情况下，如何看待国内外经济环境和趋势，成为社会高度关注的问题。

如何看待特朗普新政及其影响

特朗普从宣布参选到最终当选，从选前许诺到正式执政，都引发了美国国内和国际社会的极大争议乃至震动，现在各国都在关注和研究特朗普，可以说特朗普几乎每天都可能成为舆论的头条。有媒体称，特朗普是"当今世界上最会制造混乱并善于利用混乱的人"，是"美国史无前例的特殊总统"。

正式执政后的"特朗普新政"逐步清晰。特朗普就职美国总统大约20天，就发布了12项总统行政命令、12个总统备忘录和两项总统声明，可谓政令频出，其执政纲领已逐步明朗。特朗普政策的实质是"美国优先"战略，并遵循两个简单原则：买美国货和雇美国人，从而实现美国振兴产业、增加就业、增长财富，再创辉煌。特朗普政策强调一切以美国利益为重，具体包括减税、放松金融监管、加强基础设施建设、实施贸易和投资保护、能源独立等多方面，具有重振实体经济、放松管制、推崇双边谈判、带有重商主义色彩等特点。从目前看，特朗普参选许诺与执政政策之间，保持了较强的一致性，一改过去美国历任总统参选前后"说一套、做一套"的惯例。这些政策的取向与特朗普的个性不无关系，有媒体评价他意志力坚定、执行能力强、具有冒险精神、注重商业谈判、强调实际利益，以及"独行侠"的个性特征，这必将在美国新的政策中留下深深烙印。

特朗普新政必将引发连锁反应。国际金融危机之后，世界经济持续低迷，全球贸易增长连续5年低于经济增长，逆全球化噪声甚嚣尘上，民粹主义和保护主义盛行，对全球经济复苏产生了极大不利影响。在这样的背景下，作为全球第一大经济体，美国的政策调整引发了各界对全球化的反思。第一，如果美国实施贸易保护政策，将会引起连锁反应，相关国家也会采取调整关税和限制进出口等措施加以应对，全球贸易将进一步放缓。第二，英国脱欧的影响尚未消退，法德又大选在即，"美国优先"不排除会进一步激发民粹主义，如果勒庞在法国当选，欧盟的稳定乃至存在将面临重大考验。第三，特朗普"限穆令"虽未得以执行，但将难民问题和宗教问题推向了舆论热点。还有，美国在国际外交领域的新政策也是牵一发而动全局，其对世界政治、经济的影响值得密切关注。

就中美关系来说，由于特朗普选前的对华言论强硬，而且执政团队中不乏贸易保护主义者，中方和国际社会都高度关注美国对华政策走向。特朗普与习近平主席的通话中，表现出了较为积极的建设性态度，强调承认和尊重"一个中国"原则，应该说这是一个好的兆头。但是，特朗普新政的不确定性，尤其对人民币汇率的态度、对中美贸易关系的定位，都存在很大变数，切不可掉以轻心。根据美国商务部的统计，美国在商品贸易中对中国的贸易逆差为3470亿美元，约占其全部商品贸易逆差的46.3%。如果美国提高贸易壁垒，不仅中美贸易，全球分工格局也必然受到冲击。当然，若其减税、扩大基建支出以及放松管制政策能够得以实施，将直接或者间接带动美国扩大总需求，我国不无可能从中受益。总的来说，我国应密切关注和研判美国政策走向，审时度势，把握大局，保持定力，趋利避害，努力推动中美关系继续朝稳定共赢方向发展。作为第二大经济体，我国对全球经济增长的贡献近年来一直保持在1/3左右，发展主动性很强，比以往任何时候更具备抵御外部风险的有利条件。应对美国政策变化的关键在于，加快落实各项改革任务，做好自己的事情。

如何深化供给侧结构性改革

2016年全面启动的供给侧结构性改革，对调整经济结构和改善市场预期发挥了积极作用。去产能方面，钢铁行业减产4500万吨和煤炭行业减产2.5亿吨的全年目标，均超额完成任务；去库存方面，商品房待售面积减少2314万平方米，存销比明显下降；去杠杆方面，2016年12月规模以上工业企业资产负债率为55.8%，较上年同期下降0.4个百分点；降成本方面，电费、税费、五险一金和物流费均有所下调，企业经营综合成本有所下降，规模以上工业企业每百元主营业务收入中的成本为85.52元，较2015年下降0.16元；补短板方面，农业、水利和生态环保等领域投资增速显著高于其他投资增速，棚户区改造和扶贫开发明显改善了居民生活条件。

2017年，针对经济运行内外部环境的新变化，供给侧结构性改革需要进一步深化。去产能方面，要突出处置"僵尸企业"和更重视采取市场、法律手段有效推进淘汰低效率产能。当前面临的问题是2016年下半年以来煤钢价格上升，企业效益好转，去产能意愿下降，甚至一些停产企业开始复工。2017年要按照中央的部署，抓住处置"僵尸企业"这个牛鼻子，更加注重严格执行环保、质量、安全、能耗等标准，更加强调完善市场机制来淘汰低效率产能，创造条件推动企业兼并重组，妥善处置企业债务，做好人员安置工作。2016年，对江苏、河北去产能的督查，也表明了中央的坚定决心。

去库存方面，关键要坚守"房子是用来住的、不是用来炒的"这一定位，让住房回归人民群众普遍得以享用的消费品本质属性。这需要因地制宜、综合施策，加快构建长效机制。一是中央层面要做好包括税收、土地、金融等在内的房地产制度顶层设计，健全对地方政府调控主体责任的督查和奖罚机制。同时，赋予地方政府在一定范围内自主调控权限，提高调控的差异性和精准性。二是把防范和应对房地产泡沫风险作为重中之重。2017年要综合采取金融信贷、土地、财税等手段，合理控制流动性，把握好调控政策的尺度和力度，既要遏制泡沫膨胀，又要防止捅破泡沫，引发风险。三是加快释放农业转移人口等新市民的住房需求，有序推动去库存。针对去库存任务最重的三、四线城市和县城，对购买城镇商品房的农业转移人口实行差异化财税政策。四是加快推动包括房产税、集体土地入市和住房政策性金融机构等制度改革，建立和完善房地产业健康持续发展的长效机制。

去杠杆方面，关键要在控制总杠杆率的前提下，积极稳妥降低企业杠杆率。2016年9月，国务院出台《关于积极稳妥降低企业杠杆率的意见》，提出了23条主要途径。其中，优化企业债务结构、开展市场化债转股，以及积极发展股权融资是容易见效的重要手段。在债务存量方面，优化债务结构和市场化债转股可以减少债务总规模；在增量方面，股权融资加快发展，可以让更多企业通过股权融资，降低对债务的依赖。另外，引导企业转向创新驱动，转变过去的规模扩张型发展模式，也是有效降低杠杆率的重要渠道。

降成本方面，要着力减轻企业经营负担，增强我国产业的综合竞争力。2017年要在减税、降费、降低要素成本上继续加大工作力度。要降低各类交易成本特别是制度性交易成本，减少审批环节，降低各类中介评估费用，降低物流成本，提高劳动力市场灵活性。但是也必须看到，减税面临政府支出规模刚性约束、财政收支平衡压力巨大的挑战，减税的空间并不是太大。

补短板方面，要突出既补硬短板也补软短板，既补发展短板也补制度短板。补短板要从严重制约经济社会发展的重要领域和关键环节、从人民群众迫切需要解决的突出问题着手。所谓补软短板、制度短板，主要就是优化市场环境、加强政府服务，去政府越位与补政府缺位并举。这方面的空间很大，对于促进实体经济发展比直接扩大投资作用更大。例如，在世界银行发布的《2016年营商环境报告》中，中国在190个经济体中位列第78位（比2015年提升了6位），与先进经济体相比，在企业的产权保护、市场监管、企业服务等方面，还有许多改进空间。同时要更有力、更扎实推进脱贫攻坚各项工作，集中力量攻克薄弱环节，把功夫用到帮助贫困群众解决实际问题上。

这里，还要讲一下农业供给侧结构性改革。2017年2月5日，中央一号文件正式对外发布，提出"深入推进农业供给侧结构性改革，加快培育农业农村发展新动能"改革方向。要落实好中央文件，首先需要弄清楚当前我国农业农村发展面临的突出挑战。一是部分农产品价格倒挂严重。这两年稻谷、小麦国内国际价格倒挂程度加深，尤其是猪肉、食糖价格与进口价格差距进一步拉大。二是粮食库存过剩进一步加剧。近几年我国粮食库存屡创新高，2016年超过6亿吨，攀上历史最高点，其中玉米占一半左右；并且，我国粮食产量仍然处于高位，进口量仍然巨大，库存压力持续增加。粮食库存高企，给国家造成很大损失。按目前我国玉米库存量计算，库存长期费用约需要1700亿元，潜亏接近2000亿元。三是高库存导致"卖粮难"，进而导致粮食价格大幅度下降和农民收入下滑。按照2016年我国玉米产量21955.4万吨、价格比2015年降低600元/吨估算，仅此一项，我国农民收入将减少约1317亿元；即使加上对生产者补贴，仍将减少约927亿元，摊到全国农民头上，人均减收157元，相当于拉低农村居民人均可支配收入1.4个百分点。因此，当前深化农业供给侧结构性改革，关键要改革农业支持政策体系，理顺农产品价格形成机制，优化国内国际、三次产业和农业内部等三个层面的资源配置，激发农业农村内生发展动力，培育农业农村发展新动能。

如何研判中国经济的新形势

2016年，中国经济运行总体平稳，并呈现PPI（工业品出厂价格指数）和企业利润同比由降转升、失业率不升反降的积极变化。这在很大程度上表明，中国经济增速快落的风险明显下降，稳的因素增多，提质增效正积极推进，L型增长态势有望从"一竖"过渡到相对平稳的"一横"。

从三大需求看，2017年我国经济有望呈现投资增速小幅回落、消费增长平稳和出口由负转正的局面。首先，投资增速预计小幅放缓。我国基础设施建设需求仍然较大，在积极财政政策支持下，2017年基础设施投资大致仍可保持两位数高速增长；受调控政策和销售状况影响，2017年房地产投资增速较2016年将有明显回落；2016年下半年企业效益有所改善，2017年制造业投资将延续回稳态势，增速有望小幅回升。其次，消费仍是经济增长的主要动力。由于居民收入增速有所下降，加之2017年与住行相关的消费增长放缓，居民消费增速将受到一定影响。但随着消费结构升级和消费模式创新，消费潜力会进一步释放，消费总体上仍有望保持两位数的增长。再次，随着美元升值影响逐步消化、新兴经济体基本面好转、大宗商品价格企稳，外贸环境有所改善，若无大的世界经济变局，2017年出口形势将有所好转，出口有望由负转正。

从中长期看，我国经济增速进一步下行空间明显收窄。自2010年以来，我国经济增速持续下行调整，2016年经济增长6.7%，较2010年增幅下降3.9个百分点，经济增速降幅接近40%。从日本和韩国等国家的发展经验看，经济增长阶段由高速增长转为中速增长，经济增速降幅通常达到40%~50%。而我国经济经过这一轮调整，已接近这一水平，而且近年来降幅逐年收窄，进一步下降的空间逐步缩小，我国经济具备逐步企稳的基础。更重要的是，2016年我国经济结构调整取得初步成效，一些重要指标呈现初步回升态势，我国经济有望开启相对平稳的中高速增长阶段。

从防风险看，2017年要把防控金融风险放到更加重要的位置。当前存在三重风险放大机制。一是政府的隐性担保。对负债行为的财政或者准财政兜底，导致风险无法出清；同时，隐性担保增加了资金空转、以钱炒钱、变相加杠杆的风险，还加大了监管的难度。二是一些地方仍存在单纯追求速度而加剧债务和产能过剩的风险。由于我国金融体系以间接金融为主，喜欢"抱大户"，资金过多偏向国企、地方政府融资平台，不仅造成政府隐性债务上升，而且使得"僵尸企业"难以出清，同时诱发新的产能过剩风险。三是金融业对外开放中的管理能力不足。随着我国更大程度地融入全球化，资金跨境流动增加，国内外市场共振趋强，同时面临金融监管经验不足、体制机制缺陷、与市场的沟通能力亟须提高等问题。2017年更要强化底线思维，下决心加快处置和排除一批风险点，牢牢守住不发生系统性、区域性金融风险的底线。

2017年经济运行上行的动力和下行的压力尚处于一个弱平衡状态。要开启新的增长阶段，实现可持续的中高速增长，还需要争取实现以下四个方面的基本条件。第一，制造业投资回稳。制造业投资特别是民间投资是经济企稳的基础，企业投资意愿还存在较大不确定性。第二，有效化解金融风险。银行不良资产率虽略有下降（2016年四季度银行不良率降至1.74%），但非银行金融部门的风险也在不断显露，金融环境需要进一步改善。第三，企业补库存意愿增强。工业企业库存下降态势有所好转，但补库存意愿比较容易受外部环境影响，补库存意愿能否持续还有待观察。第四，重点领域和关键环节改革取得实质性进展。改革的正向激励机制需要构建完善，国有企业、土地制度、金融等领域改革需要取得突破，一些制度性障碍需要清除。

2017年是实现我国经济转型升级的关键一年，也是实施"十三五"规划的重要一年。综合分析内外部条件，我国经济可以实现所预测区间的平稳增长，并为迈入可持续的中高速增长积累更多条件，以推进早日实现平稳健康可持续发展。

重压之下，中国经济砥砺前行

中国银行国际金融研究所　陈卫东　宗良　周景彤等[①]

2016年，受稳增长政策累积效应释放、房地产市场持续升温和大宗商品价格走高等因素的影响，中国经济保持平稳增长，下行压力有所缓解，总体表现好于市场预期，呈现稳中有进的特征。全年GDP增长6.7%，CPI（消费者物价指数）上涨2.0%，落在政府确定的目标区间之内。

展望2017年，中国将进一步推进供给侧结构性改革，经济新旧动力进一步切换、新旧模式进一步转换，预计经济总体上将稳定运行，GDP增长在6.7%左右，与2016年基本持平；CPI上涨2.5%左右。但国内外发展环境和条件更加复杂多变，不确定性显著增多，大大增加了研判形势和政策抉择的难度：一是特朗普任内美国经济贸易投资政策变化、英国脱欧进程、各国经济走

[①] 中国银行国际金融研究所课题组组长陈卫东、副组长宗良，成员包括周景彤、李佩珈、高玉伟、李艳、梁婧、盖新哲、鄂志寰（香港）、陈志华（中银基金）、瞿亢（伦敦）。

势和宏观政策不同步等，都会影响国际资本流动，也会对中国对外贸易、"走出去"等产生重要影响；二是基础设施投资能否保持高增长，"新政"之后房地产投资回升势头能否持续的不确定性较大，而基础设施投资高增长、房地产投资回升是2016年投资增长乃至稳定经济的重要支撑；三是制造业去产能、PPI上涨的可持续性，影响着企业的生产经营、效益和积极性；四是人民币汇率波动、跨境资本流动、资金"脱实向虚"和居民部门过快加杠杆等金融风险犹存。

尽管中国经济近期出现了企稳趋势，但由于不确定性显著增加，2017年经济减速的压力依然存在。宏观经济政策将更加关注稳增长、抑泡沫和防风险三大重点。财政政策将保持积极取向，力度有望进一步加大；货币政策将保持中性适度，大幅放松或明显收紧的可能性均不大；供给侧改革在推进"三去一降一补"过程中更加注重引导产业转型升级，更加注重政策间的协调与配合；房地产调控将更加强调控房价、去库存和建机制。

经济形势展望

2017年，全球政策分化持续、全球化和去全球化力量博弈进一步加剧，尤其是美国新当选总统特朗普上台，将给美国乃至全球经济、贸易和国际政治格局带来重大的不确定性。2017年是中国全面建成小康社会的关键之年，中国经济将进一步加快推进新旧动力切换、新旧模式转换，预计经济形势总体趋稳，但仍存在许多不确定性。

投资增速将逐步企稳

2017年,影响投资增长的主要因素包括:第一,从投资意愿看,企业利润增长显著加快将提高投资积极性。2016年工业企业利润增长转负为正,增速同比提高十多个百分点。第二,从投资项目看,11大类重大工程包专项项目陆续推出,进一步增大补短板投资力度。2016年投资新开工项目高速增长,前10个月计划投资额同比增长21.8%,比上年提高16.3个百分点;项目个数同比增长26.9%,比上年提高9.9个百分点。第三,从投资资金看,财政资金、专项建设基金、民间资本继续保障投资,特别是PPP模式将发挥重要作用,促进投资稳定增长。截至2016年10月,财政部共推出748个PPP示范项目,总投资额近2万亿元;而全国PPP入库项目1万多个,总投资额超过12万亿元。

具体到大类投资:第一,得益于产品价格回升、企业盈利好转以及去产能、去库存稳步推进,制造业投资有望逐步企稳,实际上2016年第三、四季度制造业投资已经有所企稳;第二,新一轮房地产调控收紧了开发商融资链条,甚至要求竞买土地必须使用自有资金,对房地产及关联行业投资的抑制效应将逐渐显现;第三,基础设施投资在财政空间有限、资金来源偏紧、2016年增速较高的情况下,增长面临一定的放缓压力;第四,居民消费结构加快升级,科教文卫、商务服务、体育娱乐等服务业投资仍有望保持高速增长。此外,辽宁等东北省份投资在2016年深度下跌之后,增速有望迎来一定的反弹。综合分析,预计2017年固定资产投资增长8.3%左右。

消费仍将保持较快增长

2017年，影响消费增长的主要因素有四个。第一，从消费结构看，随着消费领域的新产品、新业态、新模式不断推出，通信器材、中西药品、养老健康、网上零售等有望保持快速增长。第二，从消费意愿和消费信心看，居民消费意愿上升、消费信心增强。央行储户问卷调查表明，近期消费意愿比例处于2009年二季度以来的最高水平，购车、购买大额商品、旅游等消费意愿比例同样达到近些年最高水平。同时，消费者信心指数、满意指数、预期指数均有所上升，有利于促进消费增长。第三，从收入基础看，居民收入增长放缓，对消费的支撑强度减弱。2016年前三季度，全国居民人均可支配收入名义同比增长8.4%，比上年降低了0.5个百分点；实际同比增长6.3%，比上年降低了1.1个百分点，低于同期GDP增速0.4个百分点，不利于消费更快增长。第四，从消费政策看，减半征收车辆购置税政策效应释放完毕，汽车消费（在消费中占比约27%）增长可能将有所放缓；新一轮房地产调控实施，不利于建筑装潢材料、家具、家电等居住类消费（在消费中占比约10%）加快增长。考虑到粮油食品、服装鞋帽、通信器材等消费在增速下滑后可能出现回升，特别是石油及制品消费（在消费中占比约13%）继续恢复性增长，综合分析，预计2017年消费品零售总额同比增长10.2%左右。

外贸企稳复苏之路将依然漫长

2017年，外贸企稳复苏之路依然漫长，外部因素影响大于内部因素，进口形势好于出口。一是尽管全球经济或将略好于2016年，但未必对中国出口就有很大的带动作用。国际货币基金组织（IMF）和世界银行均预计2017年全球经济将稳中略升，美国经济进一步稳健复苏，部分资源能源国增速由负转正，这总体上对中国外贸形成利好。但是，诸如美国住房建造复苏、潜在的基建刺激政策以及大宗商品回暖等增长对中国出口的直接作用较小。二是当前逆全球化迹象不断汇聚。尽管金融危机以来每次国际会议都强调反对保护主义，但各国贸易摩擦反而不断增多。2015年10月至2016年5月，G20（二十国集团）成员新增贸易壁垒达到了自2009年监测以来的最高水平。英国脱欧、美国大选等事件也显露了保护主义、民粹主义思潮抬头的苗头，特朗普倡导的美国企业回流对贸易有直接负面影响。三是不确定性将持续制约贸易订单复苏。当前汇率市场波动不定、通胀预期左右摇摆、特朗普政策方向尚未成形，美联储加息、欧洲国家大选等一系列因素存在较多不确定性。这使得贸易订单短期化、汇率风险复杂化趋势明显，企业供应链管理从全球化倒退至本土化，相应地也导致供应链贸易减少。世界贸易组织（WTO）首次就全球贸易增速给出了区间预测（1.8%~3.1%），也反映出未来不确定性较多。四是进口将更多地反映国内经济的平稳态势。工业生产回稳和基础设施投资高增长将继续支撑大宗商品等相关需求，使得进口形势好于出口。

工业生产将以稳为主，房地产增速回落将制约服务业较快增长

一方面，工业领域面临一些不利因素：一是全球经济与贸易领域的不确定性仍然较多，如特朗普当选后可能更加注重制造业回迁和对本国的贸易保护，这会影响与出口相关的制造业发展；二是居民收入增长放缓、杠杆率上升，可能会对消费进而对相关制造业形成一定制约；三是房地产调控政策仍将延续，2017年房地产销售、投资将有所回落，这不利于其上下游工业行业的生产；四是煤炭、钢铁等相关行业总体供过于求的状况没有改变，去产能仍将持续推进，相关工业行业生产仍将保持低增长。

另一方面，也存在一些有利条件：一是伴随美国进入加息周期，人民币兑美元汇率可能仍会有小幅贬值，同时，"一带一路"已取得越来越多国家的支持和认同，中国对外合作不断加大，这些都有利于推动工业出口的增长；二是"中国制造2025"不断推进和落实，创新氛围逐步形成，传统产业的转型升级和新兴产业的培育步伐将加快，产业结构的优化调整有利于工业的稳定增长；三是经济趋稳、去产能背景下工业产品价格或将延续回升，同时，2016年8月国务院公布《降低实体经济企业成本工作方案》，提出要经过1~2年努力使降成本工作取得初步成效，2017年降成本力度还会加大，这有利于企业盈利能力的持续改善；四是工业行业库存压力减小，2016年前10个月产成品库存降低0.3%，呈逐月收窄趋势，这有利于未来产能的释放和生产的扩大，2017年大概率进入回补库存阶段。总体判断，预计2017年工业生产仍以稳为主，工业增加值增长6.1%左右。

房地产增速回落是制约服务业较快增长的主要因素。防范资产价格泡沫成为政策的重点。预计2017年房地产调控政策还将延续，其影响也将更加突出，销售增速可能出现较大回落，房地产业增速将有所放缓，这会是制约服务业增长的主要因素。促消费是政府稳增长政策的重要方面。2016年10月，国务院常务会议提出以改革创新增加消费领域特别是服务领域有效供给，这有利于批发零售业、住宿餐饮业的稳定增长，特别是旅游、文化、娱乐等现代服务业的较快发展。工业生产的总体稳定将带动交通运输、仓储和邮政业的加快增长。金融业方面，不利因素在于2017年新增贷款规模难有回升，同时地方政府债务置换规模仍会增加，这会影响银行业收入增长；但股市成交量基数较低、保险和债券市场加快发展则有利于金融业增速回升，综合预计金融业增速可能有所加快。总体考虑，预计2017年服务业增加值增长7.6%左右，与上年基本持平。

金融形势展望

降杠杆政策推行，信贷结构进一步改善

2017年，受实体经济去产能、房地产抑泡沫和金融降杠杆等影响，货币信贷进一步扩张的可能性较小，整体将稳中趋缓。考虑到股市进一步企稳，债市回调压力加大但幅度较小，这将使得资本市场在支持实体经济融资过程中的作用进一步增大，直接融资占比进一步上升。与此同时，受房地产市场降温、基建投资进一步发力、新兴产业加快形成等影响，信贷结构将较2016年有所改善。第一，非金融企业贷款需求回升。近期出现了工业生产和投资形势好于预期的苗头，尤其是民间投资触底回升，这一增

长势头将延续至 2017 年，带动相关融资需求回升。第二，基建投资融资需求仍然较大。2017 年，预计宽财政将进一步发力，基础设施投融资领域的信贷需求仍将保持较快增长。第三，个人住房按揭贷款增长放缓。受新一轮房地产调控政策影响，房地产市场将在 2017 年进一步降温，主要表现在房地产销售放缓和个人按揭贷款增长回落。预计 2017 年 M2（广义货币）增长 11.5% 左右，社会融资规模存量增长 12.5% 左右，新增人民币贷款 11 万亿元左右。

流动性或延续阶段性紧平衡，利率低位窄幅波动

2017 年，国内外环境仍然存在诸多不确定性，货币市场的扰动因素较多，预计资金价格将窄幅波动，流动性或延续阶段性的紧平衡态势。从国际来看，主要经济体货币政策走向存在不确定性，一系列不稳定因素将加大金融领域的潜在风险。同时，美联储走上加息通道，美元阶段性走强将使得短期人民币汇率继续承压，市场情绪变化和跨境资金流动将会加大对市场流动性的抽离。从国内来看，主要有三方面影响：一是为应对债市高杠杆、资产价格泡沫化等问题，货币政策将延续更加注重去杠杆、防风险和稳汇率的思路。近期中长期利率抬升，显示市场对未来流动性预期更趋谨慎。二是针对外汇占款持续下降引发的流动性缺口，有关部门仍将慎用降准。以 MLF（中期借贷便利）为主要渠道补充基础货币存在一定的期限错配，将持续加大资金到期压力。三是宏观审慎评估（MPA）全面实施等监管因素，也可能加大市场流动性和资金价格的波动。但是，也要看到，随着货币政策操作工具和期限品种的丰富，其预调微调能力不断提升。同时，央行与市场的沟通日益加强，货币政策意图的透明度不断提高，稳定市场预期的能力也在逐步增强。随着利率走廊机制的加快探索和完善，相关部门的利率调控能力将不断增强，预计短期利率波动可以得到更好的控制，不会出现太大幅度的波动。

回调压力加大，债券市场收益率易升难降

2017年，考虑美元走强趋势不会变化、中国货币政策温和去杠杆意图，预计市场流动性较2016年将偏紧。即使央行保持流动性合理充裕态度不变，也更多是通过MLF等渠道增加资金供给，投放的资金成本较高，制约利率下行空间。与此同时，考虑到经济企稳信号继续增加，通胀预期也比2016年明显，这也加大了利率上行压力。此外，监管趋严会对机构配置债券产生不利影响。这些政策包括《证券期货经营机构私募资产管理业务运作管理暂行规定》，限制质押式债券回购业务加杠杆空间和表外理财未来或将纳入宏观审慎评估中的广义信贷指标范围等。但债券市场也面临诸多有利因素：第一，经济弱势增长局面难以根本改观，利率债仍将是低风险偏好资金抱团取暖的避风港。第二，人民币加入SDR（特别提款权）篮子后，债券市场国际化纵深发展，国际投资者配置债券的意愿不会发生根本性变化。第三，债券产品创新继续提速，有利于将资本引入债券市场。2016年8月，国家发改委发布了《关于切实做好传统基础设施领域政府和社会资本合作有关工作的通知》，推动PPP项目与资本市场深化发展相结合。2017年相关政策会加速落地，有利于各类资本进入债市。

综合来看，2017 年债券市场收益率易升难降，信用利差收窄空间有限，但上升幅度不会太大。

股票市场将呈窄幅振荡、小步上行趋势

2017 年，供给侧结构性改革加快推进，新产业、新行业加快形成，基础设施继续加码，将成为股市上行的重要驱动因素，股票市场面临比 2016 年更好的机遇。但考虑到经济基本面难改弱势格局，企业盈利难以根本改善等影响，整体而言将延续窄幅振荡、小步上行走势。一是大类资产轮动将改善市场资金环境。债市、房市已经处于历史高位，与之相比股市估值则较为安全，距离历史高位仍有一段空间，资产轮动将成为股市重要动力。二是下半年党的十九大召开有助于进一步提振市场信心。党的十八届六中全会确立"核心"、国企改革有效推进已经激发市场活力，党的十九大将打开改革红利的想象空间，提振市场信心。三是供给侧结构性改革稳步推进有助于改善市场风险偏好，促进新消费、新产业、新供给等热点轮动。

但是 2017 年股市也难以形成趋势性大幅上涨行情。一是总体货币环境仍然坚持稳健导向，流动性处于紧平衡，对股市有托底作用但没有推升动力。二是企业盈利难以像 2016 年一样出现超预期改善。2016 年工业企业利润改善与产品价格超预期回升等因素紧密相关，市场已对此做出价值重估的反应。三是修复市场微观结构仍需较长一段时间。从 2015 年异常波动到 2016 年年初快速回落，在微观结构上使得大量投资者集中套牢于狭小区间内，仍然需要较长的一段市场活跃期，乐观投资者充分入场才能

表1-1 2013—2017年中国经济金融主要指标预测（%）

指标	2013(R)	2014(R)	2015(R)	2016 Q1(R)	2016 Q2(R)	2016 Q3(R)	2016 Q4(E)	全年(E)	2017(F)
GDP	7.7	7.3	6.9	6.7	6.7	6.7	6.7	6.7	6.7
规模以上工业增加值	9.7	8.3	6.1	5.8	6.1	6.1	6.1	6.0	6.1
服务业增加值	8.3	7.8	8.3	7.6	7.5	7.6	7.6	7.6	7.6
固定资产投资额	19.6	15.7	10.0	10.7	8.1	7.1	8.6	8.3	8.3
消费品零售总额	13.1	12.0	10.7	10.3	10.2	10.5	10.1	10.3	10.2
出口	7.8	6.0	-2.9	-9.6	-3.9	-7.0	-6.8	-7.3	-2.0
进口	7.3	0.5	-14.3	-13.4	-6.7	-5.3	-3.8	-7.0	1.0
居民消费价格指数（CPI）	2.6	2.0	1.4	2.1	2.1	1.7	2.1	2.0	2.5
工业品出厂价格指数（PPI）	-1.9	-1.9	-5.2	-4.8	-2.9	-0.8	1.5	-2.3	2.0
广义货币（M2，期末）	13.6	12.2	13.3	13.4	11.8	11.5	11.8	11.8	11.5
社会融资规模（存量）	17.5	14.3	12.4	13.4	12.3	12.5	13.0	13.0	12.8

注：R——Release 发布，E——Estimate，估算 F——Forecast 预测；Q1、Q2、Q3、Q4 分别表示第1、2、3、4季度
资料来源：中国银行国际金融研究所

修复市场结构。

人民币对美元汇率或温和下行，市场作用将更加突出

2017年，人民币对美元汇率仍然存在一定的贬值压力，但不会出现持续单边贬值，汇率或将保持宽幅双向浮动。一方面，2017年美联储或将延续加息步伐，人民币对美元汇率将继续承压。同时，英国脱欧的后续影响依然存在，欧、日等经济体复苏态势不明朗，这些不确定性因素随时可能加大国际金融市场的波动。另一方面，特朗普新政能否明显提振美国经济，进而加快美联储货币政策正常化步伐存在不确定性。而且，随着美联储加息预期的阶段性消化，美元指数将呈现双向振荡态势，人民币汇率的贬值压力也会随之阶段性减小。随着跨境资本流动宏观审慎管理能力的提高，人民币对美元汇率料不会出现大幅度单边贬值。从中长期来看，在中国经济基本面较好、贸易顺差较高以及外汇储备充足等背景下，人民币不具备长期贬值的基础。同时，人民币正式纳入SDR提振了人民币资产配置需求，将助益外汇市场供求改善。这一系列因素将支持人民币在合理均衡水平上保持基本稳定。

经济金融领域值得关注的主要问题

财政稳增长存在空间，但也面临挑战

在货币政策继续保持稳健的背景下，积极财政政策依然是稳增长的重要支撑。2017年，我国经济增长面临一定的不确定性，

财政收入增速或进一步回落，基建、民生等领域支出保持刚性，财政形势将会更加严峻，财政稳增长有空间，但也面临一定挑战。首先，在财政和债务风险可控的基础上，赤字率可能在2016年的基础上有所上调，延续阶段性提高赤字率的调控思路。其次，从国际经验来看，减税不仅可以减轻企业税负、促进企业增加有效投资，又能够促进资本、劳动和技术等生产要素的供给，提高资源配置效率，是稳增长和供给侧改革的利器。尽管财政收入不容乐观，但新增赤字可以主要用于弥补减税降费带来的财政减收，这为2017年继续深入推进结构性减税创造了条件和空间。第三，基础设施投资仍然是当前稳增长的重要抓手，但当前地方政府不仅财政收入下降，而且部分地区偿债压力较大，尤其是市县级政府面临较大的资金约束压力。2017年财政支出增速或将进一步下滑。新增赤字将主要用于弥补减收以及保障政府应该承担的支出责任，安排在基建领域的资金或较为有限。公共财政必须借力其他渠道，才能支撑起一定规模的基建投资：作为稳增长的新工具，总规模万亿元（三年左右时间）的专项金融债将继续为基建投资注入新动力；随着政府投资模式的转变和深化，各类政府投资基金或将撬动更多的社会资金，培育市场需求和提高财政资金的使用效益等；截至2016年9月末，全国PPP入库项目规模已达12.46万亿元（进入执行阶段的总投资额1.56万亿元），其中市政工程、交通运输和片区开发等投资额占比较高。整体而言，以上准财政手段为财政稳增长带来了动力和希望，但由于基金运作、PPP执行和落地等情况仍有待观察，它们能够发挥多大效力存在一定的不确定性。

非金融企业偿债压力加大

近年来，中国非金融企业的债务问题引发了国内外各界的高度关注。国际清算银行（BIS）测算认为，2016年一季度末，中国非金融企业部门债务率为254.9%，国际货币基金组织的测算结果为223.1%。如何全面、准确、客观评价中国企业的债务问题？我们认为，有必要对债务评价方法、指标选择及债务承受能力等进行深入剖析。

笼统地把信贷/GDP作为企业部门债务率来判断中国非金融企业高杠杆压力可能导致认识不全面。国际清算银行和国际货币基金组织在计算中国非金融企业部门的债务率时，采用信贷/GDP或者（信贷+债券+委托贷款+未贴现银行承兑汇票等+跨境贷款）/GDP这一指标，并将部分城投公司视作非金融企业。这一方法值得商榷。第一，未考虑中国特殊的金融结构。中国金融体系以间接融资为主，银行信贷是企业获取资金的主要渠道，这毫无疑问会推高企业的宏观杠杆水平（即全社会债务资金规模占GDP的比重）。比如，2016年前三季度，中国非金融企业股权融资仅占当年新增社会融资规模的7.5%，其余均为债务型融资，股票市值仅占银行业资产的21.9%。反观欧美国家，股权性资本往往是债务型资本的数倍。2015年，美国股票市值是银行业资产的1.6倍（这个不包括种类繁多的风险投资、共同基金等各种股权性资本）。第二，不能将宏观债务率与企业偿债能力画等号。衡量一家企业的偿债能力，更多关注的是资产负债率、利息保障倍数等指标。2016年上半年，中国全部A股上市公司资产负债率为 43.08%，为历史最低值；已获利息倍数则为 40.9，较 2011 年的 78 下降不少，但相比 2012—2015 年的 36 并不算低。第三，最优债务水平在理论和实践中并无定论，在不同国家不同发展阶段企业的债务水平也不尽相同。例如，发展中国家在经济赶超阶段容易出现债务水平上升较快的现象。

当然，中国确实存在着企业部门债务上升较快、部分行业和地区债务偿债压力上升等问题。2007 年，中国内地非金融企业部门债务率只有 79.3%，2015 年末则上升至 160%，在 7 年时间内上升了约 80.7 个百分点，上升速度为全球第二，仅次于香港地区（90.6 个百分点）。高杠杆企业主要来自产能过剩行业（例如原材料、重化工、能源等）、房地产行业、外贸消费等传统制造行业以及部分国有企业，东北、华北、西南等老工业区企业偿债压力普遍大于其他地区。例如，从上市企业质量看，2014 年中国原材料部门的资产负债率为 74.3%，比世界平均水平高约 1.36 个百分点；2014 年东北、西南地区资产负债率约为 90%，高于西北、华北、华东、中南约 76%~82% 的水平。与此同时，部分企业的偿债压力明显加大。2016 年前 10 个月，中国工业企业利润同比增长 8.6%，改变了 2015 年利润负增长的局面，但相比过去 10 年年均 17% 的增速明显下降。从上市公司情况看，2016 年上半年全部 A 股上市公司的净资产收益率只有 3%，相比 2015 年降幅明显（2015 年为 6.7%）。

人民币汇率与跨境资本流动风险上升

2015 年 8 月 11 日新一轮汇改和 2015 年年底美联储启动加

息之后，人民币承受了一定贬值压力。人民币对美元贬值是多重因素作用结果，既有经济因素，也有金融因素，还有国际收支因素。从经济基本面看，2016年下半年美国经济复苏进程加快，中国经济则进入转速换挡的新阶段。从金融因素看，美联储加息进程开启，新兴市场整体脆弱性加剧，新兴市场普遍出现资本外流加剧、汇率贬值压力加大的新现象。从国际收支看，中国国际收支模式由过去的双顺差进入经常项目顺差收窄而资本项目输出的新阶段，人民币汇率更易受到跨境资本流动的波动性和易变性冲击。2017年，外部发展环境更趋复杂（包括美元走强、英国脱欧后续影响、部分国家的政坛更迭等），中国经济增长不确定性上升，将是影响人民币汇率短期波动的主要因素。

宏观经济政策取向

继续保持积极基调，实施更加有效的财政政策

为稳定增长和推进供给侧改革，预计2017年财政政策将继续保持宽松基调。

第一，优化财政支出结构，着力增加有效供给。围绕推进供给侧结构性改革主线，补短板仍然是财政政策的主要着力点。加快推进全局性、战略性和基础性重大基础设施项目，扩大有利于加快脱贫攻坚、缩小城乡发展差距和增强经济发展后劲的投资；加大教育、医疗、养老等民生领域投资，推进公共服务领域的短板建设，增加有效供给；推进机制体制创新，提高PPP落地率，

更大程度地调动民间资本,加大力度盘活和统筹使用沉淀资金,更好地发挥财政资金的导向和杠杆作用,提高资金使用效益,促进供给结构升级。

第二,持续推进减税降费,促进经济发展和结构升级。2017年,尽管营改增等政策性减收因素仍将在一定程度上影响财政增收,但减税降费依然是积极财政政策的应有之义。继续完善增值税抵扣链条,切实降低各行业税负;加大涉企收费基金的清理规范力度,为企业发展增添动力;加快完善高新技术企业、科技企业孵化器等税收优惠政策,加大对科技创新的扶持力度;出台和完善相关政策,引导激发居民在智能、健康和绿色等领域的消费需求,促进消费和经济结构升级。此外,在营改增全面推开后,房地产税和个人所得税等直接税改革将成为未来一段时间税制改革的重点推进领域。

第三,进一步完善地方政府债务管理制度,严控各类潜在风险。持续推进地方政府债务置换、加快融资平台市场化转型和大力发展PPP模式等是规范地方政府举债融资机制的重要途径。当前一些老问题和新风险不断凸显,已经引起政府的高度关注,如部分地区偿债能力下降、债务风险超过警戒线、PPP的政策法规和监督管理不尽完善、存在地方政府变相举债问题以及违法违规担保融资行为尚未得到有效遏制等。政府将尽快建立严格的问责机制,加大对违法违规举债的惩处力度,加快完善地方政府债务管理体制,严格防控各类风险。

货币政策更趋稳健,做好重点领域风险防范

2017年,货币政策调控的复杂性和操作难度将明显上升。从外部环境看，全球经济与政策的不确定性上升，加大人民币贬值压力，进而对货币政策形成制约。从内部环境看，供给侧结构性改革深入推进，房地产调控、企业债务、民间投资不振等问题交织，要求货币政策审慎平衡稳增长与防风险的关系。一方面，要满足实体经济的有效资金需求，防止总需求短期过快下滑；另一方面，也要避免过度放水，推高债务水平和资本外流压力。总的来看，2017年货币政策整体将更趋稳健，重心放在汇率、资产价格等领域的风险管理上。

第一，降准降息概率较小。考虑到2017年美元继续走强概率仍然较大，全球流动性面临拐点，进而对中国基础货币形成、国际收支、金融稳定等产生较大冲击，中国货币政策宽松预期延后，上半年降准降息概率较小。

第二，多措并举，防范汇率超调风险。人民币汇率波动是当前市场最为关注的风险之一，尽管人民币汇率不具备长期贬值基础，但不排除受外部环境、不稳定预期上升等因素影响，某些时间段出现超调风险，需要央行做好前瞻性应对。保持汇率中枢稳定，提高人民币汇率上下波幅，宽幅振荡中顺势释放贬值压力；提高汇率波动容忍度，缓解外储过度流失压力。严厉打击管控资本外流的灰色渠道，为人民币贬值减压，主要包括虚构贸易、虚假直接投资转移、QDII（合格境内机构投资者）额度利用、内保外贷等银行特殊业务等。

第三，积极培育市场基准利率和收益率曲线，做好流动性管理。当前，银行业面临的流动性管理难度越来越大，2017年这一趋势将更加明显。一方面，大规模地方债置换占用了信贷额度，但又不带来相应的流动性创造（即地方债不能像国债一样作为公开市场的抵押品使用，也不能在二级市场交易流通），导致银行越来越依赖于向央行通过公开市场操作等工具融入资金。另一方面，汇率市场波动对货币市场流动性也产生了一定冲击。未来，央行将加快流动性管理创新，保障银行体系流动性合理充裕，适当扩大押品范围，适当降低 MLF 等的利率，通过收益率曲线的平坦化，提高银行业为实体经济投入低成本资金的能力。

通过推进"三大战略"实现宏观战略效果

第一，力争在东北振兴上取得突破。就"四大板块"（西部大开发、中部崛起、东北振兴和东部率先）而言，当前中国东部内生发展动力强，中部承接产业转移基础好，西部后发优势明显，而东北经济困难最大，脱困任务最艰巨。2016 年，中央印发了《关于全面振兴东北地区等老工业基地的若干意见》。在此基础上，2017 年将是滚动实施新一轮东北振兴战略的关键一年。首先，加快落实已经确定的 36 项重点工作，涉及完善体制机制、推进结构调整、鼓励创新创业、保障和改善民生等。其次，开工建设 33 个重大项目，覆盖交通、能源、水利、工业、农业、城乡建设等。再次，建设辽宁自贸实验区，推动东部省市（江苏、浙江、广东、北京、上海、天津、深圳等）与东北省市对口合作。最后，设立东北产业振兴基金，成立首家民营银行，加大转移支付和 PPP 落地力度。

第二，进一步加快实施"三大战略"。在"三大战略"（"一带一路"、京津冀协同发展和长江经济带建设）中，"一带一路"

获得了广泛的国际认同,取得的成效最为显著。在启动实施《中蒙俄经济走廊规划纲要》的基础上,2017年,中国将积极推进建成一批示范效应强的旗舰项目,并在其他国家和地区推广成功经验,推动制定和实施新亚欧大陆桥、中国—中亚—西亚、中国—中南半岛、中巴、孟中印缅等经济走廊规划。

京津冀协同发展方面,2017年将在搬迁北京市属行政事业单位上取得实质性进展,大力疏解北京非首都功能,在京津冀交通一体化、生态环境保护、产业升级转移等领域重点突破,比如在主要城市之间实现"一卡通",打通京台高速、京秦高速、密涿南线,消除断头路。

长江经济带建设方面,2017年将依托长江黄金水道,发挥上海、武汉、重庆等超大城市和南京、杭州、成都等特大城市的引领带动作用,实现长三角、长江中游、成渝、长株潭等城市群之间的互动合作,增强城市群内部和城市群之间的联动发展能力,在生态环保、创新驱动和产业集群上取得明显进展。

第三,坚持试点试验、单点突破,发挥国家级新区、试验区、示范区等的引领作用。 2017年将更充分地发挥18个国家级新区、11个自由贸易试验区(有7个即将确定)、17个国家级自主创新示范区的探路带路作用,特别是在体制机制上总结可复制可推广的经验,为新一轮改革开放创新再立新功。

"三去一降一补"推进中更加注重引导产业转型升级,更加注重政策间的协调与配合

去产能方面,2017年是推进煤炭和钢铁行业淘汰落后产能工

作任务的第二年，去产能还将是重点任务，通过安全、质量、环保、技术等引导产能退出，严控新增产能，加强企业兼并重组等仍是主要手段。同时将更加注重通过智能化水平和产品质量提升、节能环保改造升级等促进过剩产能行业的转型升级。2016年煤炭、钢铁行业退出目标分别为未来5年去产能工作目标的30%~45%、50%左右，均有望提前完成，这为后续去产能的推进争取了更多空间。2016年8月后煤炭价格过快上涨问题显现，预计2017年去产能节奏会有所调整，在更加注重与价格协调的同时，推动部分优势产能和有效供给的有序释放。

去库存方面，第一，因城施策仍是房地产调控的主要思路。针对一线和部分二线热点城市的收紧政策还将延续，重点是抑制过度投资、投机、违规等行为。第二，满足居住需求是房地产调控的重要着力点。人口资源环境压力较大城市的土地供应和保障房建设会适度加大，去库存压力较大的城市仍将着力促进住房需求的合理释放；通过支持中小城市、特色小镇的基础设施和产业发展，促进不同类型城市的平衡发展。第三，促进房地产市场健康发展的长效机制将继续推进。包括培育发展住房租赁市场，推动建立全国房地产库存和交易监测平台，推进全国不动产统一登记工作，等等。

去杠杆方面，2016年《关于积极稳妥降低企业杠杆率的意见》对企业降杠杆提出了七大举措，《地方政府性债务风险应急处置预案》为预防区域性系统风险做出安排，相关措施将在2017年有实质性的推动和落实。推进过程中将特别注重防范可能由此引发的金融风险，注意与企业改组改制、降低企业成本、去产能、企业转型升级等工作的结合与协调。

降成本方面，2016年国务院印发的《降低实体经济企业成本工作方案》对降低税费、融资、制度性交易、人工、能源、物流等6类企业成本进行了具体部署，预计2017年降成本工作将更加综合系统，推进的力度也会进一步加大。

中国经济何时见底回升？

2011年以来，中国经济增速连续六年降低，未来是继续下行还是有望企稳回升，市场上存在不同声音。对中国经济周期波动的考察表明，2016年基本符合经济周期见底的主要特征。但是，受国内外各种不确定性因素的影响，未来经济难以强力回升，出现"双底"的可能性较大，而2016年将为"双底"之一。

对当前中国经济是否见底存在争议

关于中国经济是否见底，当前社会上存在各种不同观点，概括起来，主要有三种：一是已经见底，持此观点的代表是陈东琪、曹远征、姚洋、李稻葵等；二是尚未见底，持此观点的代表是厉以宁、李迅雷、马光远等，其中有人甚至认为探底过程"远远没有结束"；三是即将见底，持此观点的代表是刘世锦、屈宏斌、巴曙松等。除了关注何时见底，国内外市场还非常关心中国经济何时或能否实现回升。这两个问题既紧密联系，又有所区别。因为经济在见底之后，可能立即回升，呈现V形走势，比如2008年国际金融危机爆发后，中国经济2009年见底，2010年快速复苏；也可能在底部徘徊，呈现 L 形，而 L 形持续多久，之后回升还是下行都需要进一步分析。

当前经济形势与以往典型周期之间的比较

在中国经济实际运行中，每一个经济周期都有所不同。按照"波峰—波峰"法划分，1978—2010 年中国一共经历了 5 个完整的经济周期，平均期限为 6.4 年。其中，波谷分别出现在 1981 年、1986 年、1990 年、1999 年、2009 年。2011 年以来，中国经济一直处于新一轮经济周期的下行期，截至目前已经持续下行了 6 年。

从经济下行期的时间长度看，近几年宏观经济运行与 1993—1999 年有相近之处。但是，仔细考察两个阶段所处的经济环境、条件、政策等，可以发现存在五个方面的重要差异：一是经济市场化程度不同；二是经济减速发生的背景不同；三是宏观经济政策的动因和力度不同；四是与经济危机的关系不同；五是潜在经济增长率的变化不同。

尽管当前经济下行与以往的典型周期存在不同，但在判断经济何时见底回升时，把握基础性的经济规律还是能够起到一定的参考作用。第一，经济主体会对价格变动做出反应；第二，经济主体会对盈利变动做出反应；第三，库存变动反映经济形势变动；第四，投资和消费是经济走势的同步指标；第五，实际利率影响投资和消费；第六，逆周期的宏观经济政策主要是平抑波动，而不是根本地逆转经济周期。

从经验看中国经济见底的特征性事实

通过考察改革开放以来中国的经济周期波动经验，特别是经济波谷前后主要经济指标的变动规律，同时结合宏观经济运行的相关理论，可归纳出经济见底的八个特征性事实。下面结合最新的经济形势和统计数据，对中国经济是否见底做进一步分析。

第一，名义 GDP 增速已于 2015 年见底。2015 年，中国名义 GDP 同比增长 6.4%，创下 2000 年以来新低；2016 年前三季度，名义 GDP 同比增长 7.8%，增速比上年显著回升。由于 CPI 相对稳定、PPI 小幅转正，估计 2015 年名义 GDP 增速为阶段性底部。

图 1-1 中国经济见底的 8 个特征性事实

资料来源：中国银行国际金融研究所

第二，企业盈利增速已于 2015 年见底。2015 年，规模以上工业企业利润总额同比减少 2.3%；2016 年前 10 个月，工业企业利润总额同比增长 8.6%，增速大幅回升。从非金融上市公司数据看，利润总额增速从 2015 年下降 8.7% 转为 2016 年前三季度增长 16.9%。

第三，存货增速仍在探底，但已出现触底迹象。2015 年，工业企业产成品存货同比增长 3.3%；2016 年前 10 个月，工业企业产成品存货同比减少 0.3%，连续 7 个月负增长，表明企业正在去库存。产成品库存 PMI（采购经理指数）低于 50 的荣枯线，但降幅有缩小趋势。综合判断，2016 年产成品存货增速见底概率较大。

第四，投资增速出现见底回升迹象。考虑到企业盈利增速加快，同时政府加快"补短板"相关投资步伐，"十三五"规划重大项目陆续开工，专项建设基金大量投放，PPP 项目加快落地实施，未来投资增速有望继续提升，估计 2016 年见底可能性较大。

第五，消费名义增速见底，且其对经济增长的贡献率见顶。从消费对经济增长的贡献率看，2016 年前三季度为 71%，比上年同期上升 11.6 个百分点，为 2001 年以来最高。随着投资增速及其对增长的贡献率上升，消费的贡献率可能下降，估计 2016 年将达到阶段性高点。

第六，实际利率已于 2014—2015 年见顶。投资理论和消费理论以及相关实证研究表明，实际利率更能反映企业和家庭的真实融资成本。贷款、国债、企业债等实际利率数据均表明，经 CPI 调整的实际利率已于 2014 年见顶，而经 PPI 调整的实际利率已于 2015 年见顶。

第七，先行指数已于 2015 年见底，一致指数可能于 2016 年

见底。2016年前8个月，先行指数、一致指数平均值分别为98.64、94.07，其中先行指数比2015年有所上升，意味着其可能已经见底；而一致指数还在继续下降，但综合上文对工业生产、盈利、投资、消费等的分析，估计一致指数在2016年见底的可能性较大。

第八，本轮经济周期波谷再度出现"双底"的可能性较大。2012年以来，中国经济周期波动显著减小，季度GDP增速波动创下新低。在宏观政策不搞"强刺激"的情况下，经济运行短期内不可能实现V形反转，而在经济见底特征逐步显现、经济下行遭遇"阻力位"的情况下，再度大幅下行的可能性同样较小。因此，本轮经济周期将大概率再度出现"双底"，而2016年将成为"双底"之一。

经济回升仍然面临不确定性

经济理论的长处在于解释，而不在于预测。凯恩斯曾调侃道，在过去的5次经济危机中，经济学家预测到了15次。由于宏观经济运行充满不确定性和复杂性，特别是当前中国经济正在经历深度调整，预测经济何时见底回升的难度很大。

从来没有哪个经济体经济增速一直下行，也从来没有哪个经济体完全摆脱了经济周期波动，中国经济不会成为例外。中国经济运行呈L形走势，并不意味着没有波动，2016年第一、二、三季度GDP当季同比增长率均为6.7%，表现出了极少见的高度稳定。这恰恰是经济正在筑底的重要迹象，表明经济处于积聚新能量的蓄势阶段。

2016年大致符合中国经济见底的主要特征，三、四季度经济出现回暖迹象，增加了经济触底的证据。未来这一判断还要经受两大考验：一是中国经济不可避免地受国际经济金融形势的影响，特别是美联储加息动向将持续扰动全球市场；二是新一轮房地产调控强力启动，将循着房地产供求—房地产价格—房地产开发投资—相关产业投资这一链条，影响经济回升前景。也就是说，虽然经济已经基本见底，但短期内难以强力回升，因此2016年将成为"双底"之一。

中国经济的运行趋势与发展经验

民生证券首席经济学家　邱晓华

中国经济短周期正在见底，长周期下行没结束。所谓短周期正在见底，从四个方面已经显示了这样一个发展态势。

经济增长的长周期下行趋势未变

第一，**先行指标已经趋向稳定**。就是采购经理人指数以及发电、货运等指标已经趋向稳定。这意味着中国经济在后一个阶段，有可能不会再面临更大的下行压力。

第二，**经济运行轨迹现平稳特征**。2016年中国经济增速达6.7%，基本上保持平稳，没有大起大落。这个特征，揭示了中国经济可能继续保持这样的一个相对平稳、不会有大起大落的运行轨迹。

第三，**政策信号也走向稳定**。中央经济工作会议为2017年定调。从目前来看，至少在三个调子上非常明确：一是稳中求进的工作总基调不变。也就是还是在稳定下来求经济的进，求改革的进，求开放的进，求调整的进，不是要停下来，还是要前进的，但是要在稳定中前进。二是供需双向发力的工作方向没有变。政治局会议明确提出，在保持需求适度增长的同时，着力推进结构供给层的改革。换句话说，要从需求、供给两个方面继续发力。所谓供给层结构改革，就是一句话，提升供给的质量，改善供给的结构，以适应变化了的市场需求。我们现在的供给体系还落后于变化的市场，因此每年上千亿美元的高端需求到国外去了，去抢购日本的马桶盖，抢购日本的电饭煲。中国不会生产吗？会，但是中国生产的东西有些消费者感觉在质量、性能、安全、外观诸多方面满足不了他们的需要。所以一部分眼界更高、标准更高的消费者就把钱拿到国际上买了。其实就是要推进国有企业、财税金融、社保、政府职能诸多方面的改革，让企业在市场的优胜劣汰中上档次，要把那些"僵尸企业"，要把那些无效企业，把那些高污染、高消耗的企业淘汰出市场。三是政策方面将继续提出积极的财政政策和稳健的货币政策。积极的财政政策要有有效的应用；稳健的货币政策是为了防范资产泡沫和金融风险，把防泡沫、防风险和稳健的货币政策相联系起来。从这样一个政策组合角度来看，折射出最高决策层对眼下中国经济下行的担忧已经减轻了，眼下的中国经济运行在政策可以接受的范围之内，也就是政策信心在转向稳定。在一定意义上说，宏观政策就出现了真空时期，没有什么大的政策出台。

第四，各种对冲效应逐步显现。一是宏观加杠杆对冲微观减杠杆。去杠杆是 2016 年的一项重点，主要是地方政府、企业去杠杆，这是微观角度。宏观角度则是反过来的，中央政府还要加杠杆。这意味着从 2016 年开始到 2017 年乃至下一段中央政府会继续保持较高的财政赤字水平和较大的债务规模，大力推进 PPP 项目，来对冲企业、地方政府减杠杆、去杠杆的压力。这也折射出结构性杠杆手段的应用，也折射出政府对经济相对平稳的一种肯定。二是新经济加速，对冲旧经济减速。2016 年钢铁行业有比较大的改观，但是说实在话，从整个中国经济角度来看，改变最多的还是传统的产业结构性的调整力度在加大。一个重大的信号就是宝钢兼并武钢，折射出通过并购催生新经济的信号。同样，各种高端制造、各种新经济"互联网+""+互联网"等等，都比传统经济增长迅速，这在一定程度上抵消了传统、低端的产业减速所带来的下行压力。三是国内需求加力对冲国际需求减少。眼下出口还是很低迷，世界经济仍然呈现低迷状态，但是中国加大了鼓励投资、消费的政策指向，整个国内需求要进一步提升的信号也很明确，以此对冲出口不利所带来的经济下行的一些问题。

从上述四个方面来看，短期中国经济正在触底，可以预期 2017 年中国经济可能维持在 6.5%~6.6% 的增长区间，不会继续大幅度地下行。如果说中国经济是 L 形的走势，眼下中国经济就在从纵线转到横线上。之所以做这样的一个判断，是因为未来 10 年是我们党提出要实现第一个百年目标的最后的 10 年。从 2010 年到 2016 年这 6 年的情况来看，中国经济保持向下的态势，但是如果要实现百年目标，未来 10 年需要相对的稳定。数据表明，未来 10 年我们要实现百年目标，最低的速度每年不能低于

6.45%，考虑到人均收入也要增长一倍，因此最低的速度每年不能低于6.5%，由此可以推断未来10年中国经济是有底线的。从百年目标出发可以知道，未来的政策是会围绕着6.5%左右进行谋划的，如果6.5%守不住，政策走向会宽松；6.5%守住没有问题，政策走向会偏紧。

从长周期看，中国经济还没有结束下行，因为中国经济发展的几个方面发生了改变。（1）资源条件发生了改变，资源承载率已经无法继续承受高增长，从土地到水、矿产、油气，资源的约束已经制约了中国经济继续保持更高增长的可能性。（2）人口结构变了，中国人口已经出现了老龄化，60岁以上人口2.2亿，占整个人口的比重达16.1%，80后有2.2亿，90后有2亿，00后有1亿，明显呈现往下走的趋势。人口老龄化有一个共同的规律，经济不可能高增长，是中低速的经济增长，只有年轻型的结构，经济才能够高增长。（3）从世界经验角度来看，一个国家进入中高收入阶段（今天中国已经进入了中高收入阶段，人均收入已经在8000美元左右），经济增长都是下台阶，不是上台阶，还没有一个国家进入这个阶段以后经济是上台阶的。（4）基数的效应。今后每增长1%，要远比过去的3%来得更加艰难。所以从这四个角度来看——资源的承载力、人口的改变、国际经验，以及基数的效应，我们可以大胆地预期，眼下中国经济增速7%左右，10年以后就会掉到6%左右，再10年以后就会掉到5%左右，一定是这样一个下行的态势，这是我们要记住的一个基本大趋势。

中国经济发展的经验

市场改革产生的魔力。这是中国经济得以改变面貌的最重要的一股力量。同样的国家,同样的人民,现在的中国相比30年前发生了根本的变化。这只是因为我们采取了市场化的改革,让市场发挥作用。市场经济最大的特点就是最大限度地创造供给,只要有需求,只要有利可图,就会有人去生产,这是计划经济不能相比的,是市场经济最大的特点。所以我们的产品就像泉水般地涌现出来了,以致今天出现了所谓的市场饱和。因为市场经济最大的一个结果就是生产过剩,而计划经济一个最大的结果就是需求膨胀,供不应求。所以今天中国正在思考,究竟要完全的市场经济,还是要有一定计划色彩的市场经济?我想现在领导人正在思考,社会也在思考。

对外开放的协作力。30多年来,中国之所以走得快,靠的是产业的国际分工、资源的国际获得和市场的国际开拓。从这个意义上来说,开放给我们带来了最大的协作力。大家知道,协作就是生产力,协作就能够创造新的生产力。不管是市场也好,开放也好,今后仍会延续。因此,我们可以预期,这两种力量在未来的中国经济中还会继续发挥作用。

老百姓固有的坚韧力。中华民族特有的勤劳、坚韧、忍耐的品格,是别的国家、民族少有的,因此虽然前进中有各种各样的问题,有各种各样的矛盾,但是可以看到,我们的百姓就是以其最勤奋的创造力、最大的忍耐力和不变的定力,坚定地支撑着这个国家的发展。我想这种民族的特性在今后也同样会继续传承,继续发扬光大。

中国未来的领导力。如果说中国特色，我想党的领导就是中国特色最重要的标志，由于有这样一个领导力，中国这样的大国保持了政治稳定，而政治的稳定是一个国家发展最重要的前提。过去我们看到了这种领导力的作用，未来，同样的这种领导力也是不会动摇的。

我讲这四点就是想告诉大家尽管困难重重，由于这四个力量继续存在，因此未来的中国经济同样会继续向好的方向发展。

党的十九大以后，领导人的关注点就会逐步地转到另外两个重点：（1）狠抓落实；（2）开创新局。一个可以做事、要求做事、必须做事的环境将会在党的十九大之后进一步呈现在我们的面前。换句话说，如果党的十八大期间更多的是解决政治层面的问题，党的十九大之后我们党的决策层就将把问题的重点转到解决经济层面、社会层面的问题。所以，我们有理由相信，企业生存与发展的环境会有一个大的改变。

从这个意义上来讲，对中国经济的未来我们没有必要悲观，当然我们也没有理由盲目乐观，毕竟要打造一个升级版的中国经济，要在全球激烈竞争大环境下实现中华民族伟大复兴，我们面临各种矛盾还很多，我们要走的路还长，这是我们必须清醒地认识的。

对几个经济问题的大致梳理

通胀。通胀问题短暂温和，长期压力不小。请大家记住，眼下中国没有太明显的通胀压力，但是由于政策取向要适当地提高财政赤字水平和扩大债务规模，以及人民币在未来一段时间依然面临着贬值的压力等因素，都意味着通胀的远期压力不仅没有消除，而且在不断地增长。这种压力会不会释放？第一，如果出现严重的自然灾害，这种压力就会表现出来。第二，如果出现战争，这种压力会表现出来。第三，中国经济如果出现大的波动，这种压力也会表现出来。眼下，虽然还没有看到明显的现实压力，但是远期不能够忽视。如何化解这种压力，那就需要我们继续保持经济的稳定发展。发展的链条不能断，和做企业现金流不能断是一个道理，只要发展的链条不断，就会有一个稀释的效应逐步地化解通胀的压力。

汇率。怎么变化？回顾历史，20世纪90年代中期出现了第一轮人民币的贬值，2004—2015年8月11日出现了第一轮升值，2015年到现在又出现了新一轮的贬值。最近的这一轮贬值，外部因素是美元加息、美元走强，欧洲、日本量化宽松的政策，新经济体采取竞争性的货币贬值措施，这些都是外部的压力。内部的因素，有正面也有负面的。正面的是企业对外投资明显加大，像2016年前9个月中国企业对外的并购投资超过1000亿美元，比2015年同期增长67%。不可否认，也有一些负面因素，就是出口低迷、一些政策不明朗、资本外流等，这些都是造成人民币贬值的内部因素。

但是，我想强调的一点是，这一轮的贬值在一定的意义上是政府央行有意作为的一个结果。原因有三：（1）为了应对美元加息，采取了允许人民币更大幅度波动的政策；（2）加入了SDR

之后压力减轻，因此为了化解国内的一些矛盾，允许人民币更大幅度的波动；（3）为了应对美国总统大选可能带来的影响，因此抓紧现阶段的调整，免得人民币有更大幅度的波动。这次波动央行并没有采取干预措施，一下子突破了6.7、6.8、6.9这样的心理线。

那未来贬值还会延续吗？我的结论是未来两年贬值趋势依然会延续。如果2016年守住7为底线，2017年破7的概率明显上升，后年还会继续延续一定的贬值。上一轮升值幅度是36%，这一轮贬值20%或者25%是大概率的事件，可以推测2017年人民币破7，后年还会进一步地贬值，最终有可能在7.5左右趋稳，这是我们应当注意的一个趋向。但是它不会趋势性地贬。首先是外部有阻力，一方面，美国政府不会允许人民币大幅度、持续地贬值，这是阻力；另一方面，美元的强周期也是有顶的，不会是无顶的，它也不会无限制地升值。其次是内部有约束力，推动人民币国际化本身意味着人民币不能持续地贬值，不值钱的货币不可能成为国际货币。更重要的是在2018年之后这一轮下行周期将结束，进入真正的平稳增长的新周期。而基本面决定一个国家货币的强与弱，基本面如果在2018年有一个大的改观，可以预期人民币在这个阶段不会持续地贬值。另外，从人民币和港币之间的关系来看，我觉得两种货币最终走向同质的可能性会比较大。换句话说，港币兑美元和人民币兑美元有可能形成相同的汇率，7.5左右可能是这一轮贬值基本的底线。当然，如果中国经济不像我预测的在2018年有明显的改观，而出现别的意外因素，也不排除逼近8.0，但是不会更悲观。

房地产。我的基本看法，房地产作为中国经济的支柱产业的地位没有变化，它的重要性依然客观存在，因此不管社会怎么议论，人们怎么批评，政府还会继续保持房地产平稳增长。只是由于过去的政策对住房的一些属性在认识上有偏差，所以加剧了房地产市场的人为波动。但是这种波动并没有动摇现阶段房地产依然是中国经济的支柱产业的地位。不管你发展什么高经济、高技术、高端服务业，只要工业化没有结束、城市化没有饱和、人口没有停止增长，房地产业就是这个国家经济的支柱产业，因为它的产业链条最长、就业人口最多、对经济的拉动最直接。

但是，房地产那种井喷式的增长期已经结束，下一阶段可能是一个平稳增长期。换句话说，如果过去是20%、30%的增长，未来的增长可能会降到10%左右。从人口、工业化、城镇化发展的趋势来看，房地产的增长期还有10年左右。

对房地产的投资和买房，要注意两个层面的各三个因素。宏观层面注意财税政策、货币政策、土地政策。这三个政策如果相对宽松，房地产形势就会相对宽松；这三个政策相对严厉，房地产形势就会相对不景气。

需要强调的是另外一个政策——未来差异化的发展将是中国房地产市场的一个新特点，也就是经济转入平稳周期之后不同城市出现差异化的新特点。换句话说，未来的房地产形势好与不好、房价高与低，将与以下三个因素息息相关。第一是人气。人口聚集度是高还是低，将决定一个地方房地产形势是否景气，房价是否刚性。第二是经济的活力。一个地方经济是否有活力，是否能大量创造就业岗位，财政状况是否比较好，将决定这个地方的房地产形势如何。第三是环境、生态。一个地方的生态是否宜居，环境是否适宜，将决定这个地方的房地产形势是否景气。

　　从上面三个特点出发，不难得出结论：第一，一线城市房地产形势会继续保持相对好的发展态势，房价会继续保持刚性的态势。第二，二、三线的明星城市房地产会继续保持相对好的态势，房价也会继续保持刚性的态势。第三，那些适于做文化旅游地产的地区，以及未来的一部分农村，房地产形势会逐步向好，房价会逐步抬升。

第二章
中国经济稳中求进

转型拐点下的中国经济前景

中国社会科学院副院长、全国政协常委　蔡昉

中国从 1978 年改革开放到 2011 年，长达 33 年的时间里，实现了年均 9.9% 的国内生产总值增长率，是世界经济发展史上的一个奇迹。当人们习惯于这个高速增长之后，对 2012 年以来中国增长减速，就容易产生疑惑。那些对中国经济前景的误判，一定是产生于错误的观察方法和偏颇的理论依据。一旦将这些认识中国经济增长的错误方法论予以澄清，必将拨开悲观论调的重重迷雾，重新看到中国经济前景的一片光明。

如何打破"不可能三角"

快与慢的经济发展规律

宏观经济学本来是由周期理论和增长理论两部分构成的，但

是，专注于周期问题研究的学者往往缺乏增长视角。主流经济学家习惯于把观察到的经济增长减速，作为需求不足导致的周期现象来进行分析，因此，他们往往寄希望于刺激需求的政策能够扭转经济下行趋势，而在增速下行的势头始终未能触底的情况下，便会表现出过分悲观的情绪。然而，把这个方法论应用于观察中国经济增速的减缓，无疑犯了经验主义的错误，因为中国经济面临的不是周期现象，而是经济发展阶段变化的表现，从高速增长到中高速增长是经济发展规律作用的结果，是进入经济新常态的特征之一。

如果我们把世界各经济体按照人均 GDP 进行排列，可以看到，经济体从低收入到中等收入再到高收入，经济增速递减只不过是规律性的现象。处在更高收入水平上的中国，与之前自身处在较低收入水平时比较，增速有所降低无疑再正常不过。更应该关注的是，按照世界银行的分组标准，中国无论是在 2000 年以前处于低收入水平阶段时，还是在 2000—2010 年期间处于中等偏下收入水平阶段时，以及目前处于中等偏上收入水平阶段（人均 GDP 接近 8000 美元）时，其经济增速都显著高于同样发展阶段里所有国家的平均水平。因此，无须从周期性、需求侧着眼追求短期的 V 字形反弹，从供给侧认识新常态，才会看到中国经济政策定力之所在。

也有国外经济学家如巴罗教授，从增长视角观察中国经济减速。他认为，中国长期的高速增长是一种赶超现象，是经济增长趋同的成功案例，从趋同效应递减假说出发，不可能长期保持高速赶超，中国增长终将减速。中国以往实现赶超型高速增长，原因在于改革开放消除了妨碍资源配置的体制性障碍，释放人口红利，现在虽然增长减速，但中国经济赶超的条件依然存在，仍能保持中高速增长的底气。并且，通过供给侧结构性改革，挖掘传统发展动能，培养新的发展动能，我们还可以收获看得见摸得着的改革红利，进一步提高潜在增长率。

量与质的经济发展内涵

我们并非盲目乐观，而且毋庸讳言，中国经济也存在着自身的问题。然而，问题不在于增长的速度而在于增长的内涵，即存在着发展的"不平衡、不协调、不可持续"。符合经济发展阶段变化的减速，不仅没有恶化这些问题，反而有利于解决此类问题。事实上，恰恰是在增长速度下行的同时，中国经济以更快的步调走向更加平衡、协调和可持续的发展轨道。

经济增长平衡性提高。从拉动需求的"三驾马车"看，消费需求对经济增长的贡献率从 2010 年的 43.1% 提高到 2015 年的 66.4%，这 5 年的提高速度是 2010 年之前 5 年的 5.2 倍。第三产业发展加速，第二、第三产业之间更加平衡。2015 年第三产业产值比重首次过半，在过去 5 年中的提高速度是此前 5 年的 2.7 倍。此外，中国正在形成新的区域经济增长点，一些中西部省份后起赶超，地区发展更加平衡。

经济增长新动能加速形成。新常态下的经济增长必然是一个创造性破坏的过程，即在传统增长动能变弱的同时，新动能开始蓄势而发。例如，有的国内智库根据人力资本含量、科技密集度、产业方向和增长潜力等因素，识别出一些行业以代表新经济，并构造了一个"新经济指数"，发现该指数与传统的采购经理指数并不同步，即使在后者呈现下行趋势的情况下，新经济仍然保持逆势而上。

经济发展的分享性明显提高。在政府再分配政策和发展阶段变化的共同作用下，收入分配开始朝有利于劳动者和低收入群体的方向变化。居民收入提高速度快于GDP增速，农民收入提高速度快于城镇居民。

改革、增长和稳定的统一

穆迪分析师斯卡特曾表示，中国确立并寻求的改革、增长和金融稳定三个目标，不可能同时达到，终究要有所取舍，至少在一定时期内放弃其中一个。之所以把三个目标割裂开，赋予其彼此独立且对立的性质，也是由于作者因循了流行的观察视角和方法，因而未能抓住中国经济面临问题的本质。一旦我们从供给侧观察现象、分析问题和寻找出路，就会发现，改革、增长和稳定三者之间并不存在非此即彼或者此消彼长的关系。恰恰相反，正如三角形是力学上最稳定的结构一样，从供给侧入手，正确选择结构性改革方向和优先领域，分寸恰当并精准地推进这些改革，既可直接达到保持经济中高速增长的目标，又有助于防范金融风险，实现经济和金融稳定。

供给侧结构性改革的性质，可以从其目标即提高潜在增长率来理解。有利于提高生产要素供给和全要素生产率增长的改革，即属于此类改革，应该放在改革日程的优先位置。例如，在劳动力总规模不再增长的情况下，提高劳动参与率是今后一个时期扩大劳动力供给的重要选择。我们的分析表明，劳动参与率每提高 1 个百分点，可以为潜在增长率赢得 0.88 个百分点的改革红利；而全要素生产率增长率每提高 1 个百分点，则可以赢得 0.99 个百分点的改革红利。这方面的改革包括户籍制度改革、降低企业成本和交易费用的政策调整、从体制上拆除不利于竞争的进入和退出障碍等等。由于这类改革着眼于供给侧，无须过度倚重需求侧的刺激政策，因而也降低了金融风险，因此可以打破所谓的改革、增长和稳定"不可能三角"。

如何实现 L 形中高速增长

认识减速：这次不一样

现在最重要的经济问题就是增长速度下行，其他许多问题都是由此衍生出来的，所以应该首先分析经济减速是如何形成的。对此，国际和国内都有很多讨论，各种声音都有，有些人认为中国面临的是周期性的减速，这是一些人从长期趋势角度分析。比较有代表性的研究有以下几个。

萨默斯认为经济增速不可能长期持续超常，终究要回到均值水平，就是世界平均增长速度（大约 3%）。他们预测 2013—2023 年中国经济增长速度平均为 5%，2023—2033 年平均为 3.3%，即回到了均值。他没有给出理由，只是说有这样的统计规律。

巴罗认为如果具备了若干条件，后起国家的增长速度会更快一些，最终会与发达国家的经济发展水平趋同。但是从长期来看，趋同的速度不会超过 2% 这个所谓"铁律"。中国过去大大超过这个速度了，所以到了减速的时候。因此他对中国经济的增速预测也是 3% 左右。这个预测已经被证明是错的。

上述两个研究都有一个共同的特点，那就是说尽管都在讲中国，但是都没有找准中国的特点，所以没讲出中国特有的故事。

艾肯格林等把所有具备长期数据的国家放在一起进行统计分析，发现了一些减速的规律。他认为在中国目前的收入水平上，各国基本都经历了减速，减速的幅度可以超过此前增速的一半。他认为减速除一般规律之外，还包含了一些国别的因素，就是不同的国家可能有自己的因素。

总的来看，这些研究都依据了某种方法，也发现了一些规律，但是，也都具有"只见森林，不见树木"的缺陷，讲得更多的还是森林，而中国是一棵不同寻常的大树，所以其结论对中国来说未必全都适用。

林毅夫主张，中国的问题是国际金融危机之后全球经济增长乏力造成的，所以问题在于需求侧，所以是周期性的。在他看来，中国大陆目前人均 GDP 相当于美国的 20%，这个阶段相当于日本的 1951 年、新加坡的 1967 年、中国台湾的 1975 年和韩国的 1977 年。在那之后这四个经济体都经历过 20 年的高速增长，所以他得出了中国经济长期增长潜力 8% 的结论。

他采用发展阶段比较的方法，固然一般来说是对的，但是，用人均 GDP 来判断发展阶段可能忽略了中国的一个重要特征——未富先老。虽然中国人均 GDP 比较低，但是老龄化程度已经不低于甚至超过了很多其他国家和地区。

2010年，中国15~59岁的劳动年龄人口数量达到峰值。这个现象发生在日本的时候不是1951年，而是1990—1995年；韩国是2010—2015年，比中国还晚一点；新加坡是2015—2020年。如果按人口转变阶段而不是简单以人均GDP看，中国的发展阶段已经大不一样了。

扶养比是反映人口红利的指标。日本的人口扶养比在1970年就基本降到底部，但没有马上上升，而是稳定了20年，从20世纪90年代才开始上升。中国的人口扶养比大体上也是2010年左右降到最低点，随后迅速上升。新加坡和韩国到达这个转折点的时间跟我们差不多。这同样证明了中国是在非常低的人均GDP水平上就开始丧失了人口红利。

从人口角度看，中国可能没有20年平均增长8%的机会了。良好的人口年龄结构能够导致劳动力充足、人力资本充足；劳动力的转移还能使资源的配置效率提高，有利于提高全要素生产率；低扶养比有利于高储蓄率和资本回报率。人口红利消失意味着所有上述因素都会逆向变化，导致潜在增长率下降。

我们预测了中国经济潜在增长率的变化。2010年之前潜在增长率大体是10%，从那开始就迅速降到了"十二五"时期的7.6%，从"十三五"开始进入6.2%的阶段。潜在增长率是供给侧因素形成的，周期性需求侧因素只能导致实际增长率与潜在增长率的偏离。如果把实际增长率减去潜在增长率，可以得出增长率缺口。如果这个缺口是负数，说明没有把生产能力充分发挥出来。只有在负的经济增长缺口的时候，需求侧的宽松政策才能刺激经济增长。

如果认为中国经济潜在增长率仍然是 10%,而现在的增长速度是 6%~7%,则会得出负的增长率缺口,就会使人们认为减速是由于周期性、需求侧的因素,就会不断提出经济下行何时触底的问题,就要期待政策刺激和一个 V 字形的反转。事实上,中国经济的潜在增长率已经降下来了,不是 10% 了,所以也没有明显的负增长缺口。经济减速是因为潜在增长率下降,而不是因为需求不足。

刺激不起来的潜在增长率

从供给侧认识经济增长,就意味着放弃国民经济恒等式(或所谓"三驾马车"需求因素分析法),而转向从生产函数的角度,观察导致潜在增长率下降的因素。我们可以发现以下四个方面。

第一是劳动力的持续短缺导致工资上涨。与任何商品一样,数量出现短缺,价格就上涨。在一定时间内,工资的上涨可以用劳动生产率的提高去弥补,但是如果劳动力短缺过于严重,工资上涨得过快,劳动生产率增长速度跟不上,就会导致单位劳动成本的提高。单位劳动成本与工资成正比,与劳动生产率成反比。其过快提高,意味着与发达制造业国家相比,我们在制造业上的比较优势趋于下降。

第二是新成长劳动力和人力资本逐渐减少。新成长劳动力包括各级各类学校每年毕业未升学和辍学的年轻人,即每年真正进入劳动力市场就业的人。这部分人也代表着人力资本的增量。新成长劳动力增长速度下降,也就意味着人力资本改善速度下降。数据显示,2014—2020 年,每年新成长人力资本(新成长劳动力乘以人均受教育年限）的增长率是 –1.3%。

第三是资本大规模替代劳动，导致资本劳动比的过快上升。如果人力资本不能同步得到改善的话，资本回报率则不可避免地下降。根据白重恩等人计算，2008—2013 年，资本回报率下降了 45%，这也是投资增速下降的主要原因。

第四是资源重新配置的空间缩小，传统模式下的城镇化也即将减速。过去经济增长既靠生产要素的积累，也靠全要素生产率的提高。而在中国，接近一半的全要素生产率提高来自劳动力从生产率低的部门转移到生产率高的部门，即资源重新配置效率。这种趋势很可能也会越来越弱，甚至会逆转。真正的农民工增量来自 16~19 岁的农村人口，这部分人口在 2014 年达到峰值，此后开始绝对减少，相应地，农民工增长率也在下降。这意味着疾风暴雨式的劳动力转移，及其实现的资源重新配置也即将结束，全要素生产率的提高速度也会大幅度地减慢。

供给侧结构性改革红利

一些经济体制领域的改革不尽如人意，供给侧结构性改革也遇到"因为包袱重而等待、困难多而不作为、有风险而躲避、有阵痛而不前"的推进困难。这有以下两个原因。

第一，并不是每个人都真信改革能带来红利。改革红利看不见、摸不着，至少不敢说哪一项改革对应着哪部分红利。相反，实行需求侧的刺激政策，可以识别出财政性投资增加多少或者银行发放多少货币对应着 GDP 增速的百分点。所以有些地方和部门改革决心不大，反而倾向于使用刺激性政策手段，延误改革时机。

第二,改革要靠全社会努力(激励相容)。改革成本可以确定是由谁来承担的,但改革红利并不是由支出了成本的主体排他性获得的,而是具有外部性。由于改革成本的分担和红利的分享还没有界定清楚,因此产生了改革的激励不相容问题,造成改革难以推进。

供给侧结构性改革应该着眼于提高劳动参与率、生育率、人力资本和全要素生产率等方面,以达到提高潜在增长率的效果。"三去一降一补"也是为了改进资源配置效率,提高潜在增长率。我们的测算表明,在相关领域推进改革,可以带来真金白银的改革红利。同时,以不同的力度和方式推进改革,会带来不尽相同的改革效果。

固然,根据权威人士的说法,就算不刺激,经济也跌不到哪儿去,到2050年中国经济增速才会降到世界平均值,在这之前还是高于世界平均值的;但是,实质性推进改革就能取得更好的结果。我们的模拟表明,改革越彻底、力度越大,未来的潜在增长率就越呈现出L形。

如何释放城镇化新红利

当前,世界各国形势都发生了一些重要的变化,特别是贸易保护主义的抬头,很可能会对经济全球化产生向后拉的动力。

这个动力到底能不能把全球化往后拉?我们不知道,但至少我们可以一方面尽己所能地推进全球化,另一方面做好我们的事情。这对于经济学家来说有两点,一是实现经济拉动力向内需转变；二是要进一步挖掘供给侧的经济增长因素，清除旧的障碍，所以我把新经济增长因素看作经济增长的新动力。

城镇化延长人口红利窗口期

中国经济到了这个发展阶段，我们的经济增长已经不是原来那个量级了。在 2010 年之前我们测算的经济潜在增长率应该在 10% 左右，总体上实际增长速度有波动，但长期趋势也是在 10% 左右。

2010 年的人口普查显示，中国人口红利已经在消失，因此在"十二五"时期我们测算的潜在增长率是 7.6%，事后也证明我们的实际增长速度是 7.8%。按照我们现在的测算，如果没有别的因素，改革红利还没有充分显示出来的情况下，"十三五"期间大概是 6.2% 的潜在增长率。尽管这样，我们的实际增长率也仍然在我们的潜在增长率之上，因此我们现在没有通胀，也没有周期性失业的发生。但我们还是要探讨有什么方式能够让我们保持中高速，能够比静态测算出来的潜在增长率更好一些，这就是供给侧结构性改革。我认为城镇化是供给侧结构性改革的重要领域。

有很多人认为经济增长还会回到原来的水平上，或者说我们现在遭遇的还是短期的周期性因素。他们会问的一个最重要的问题是，历史上其他经济体在我们这样的人均收入水平上都没有减速，还会保持很长时间的高速增长，为什么我们在人均收入水平这么低的情况下（相当于美国的 20%）速度就要降下来呢？我想主要是判断经济发展阶段时不能仅仅依据人均 GDP 水平，还有一个重要指标是人口结构，要看人口结构究竟有利于经济增长，能够创造人口红利，还是会产生人口负债，成为阻碍经济增长的因素。

我们用人口扶养比和东亚几个先行国家做比较，即 15~59 岁生产力强的人口能够支撑的依赖性人口（15 岁之前以及 60 岁之后）情况。扶养比比较低的时期很自然就是人口红利比较充足的时期，反过来就意味着人口红利在消失，人口结构变成了食之者众，生之者寡。2010 年进行人口普查时，总体来说扶养比正好下降到了最低点，在这之前是不断下降的人口红利冲突，到了最低点之后就迅速上升了。历史上日本大概在 1970 年开始降到了谷底，但它没有立刻上升，直到 20 年之后才上升，因此维持了高达 20 年的较低的人口扶养比。新加坡、韩国人均收入目前比我们高很多，但他们的人口扶养比的变化趋势跟我们几乎是一样的。也就是说，我们在较低的收入水平上达到了比较高的老龄化程度，比较早地丧失了人口红利。

过去我们获取人口红利的主要手段其实是借助了城镇化，特别是农民工从农村、农业这些生产率低的部门转向生产率高的城市和非农产业，这是一个重要贡献，未来如果还能继续保持下去，我们还可以得到经济增长的动能。

城镇化提供新增长动力和源泉

另外，新型城镇化可能还有一些新的经济增长源泉。下面，我们分析的是改革时期传统城镇化如何为经济增长做贡献，以及今后其贡献方式将如何发生变化。

第一，城镇化主要是劳动力从农村转向城市，给我们带来了充分的劳动力供给。劳动力供给也是重要的生产要素，不会构成经济增长的瓶颈。农民工一直在城镇就业，但他们过去并没有被统计在城市的就业人群里，现在这部分人占的比重逐年增大，已经是稳定的在城镇就业的人口了。

为什么过去不统计农民工，现在统计农民工呢？因为城镇对劳动力需求越来越强烈，劳动力短缺现象越来越严重，农民工在城镇就业也就越来越稳定、越来越持续、时间越来越长。无论在住户调查还是企业调查中，都越来越把农民工当作城市就业者。很显然，农民工和向城市转移的农业劳动力成为劳动力供给的重要因素。

第二，我们知道，对经济增长贡献最大的是资本积累，因为资本回报率比较高、储蓄率比较高，资本积累对经济增长才有这么大的贡献。农民工或城镇化为什么能够做到这一点？在供给侧，如果人口扶养比较低，食之者寡，生之者众，能够把更多东西储蓄起来形成投资；与此同时，劳动力无限供给、资本报酬递减现象不会过早发生，因此资本回报率也较高。目前的非户籍人口，也就是城镇化的新移民，他们具有更年轻、更具生产力的人口年龄构成，由于有了他们，我们城市的整体年龄构成更加合理，因此变得更有利于资本积累和提高资本回报率。

第三，城镇化对人力资本的贡献表现在，农村劳动力转移到城市中来，不仅从数量上而且在质量上都对劳动力群体做出了贡献，也就是说他们贡献了人力资本。总体来算，农民工比城市本地户籍劳动者的受教育年限还是要低一些的，但由于进城的农民工大部分集中在相对年轻的群体中，而拿这些相对年轻的农民工和城市中年龄偏大的那部分劳动者来比较，受教育程度就高了，因此当他们进城替代了逐年退休的那部分年老的城市职工，城市的人力资本也得到了改善，因此我们说城镇化对人力资本的贡献也是非常明显的。

第四，经济结构的变化和城市化，说穿了其实是一个"库兹涅茨过程"。库兹涅茨是美国的一位经济学家，他认为整个资源流动的过程就是逐渐向更有效率的部门和地区配置的过程，因此整体生产率就会随之提高。在过去几十年里，农业劳动力比重和数量都在迅速下降，但是如果看统计年鉴会发现我们还有29%的人口在务农。实际上，如果你到村庄里，至少到县城里看中国经济，你就知道在农村，哪怕一个40岁以下的劳动力都很难找到。

因此，重新估算后我们发现，目前只有19%的人口在务农（比较保守的统计），其他人都在非农产业就业，因为我们的估算和官方统计有一个差额，但不知道我们算的比官方统计多出来的这部分人应该放在第二产业还是第三产业，所以我把他们单独列出来。正常的年份这部分人是在第二、三产业中，如果城市遇到不好的宏观经济形势，需要他们退回去，他们就会又回到农业生产力的蓄水池里。但农业越来越机械化了，因此这部分人越来越回不到农业中去了，他们已经稳定地从事非农产业了，这个过程就意味着这部分劳动力的重新配置，就是我们生产力提高的重要源泉，所以我们说它是"库兹涅茨过程"。

不能靠改变行政区划实现城镇化

现在，我们想把中国目前城镇化推进的方式、具体渠道做一个分解，以预测未来城镇化的趋势。2010 年的数据可以表明当前的情况，因为它最丰富。我们会看到城镇化的源泉，也就是城镇人口的增长只有 16% 来自城市自身，我们把它叫作"自然增长"，其他的 84% 都是"机械增长"，即从非城市地区迁入的，这里面 26% 的人是农民工。还有 5% 的人口，从农村转到城市的同时也得到了城市户口。农民工是指没有得到城市户口的。贡献最大的 53% 的部分，这部分人口变化的过程不是"库兹涅茨过程"，我们把它叫作"就地转移"，工作性质没变，居住地没变，但因为行政区划的变化，比如过去一个地方叫"乡"，现在叫"镇"，人的身份可能就随之而变。这部分对城镇化有很大一部分贡献，但是这部分贡献有一定的虚拟性，并没有真正的"库兹涅茨进步"，只是人身份的改变而已。

因此真正有意义的是农民工这部分，农民工 26% 的贡献率如果能够持续，城镇化就具有可持续性。据此我们预测一下未来的城镇化。目前城镇化率是 56%，到了 2020 年大约是 60%，但到了 2030 年的时候就减速了，按照现在的预测只有 67%，即使这样减速了的城镇化也需要依靠每年几百万到上千万的农民工继续从农村转向城市，我们把这部分人口叫作"农业转移人口"。

这部分人口的趋势如何？2014 年时这部分人口已经到达了峰值，从 2015 年开始它已经是负增长。农民工的增长速度下降，城镇化也会有减速的趋势，因此我们需要推动城镇化，需要进行改革。改革可以得到及时的改革红利，也就证明，通过户籍制度改革加快以人为核心的新型城镇化，就可以提高城镇化的潜在增长能力。

我们前几年做了一个模拟，2011—2020 年，如果每年非农产业劳动参与率（劳动率供给）能增加 1 个百分点，对应这个时期的潜在增长率会增加 0.88 个百分点，几乎是 1∶1。同样，如果全要素生产率的速度提高 1 个百分点，对应的潜在增长率几乎也会增加 1 个百分点，因此这两项改革是可以带来真金白银、实实在在显而易见的改革红利。

现在要推进改革，我想应该做三件事情：

一是真正认识到改革是有改革红利的，改革和增长不是此消彼长，有此无彼。改革可以提高潜在增长率，至少户籍制度改革是能够做到这一点的（增加劳动力供给，提高全要素生产率）。

二是即使认识到改革能够带来红利，但这个红利能够得到吗？户籍制度改革的成本已经确定了，目前来看，城市政府一定要承担这项成本，但它带来的改革红利对潜在增长率的提高是不是能够完全排他性地被当地城市政府获得呢？不一定，因此改革成本和改革收益变成了不对称的东西，这时候必须做出恰当的制度安排，让大家分担改革成本，分享改革红利，预期明确才可能推进改革。

最后，我们应该看到，户籍制度的改革也是一样，要把目标定在机制体制的变化上，而不要用指标来考察它，这一点非常重要。我们必须着眼于让真正意义上的资源重新配置，通过推动城镇化获得改革红利。

合理的供给结构让经济行稳致远

国务院参事室特约研究员 左小蕾

从供给侧结构调整上谋发展应该是正确的发展思路。2017年的经济活动有必要在2016年供给侧结构调整的基础上继续完善,不仅调整不合理的供给结构,而且应该更大力度地推动合理的供给结构的形成,更精准地推动结构调整的进步,稳步推进2020年全面建成小康社会的进程。

2017年经济态势成为各方关注的焦点。在简明分析国际经济形势、直接提出国内经济存在的主要问题的基础上,我们判断2017年世界经济仍将缓慢增长,并面临美联储加息、德意志银行超高额衍生品规模、美国大选后政策不确定等因素。2017年国内经济增长幅度仍然可以保持在6.5%~7%,但按照经济规律,增长速度向区间下限靠拢也是正常的。政策重点预计仍将是大力调整供给侧结构,调控房地产市场,促使资金更多地进入实体经济,创造投资机会促进民间投资,保证经济的平稳增长。

国内经济仍然是结构问题

近几年国际国内在分析判断中国经济形势时，过多地纠结在增长速度上。但是，深入分析当前新常态发展阶段的经济形势，我们注意到以下几个情况：（1）数据显示，国内的经济结构（也就是一产、二产和三产的比例）已经有了明显的改变；增长结构（也就是投资、消费和进出口在经济增长中的占比）也在发生变化。产业结构上，高耗能高污染和产能过剩的产业正在发生调整，而新的增长结构——新兴产业和高科技产业正在形成，这些都是积极的信号；但是，粗放式发展方式累积的深层次结构性矛盾仍然面对不可持续的挑战。（2）由于劳动力比较优势的变化，就业需求的结构也已经发生变化。过去三十几年以创造劳动密集型就业机会为主的形势已经转变为以为每年超过 700 万的大学毕业生、500 万中高职毕业生创造就业机会为主，这意味着就业供给的创造将面对结构性转变。（3）不仅生产部门存在供给结构的问题，就是扩大消费增长在 GDP 中比重的策略，也必须通过增加商品消费和服务消费的供给，突破一般消费品有最大效用满足度上限且趋近饱和的瓶颈。虽然 2016 年"双 11"的网上消费超过 1400 亿元，但主要还是一般消费品，一般消费品有最大效用满足度的约束，消费不可能无限增加。只有提供更高水平的一般消费品和新的非一般消费品，特别是服务性消费产品，满足非一般消费需求，才能真正增加消费，提高消费在 GDP 增长中的比重。换句话说，总需求增长也是供给侧结构调整的问题。

我们认为，从总量概念上推动增长，继续实施推动总需求短期增长的相对宽松的货币政策，可能会固化我们现在的结构性矛盾，累积更大的结构性矛盾，对 2020 年实现全面小康非常不利。2017 年的经济活动有必要在 2016 年供给侧结构调整基础上继续完善，不仅调整不合理的供给结构，而且应该更大力度地推动合理的供给结构的形成，更精准地推动结构调整的进步，稳步推进 2020 年全面建成小康社会的进程。

做好六个方面的工作非常重要

面对国际经济增长继续缓慢和诸多新的不确定性的大环境，面对国内经济结构性调整和转型的挑战，我们认为，不管 2017 年世界经济形势如何变化，我们都要坚持把自己的事情做好的原则。只有这样，才能保持国内经济和社会的稳定，提高对世界经济复苏的贡献率，承担我们对国际社会的责任。我们认为，做好以下几个方面的工作非常重要。

第一，淡化对经济增长速度的关注，仍然以区间增长速度的表述来逐渐过渡，引导不设年度增长指标。 追求高增长速度不是中国现阶段经济发展的关键。根据经济规律，随着经济规模的不断扩大，潜在增长率即要素达到充分优化配置时的增长速度，会受资源约束而递减。中国现在是全球第二大经济体，2016 年达到 11 万亿美元的经济规模，6.7% 的增长所产生的增长量就相当于一个中等国家的经济规模。较大规模的经济体过高的增长会占用更多的资源，可能导致全球经济失衡。遵循比较优势的原则，全球经济发展平衡了，我国经济才能平稳发展。2017 年经济合理增长区间应该在 6.5%~7%，但按照经济规律，增长速度向区间下限靠拢也是正常的。同时要引导舆论不要纠结于零点几个百分点的涨涨跌跌，避免为稳定人为制定的增长目标而采取一些并非必要的举措，不利于供给侧结构的调整。

第二，精准化供给侧结构调整的大政方针。结构调整不会一蹴而就，2017 年继续"三去"的任务势在必行，但是调整需要更精准，防止粗放式。（1）"去产能"要精准淘汰落后产能，避免一些落后产能挤出优质产能的现象继续存在。实际上，当前主要问题是"产量过剩"的问题。建议对存在过剩产量的行业 2017 年市场需求供给均衡水平做一些相对合理的判断，使"去产能"更加精准，避免发出一些错误的信号。比如一些地方房价上涨，引导产能过度释放。（2）房地产"去库存"要精准到三、四线城市，应该通过创造就业机会来创造发展机会，推动完善小城镇建设的模式，既达到去库存目的，也推进了新型城镇化建设的进程，避免仅仅使用货币和加杠杆的方式"卖房子"而加大金融风险。（3）"去杠杆"不应都采用"债转股"和"不良资产证券化"的方式。更重要的是加强银行预算硬约束的制度建设，并对第三次不良资产大幅上升启动必要的问责，避免银行道德风险上升，不断形成新的坏账和金融风险。（4）"降成本"要对企业的成本细分，针对不同类别的成本采取不同的降成本措施，并对企业是否受益进行评估。（5）"补短板"要精准确定短板在哪里，加大补短板的力度。比如，要加大农田水利建设、城市基础设施建设以及企业技术改造等，使"补短板"发挥对经济增长的稳定作用。

第三，继续调控一、二线城市房地产市场，促进资金进入实体经济。高房价特别是持续上涨的房价带来三方面严重的后果。一是产业的空心化。近期数据显示，2016年全年新增贷款中超过60%是与房地产相关的贷款。民间投资大幅下降，相当一部分作为个人购房资金进入房地产市场。如果房价反弹，货币财富快速增值轻而易举，银行和民间资金不会投资每年只有8%~10%收益的实体经济，产业空心化不可避免。房价涨则地价涨，企业员工的房价补贴涨、工资涨，整体制造业成本大幅上涨，制造业的发展空间被房价挤压。而且一些人为买房子可能降低消费支出，这对通过扩大消费占GDP比重的总需求扩张策略也是非常不利的。二是收入差距拉大。国内目前能够调动资源、靠炒房发财的人毕竟是少数，结果是有钱的人炒房赚更多的钱，导致收入差距扩大。三是加大金融风险。房价上涨的高收益导致银行用各种高风险手段增加房地产相关信贷。比如，媒体报道的类似次级贷的超万亿的"首付贷"，一旦房地产泡沫破灭，银行坏账将大幅上升，甚至触发系统风险的底线。所以，2017年有必要继续对一、二线城市的房价进行调控，调控目标不仅是降低房价，而且应该让房价与收入之比最终稳定在合理水平上。也就是说，一、二线城市的房价调整不是短期政策，应是供给侧结构调整策略的重要组成部分。

第四，努力调动民间投资，希望通过创造投资机会来提升民间资金的投资意愿。首先，改变现在主要以国有企业和国有银行配套PPP资金的做法，尽量通过PPP项目调动真正的民间资金，减少政府项目的挤出效应。其次，政府创业扶持基金不要直接参与项目投资，最好作为有投资经验的民间天使基金的有限合伙人身份参与创业企业。如此，既能更专业地选择和扶持初创企业，也有利于培育国内非常缺乏的有耐心的投资资本。更重要的是，配套民间资本共同承担风险也是调动民间资本的方式。再次，应积极创造东部企业向西部特别是西部贫困地区转移的投资环境和条件。最后，继续调控房价是争取民间投资进入实体经济的重要前提条件。

第五，加大具有知识产权领域的创新力度，培育新动力，创造更适合大学毕业生的就业机会。 2016年鼓励创新发展取得良好成效，2017年应该更多鼓励知识产权领域的创新，而不仅仅限于互联网平台创新和新业态创新这一类没有知识产权领域的创新。因为，没有知识产权领域的创新竞争非常激烈，上得快淘汰得也快，其特点是赢者通吃，全球无论是搜索引擎平台，还是社交平台或者是电商平台，最后都是寡头垄断的市场。而具有知识产权的创新，门槛较高，不可能一拥而上，市场深度和广度都受知识产权的保护，当然也不会出现赢者通吃的垄断。而且知识产权的转化过程能创造更多的技术密集型的就业机会，是解决大学生就业非常重要的途径。希望通过下面一些具体的方式创造新的就业机会：（1）鼓励工科院校和大型应用技术研究机构开展更多面向市场的应用技术的研究项目。（2）更大力度地支持知识产权转化过程中的创业公司。（3）创新国外技术引进模式，鼓励国外完成了技术转化并未规模化生产的产品到国内来进行规模生产。这不同于加工贸易的复制生产，规模化生产过程的较高技术含量有利于国内产业升级，较快地创造高端制造的就业机会和经济增长。

（4）应鼓励国外有知识产权的技术到国内建立开发和转化的创新企业，这对推动国内的创新发展非常有意义。

第六，完善宏观调控理念，避免危机刺激政策的常态化。宽松的宏观政策是应对危机的政策，将之常态化，不但政策可能失效，还可能带来新的经济不稳定。2008年金融危机以来，世界经济至今复苏乏力，一个重要原因就是大规模的量化宽松政策直接注资金融机构，推动了虚拟经济的迅速膨胀，而对实体经济并没有实质性的支持作用。2016年我国13%的M2增长目标，因为通胀平减指数为负，名义GDP可能低于6.7%。也就是说，M2增长高于名义GDP增长近一倍，货币政策的目标制定显然是宽松的，"稳健"只是体现在保持不突破既定政策目标的实施层面上。希望2017年货币政策在政策目标制定上显示真正的"稳健"，M2增长目标与名义GDP增长水平之间的差异适当缩小，最好不超过3%；进一步加大利率市场化的改革力度，加快由量化调控向利率调控的转变；希望赤字财政与预算硬约束同步，避免地方政府利用滚动发债的方式变相加杠杆，累积风险；财政政策要在结构调整和新动力培育上更精准地发挥积极作用。

稳中有升：中国经济形势分析与预测

中国社会科学院经济学部　课题组

2016年全球贸易增速创2009年以来最低水平，经济增速亦不及此前预期，但全球经济总体保持了温和复苏的发展态势。2016年前三季度，国内生产总值同比增长6.7%，其中第一、二、三产业分别增长3.5%、6.1%和7.6%，第三产业增加值占比继续提高，固定资产投资增速小幅回落，消费增速总体平稳，进出口增速下降，贸易顺差基本稳定，CPI与PPI背离的剪刀差有所缩小，居民收入稳定增长。

与供给侧相关联的主要指标持续下滑；需求侧的全球贸易增长缓慢，外部需求疲弱态势持续；国内投资基数庞大，投资对经济增长的拉动效应在减弱，而且民间资本投资大幅下滑，外商投资持续低迷；消费增速总体保持平稳小幅下滑趋势，过快增长的购房贷款将对整体消费产生不利影响。预计2017年居民消费价格上涨2.2%，工业品出厂价格上涨1.6%，预计2017年全年

GDP 增长 6.5% 左右。

当前，我国经济下行压力持续存在，未来加大积极财政政策的实施力度十分必要。应适度扩大财政赤字规模；以"稳增长"为目标，供给侧改革和扩大内需并重；切实有效减轻企业税费负担，推进个人所得税改革；着实推进财税体制改革，尽快实施房产税、遗产与赠予税等；提高财政资金使用效率。同时，综合应用货币政策工具及创新，保持银行体系流动性适度宽松，促进金融支持实体经济的社会融资存量稳定增长；稳定政策利率调整和人民币汇率贬值预期；发挥窗口指导和广义信贷政策的结构调整引导功能，引导信贷结构改善和金融配置，支持国民经济重点领域和薄弱环节；加强监测和管理金融转型过程中隐含的金融系统性风险。中国经济增长将在新常态下运行在合理区间，就业、物价保持基本稳定，经济不会发生硬着陆。

应继续以降低宏观税负为重心加大积极财政政策实施力度

当前，我国经济增速进一步减缓，加大积极财政政策实施力度十分必要。然而，财政收入低速增长，实施积极财政政策的难度显著增加。当前应以"稳增长"为积极财政政策的核心目标，供给侧改革和扩大内需并重，将积极财政政策的重心从结构性减税深化为降低宏观税负。采取适度扩大财政赤字规模、切实降低企业税费负担、推进个人所得税改革、加强财政风险防控及提高财政资金使用效率等措施。

财政收入低速增长，实施积极财政政策的难度显著增加

受经济增速减缓以及"营改增"政策性减收效应等因素的影响，2016年以来全国财政收入继续呈现低速增长态势，然而，政府支出力度并没有因此而减弱，尤其是社会保障和就业、医疗卫生与计划生育、城乡社区、住房保障等有关民生项目的政府支出依然保持了较快增长，这表明当前积极财政政策对保民生的力度依然较大。当前，实施积极财政政策面临着诸多困难。首先，财政收入低速增长，基于收入扩大支出的途径受到制约；其次，此番积极财政政策已实施多年，财政赤字规模不断扩大，大幅度提高财政赤字的空间已相对较小；最后，当前我国经济社会发展面临的情况更加错综复杂，政策目标难以兼顾。增加政府投资与保民生、支持供给侧改革与扩大内需、实施财政补贴与其外部性效应，积极财政政策如何协调处理这些关系存在很大的难度。在这种情况下，如何有效实施积极财政政策成为关键问题。

当前应以"稳增长"为目标，供给侧改革和扩大内需并重

目前，供给侧改革与扩大内需是采取积极财政政策促进经济增长的两个主要实现途径。一方面，积极财政政策要大力支持供给侧改革，核心是为实体经济减轻税费负担和经济结构调整提供有力支撑。另一方面，积极财政政策要在扩大市场需求方面下功夫，努力改善企业发展的需求环境。企业发展的原动力在于市场需求，如果没有市场需求，企业就没有发展的空间和动力源泉。需要特别强调的是，当前应有意识地加强积极财政政策对扩大内需的作用。

采取多方面措施，加大积极财政政策实施力度

第一，适度扩大财政赤字规模。目前我国仍具有适度扩大财政赤字规模的一定空间和有利条件。首先，我国仍有相对较高的储蓄率；其次，居民消费需求相对不足；最后，近几年，我国赤字率虽不断提高，但均在安全线之内，特别是没有出现持续多年高赤字的情况。需要明确指出的是，赤字财政不能作为刺激经济的常态方法，长期大规模的赤字财政对未来经济发展极为不利，是未来经济发展的重大隐患。财政本身并不创造资金，财政收入最终来源于全体国民的收入，财政赤字最终要由全体国民来埋单。为此，我国应当认真吸取西方国家在财政赤字及债务方面的经验教训，务必将财政赤字水平与债务规模控制在适度的范围内。

第二，切实有效降低企业税费负担，推进个人所得税改革。自2012年实施结构性减税政策以来，我国税收收入占生产总值的比重呈现下降趋势，但是非税收入快速增长，进而导致按此口径度量的宏观税负水平是提高的。2012—2015年，我国非税收入年均增长18%，而同期税收收入年均增长7.5%，可见非税收入增速远超税收收入增速。应对经济下行，当前积极财政政策的一个核心内容是减轻企业税费负担。在当前我国经济增速减缓、企业利润增速下滑的形势下，降低企业税费负担有利于增强企业活力，同时也是顺应中央精神的要求。从长期看，有必要降低增值税税率尤其是制造业的增值税税率，并且要进一步大力清理不合理收费为企业减负；同时，推进个人所得税改革势在必行，个人所得税改革应按结构性减税的方向进行，即应以降低中低收入群

体的个人所得税水平、提高高收入群体所得税水平为基本方向。

第三，着实推进财税体制改革，尽快实施房地产税和遗产税。房价的过快上涨对经济、社会产生了巨大的负面影响，不仅抑制了人们除购房以外的其他需求，使得整个社会的消费缺乏长期支撑，而且，随着房价的上涨，社会财富快速聚集到少数富人手中，使得居民收入分配差距进一步拉大，从而容易激化社会矛盾，影响社会和谐；另外，房地产行业的过度繁荣，实际是以牺牲其他行业的发展为代价的，不仅会大幅提高其他行业的生产成本，而且会对实体经济产生显著的挤出效应。从目前信贷结构来看，房地产行业导致的"一将功成万骨枯"的经济现象开始逐渐显现，因此，实施房地产税和遗产税迫在眉睫。

第四，提高财政资金使用效率。在财政收入低速增长的情况下，财政资金显得尤为珍贵，应该花好每一分钱。长期以来，我国一直存在财政资金使用效率不高的问题，特别是近两年该问题变得越来越严重。一方面缺乏财政资金的支持，另一方面又有大量财政资金闲置甚至浪费，因此，必须要认真对待该问题。尽管出现此问题的原因是多方面的，但是有关体制与机制是问题的关键。因此，建议在总结此项工作经验的基础上，进一步探索其他财政资金领域的管理方式改革，以期明显提高总体财政资金的使用效率。

盈利预期是民间投资增速严重下滑的最关键原因

2016年以来民间投资增速严重下滑，其原因是多方面的，但最关键的原因是什么呢？民间投资是市场化比较强的一种经济活动。之所以说"市场化比较强",是因为它有两大特点:一是民营企业自主决策、自负盈亏;二是以盈利为目的。如果没有盈利预期、盈利前景,民营企业是不会贸然投资的。2016年以来,民间投资增速如此剧烈地下滑,最关键的原因就是随着近年来经济增速的回落,到2015年,企业整体盈利呈现大幅下降或负增长局面,使2016年投资的盈利预期不振、盈利前景迷茫。以全国规模以上工业企业实现利润月度累计同比增速来考察,2015年各月均呈负增长。回顾近几年的情况,2011年,工业企业利润增速处于25%~34%这一相对较高的位势。但2012年工业企业利润增速恶化,1—9月连续出现负增长。2012年1—12月全年累计仅增长5.3%,比2011年全年的25.4%下降了20.1个百分点。2013—2014年上半年,工业企业利润出现约11%的恢复性增长。本来看到些希望,但好景不长,2014年下半年,利润增速又开始下滑。2015年全年,各月累计同比增速均为负,这使得盈利预期受到严重伤害、盈利前景再次迷茫。2016年以来各月利润增速虽略有恢复,但盈利预期仍不被看好。民间投资只好选择观望,以规避风险。这是符合市场经济行为规律的。

　　盈利预期问题是民间投资增速严重下滑的最关键原因。盈利预期包括理性预期和适应性预期等几种,其中理性预期是指,人们能够充分利用所得到的一切信息,对经济变量的未来值做出无偏的、合乎理性的预期。这里,"一切信息"包括最新的数据资料、最适宜的经济理论和预测模型知识、对政府政策效应的把握等,假定人们一般是不会浪费信息的。"无偏"是指,在不考虑随机影响时,对未来的预期值总是与未来的实际值相吻合。当引入随机影响时，人们会认识到随机影响的存在，知道随机影响的概率分布，因此，人们的预测不会出现系统性误差，这样，某经济变量的未来实际值就可以用其当前的预期值来替代。理性预期的重要特点是充分利用一切信息对未来进行预期。然而，在现实经济生活中，人们很难得到充分的信息，很难做出对未来无偏的、合乎理性的预期。就企业盈利问题来说，一些重要的信息就很难把握。比如，对政府将要采取的促进民间投资的政策，其内容如何、力度如何、效果如何，还很难准确地预估。政府表示将要采取促进民间投资的政策，但这还很难成为提振企业盈利预期的支撑。再如，对于我国宏观经济走势，现在流行的一种看法是，我国经济运行将呈 L 形走势，而且 L 形的后半部可能持续时间比较长，不是一两年就能过去的，不可能实现反弹。这将造成一种我国经济增速将不断下降的预期。这种信息对于提振企业盈利预期是很不利的。

在现实经济生活中，预期不是凭空形成的。一方面，预期不是一个单纯的心理因素，不是只靠口头鼓舞就能解决问题的；另一方面，在实际生活中，人们一般也很难根据充分的信息做出理性预期，而更多的还是从刚刚经历过的、现实的情况出发，做出外推性或适应性预期。所以，要促进民间投资增长、扭转民间投资增速严重下滑的局面，就需要营造出有利于形成企业盈利预期的良好环境。

中国经济迈入中高端的关键是效率持续改善

中国经济近年来保持了中高速增长，发展正逐步迈入中高端。经济迈入中高端的关键是两个伴随。第一个伴随就是劳动生产率提高，只有劳动生产率不断提高，人民的收入水平才能稳步提升。劳动生产率的提高直接决定了工资水平的提升，没有劳动生产率的提升也就没有人力资本的深化过程，因此劳动生产率决定了一国福利水平与人力资本深化的能力。第二个伴随就是全要素生产率增长，全要素生产率贡献不断提高。全要素生产率是对企业技术进步与配置效率综合反映的指标，只有全要素增长率超过要素投入带来的增长时，才能提高全要素生产率的贡献率。放大到一国看，全要素生产率的贡献比重提高意味着一个国家在逐步摆脱要素投入带来的增长，步入内生增长的道路，而只有全要素生产率增长才能克服资本深化带来的资本报酬递减问题。因此中国迈入中高端的关键是伴随劳动生产率和全要素生产率的双提升。

中国当前经济稳定在中高增长区间，但两个效率伴随都没有实现，并且还逐步下降，这是非常令人担忧的。利用生产函数进行核算，得出以下结论。

（一）中国经济增长的高峰期在1985—2007年，年均增长10.1%。

全要素生产率贡献达到28%。全要素生产率包含了两个重要部分，即配置效率和技术进步效率，配置效率来自农村剩余劳动力的再配置，而技术进步效率来自"丁中学"式的设备引进与技术模仿性扩散，因此经济不断发展。受到2007年美国金融危机的冲击，2008年中国经济增长减速，大量的投资刺激用于稳定经济，但全要素生产率贡献明显下降，2008-2015年全要素生产率贡献下降到了 16%，2016—2020 年中国要保持中高速增长 6%~7% 的水平，全要素生产率最少要回到 28% 的水平，否则增长的持续性将受到挑战。

（二）资本要素投入增长放缓，投资回报率快速下降。

中国资本存量增长持续加速，在经济持续超高速增长的 1985—2007 年，资本存量平均增长速度为 11%，不论与哪个发展阶段相似的国家相比，这个资本积累速度都是绝对高的。2008—2015 年，虽然中国的潜在增长速度下降了，但是资本存量的增长速度仍然维持在 11%~12% 的高水平上，这直接导致了资本边际收益持续递减。长期的投资依赖导致资本边际报酬递减，而且报酬递减降低了资本的增长速度。1985—2007 年，资本效率（Y/K，即 GDP 与当年投资之比）为 0.52，2008—2015 年仅为 0.34，2015—2016 年投资增长出现疲态，特别是民间投资增速已经降低到了个位数，投资驱动模式不可持续。

（三）人口红利逐步消失，而人力资本没有深化。

中国人口红利的特征是低素质和数量型，与这种人力资源相对应的效率改进方式是"干中学"和"投中学"，技术进步的最大特点是外生性。中国经济持续超高速增长时期，中国劳动力供给增长速度为 1.5%，与相似工业化阶段的国家比较起来这个速度并不低，但是增长的劳动力供给以初级和中等教育程度为主。这种劳动力适合于标准化、规模化的生产。但随着人口红利的消失，劳动人口增长速度快速下降，到"十三五"期间为负增长，如果没有人力资本的深化过程，劳动力对增长的贡献为负，而相对工资份额还要提升，直接拉低了经济增长速度。

（四）劳动生产率增速下降。

2008—2015年，劳动生产率增长8.16%，比高峰增长期间有所下降，而预计"十三五"期间则下降到6.9%。原因是第二产业劳动生产率增长是比较快的，增长速度为7.4%，第三产业的劳动生产率增长只有5%。服务业所占比重不断提高，那就意味着大量资源转向服务业，劳动生产率不是提高而是下降，因此加速提升第三产业的劳动生产率是改变劳动生产率增速下降趋势的重要方面。当然，制造业大幅度提高其劳动生产率更是应有之义，否则劳动生产要素向第三产业转移，而制造业劳动生产率提升速度慢，必然导致全国劳动生产率增速下降。因此提升服务业和工业劳动生产率都是未来克服劳动生产率增速下降的关键，否则，就会直接导致劳动报酬增速下降，没有报酬的增长更难以推动人力资本的深化。

服务业增加值初步核算存在高估，稳增长压力较大

近年来，我国服务业持续较快增长，占GDP比重大幅上升。自2013年第一季度起，服务业增速有13个季度超过第二产业增速，连续14个季度超过GDP增速；"十二五"期间，服务业比重累计上升6.1个百分点。2016年上半年，服务业增长7.5%，比第二产业快1.4个百分点，占GDP比重为54.1%，比2015年提高3.6个百分点，成为经济增长的重要支撑。但当前服务业核算问题比较突出，服务业增加值数据存在一定水分。

一是服务业较快增长有统计核算方面的因素。从金融业和

房地产业看，初步核算数往往高于初步和最终核实数，主要是金融业中货币金融服务业初步核算数根据存贷款增速推算，房地产业初步核算数根据商品房销售面积增速推算，初步和最终核实数使用收入法核算，涉及金融企业和房地产企业的财务指标。近年来存贷款增速仍在较快增长，商品房销售面积也因去库存因素而表现相对较好，而银行和房地产企业营业利润率持续下行，因此金融业和房地产业增加值的初步核算数存在高估。从其他服务业看，也存在高估的可能。其他服务业分为营利性服务业和非营利性服务业。其中，营利性服务业中的其他营利性服务业在2014年核算方案调整后，核算对象由全行业企业变为规模以上企业，经营状况总体偏好，核算指标由营业税变为营业收入，营业收入增速快于营业税；非营利性服务业的基础核算指标在2015年也被更换为增速更高的指标，同时还存在重复统计现象。

二是部分经济指标走势不支持服务业快速增长，工业与生产性服务业存在背离。近年来，工业增加值增速持续下滑，而生产性服务业增速出现反弹。2015年生产性服务业由于数据限制，此处生产性服务业仅包括交通运输、仓储和邮政业，批发零售业以及金融业三个行业，采用三个行业的现价增加值为权数，对三个行业增长率进行加权平均，增速比2012年提高了0.4个百分点，工业增加值增速则降低了2.1个百分点。同时，部分省份数据显示，服务业对劳动力需求减弱，服务业营业收入增长加快但经营效益较差，微观服务业企业运行状况不佳，这些表现均与服务业增加值快速增长不匹配。

三是服务业比重快速上升值得关注。自2013年起，服务业比重每年提高超过 1.2 个百分点，三年累计提高 5.0 个百分点，其中，2015 年提高 2.4 个百分点。近三年我国产业结构变化之快，在世界主要经济体的发展史上较为罕见。世界银行数据显示，在全球前五大经济体中，1970 年以来的 40 多年里，只有 1974 年的法国（2.04 个百分点）、1975 年的日本（2.02 个百分点）、1997 年的美国（2.23 个百分点）、1993 年和 2009 年的德国（分别为 2.06 和 2.15 个百分点）服务业比重提高幅度超过 2 个百分点。而 2016 年上半年，我国服务业增加值占 GDP 比重 54.1%，比 2015 年同期提高 3.6 个百分点。同时，一些省份的服务业比重与经济发展水平不相称，一些经济增速下滑较快的地区，服务业比重反而上升较快。

商业银行资管产品风险需要关注

从当前市场上绝大多数资产管理产品业务模式来看，银行是最终资金和资产的提供者，其他机构只是扮演通道的角色，风险实质上仍集中于银行体系。在有效信贷需求不足、资产质量管控压力增大的背景下，资管业务风险的上升对商业银行的冲击不容小觑。

一是产能过剩行业潜在信用风险尚未完全释放，刚性兑付可能使表外风险向表内传递。由于当前宏观经济仍处于下行期以及供给侧改革的推进，前期出表的钢铁、煤炭和水泥行业的委托贷款收益权存在违约风险。由于银行资管业务与传统业务缺乏隔离，加之刚性兑付的约束，存在风险向表内传递的可能。

二是商业银行资管业务普遍风险准备计提不足，风险缓释能力较差。与表内信贷资产相比，对商业银行资管业务的监管相对宽松，商业银行在底层资产无法穿透的情况下并没有按照实质承担的风险计提资本。根据《关于规范金融机构同业业务的通知》（又称"127号文"）的穿透原则，基础资产为贷款类的要按100%比例计提风险资产，按2.5%的标准计提风险准备金，但在实际操作中，部分银行仍按对其他商业银行的债权进行资本计提，实际拨备率也低于贷款。

三是在"资产荒"、利率下行背景下，加杠杆、期限错配问题更为突出，流动性风险增加。2016年以来，商业银行资管业务资产端收益大幅下降，负债端成本下行缓慢，利润受挤压，甚至部分产品出现成本收益"倒挂"现象。当前资管产品收益缩小至50bp（基点），已小于银行存贷利差，在优质资产稀缺、同业竞争加剧、大批存量高收益资产即将到期的情况下，商业银行往往通过加杠杆、牺牲流动性以提高资产端收益，但这也导致流动性风险增加。在债券利率下行情况下，银行通过加大期限错配、设计分层产品以放大劣后收益等杠杆操作增加收益，一旦出现投资集中度高的单只债券违约，可能引发连锁反应。

四是信托业风险暴露，向银行传导的压力增大。据中国信托业协会统计，2016年上半年信托资产规模达172 851.7亿元，其中，风险项目个数和规模分别为605个、1381.2亿元。虽然信托行业不良率仅为0.8%，但风险项目规模环比增长24.4%，比上季度提高10.4个百分点，风险暴露呈快速上升态势。

"稳中有升"或将是是 2017 年 A 股主基调

经历了 2015 年中国证券市场罕见的巨幅波动，2016 年开年顺势下跌后市场便逐渐盘整回升，在整个过程中，各种事件频发冲击市场神经，可以预计，2017 年市场将有更大的包容性和承受力，资金在资产间轮动的特征继续演绎，随着股价调整和盈利增长消化估值，股市精选个股的空间逐步打开，2017 年结构性机会将优于 2016 年。

根据测算，目前上证 A 股的整体市盈率只有 15.4 倍，深证 A 股的整体市盈率则为 49.15 倍。而 A 股在剔除银行板块后，整体市盈率上升至 36.94 倍，剔除所有金融板块后，A 股整体市盈率达到 42.47 倍。历史数据显示，按从低到高排序，上证 A 股目前的市盈率为 15.42 倍：位居历史月份数据第 60，处在历史数据的 19.87% 分位数位置，明显低于历史均值水平；深圳 A 股目前的市盈率为 41.7 倍，位居历史月份数据第 192，排在历史数据的 63.16% 分位数位置，高于历史均值水平。创业板目前的市盈率达到 73.41 倍，这一数据在 82 条历史月度数据中排名第 63，约位于历史数据的 75.9% 分位数位置，也就是说，在过去 75.9% 的时间中，创业板的估值要低于目前水平。从这一组数据来看，可能 A 股还存在下蹲式探底的可能。

当然，结合宏观经济环境和深化改革的推进等，我们仍然应该看到一些积极因素，加上上市公司盈利能力的分化，使结构性机会比 2016 年更优。

第一，增量资金有望驰援 A 股。养老金、企业年金和职业年金入市预计带来 1000 亿元左右的资金。目前，全国社保基金理事会管理资产接近 2 万亿元，到 2020 年预计将新增 2 万亿元左右的地方社保委托，若其中有 10% 投向股市，增量资金在 2000 亿元左右，年化入市资金在 600 亿元左右，企业年金和职业年金也有望带来 400 亿元左右的增量资金。再者，继 2014 年底推出沪港通之后，筹备已久的深港通开通在即，深港通对两地股市的影响，可能远高于沪港通。由于 A 股目前的市场行情以及人民币的因素，港元与美元挂钩，美元可以作为规避资产贬值的"安全岛"，部分资金有南下的意愿。但深港通标的扩大（深港通涵盖了大约 880 只深圳市场的股票，其中包括约 200 只创业板的高科技、高成长股票，与沪港通形成互补），加之长期以来投资者对中国的悲观情绪，已经大体上反映了当前中国的多数挑战。随着中国经济基本面和内生增长动力逐渐触底回升，海外偏爱大蓝筹的外资机构开始将目光转向创业板和中小板公司。随着深港通的开通，沪、港、深融合成中国的三大证券交易所，对品种创新、估值趋同将带来深刻影响，中国乃至全球的增量资金有望涌入。此外，2016 年 9 月底地产调控的加码有望带来居民资产配置上的变化。从历史情况来看，地产周期一般伴随着居民存款向企业存款的转移。2015 年以来股市表现和企业存款逆相关，现今企业存款预期增速将出现向下拐点，但是从企业存款回流居民存款，再到进入股市可能需要一段时间，也需要市场预期和投资风险偏好的改善。

第二，从企业微观盈利的情况来看，2017 年经济企稳的确定性更高。根据 2016 年中报，全部 A 股盈利同比虽有所下滑，环比放缓，但维持了较快增速。2016年三季报业绩预告显示，创业板和中小板同比分别维持45.9%和41.4%的较快增速，全年高增长可期。创业板和中小板的三季报业绩将显著高于全体A股上市公司水平，显示以成长股为代表的新经济动能正在加速形成，经济转型的成果值得期待。另外，蓝筹股从估值的角度看基本接近合理水平，目前代表蓝筹股的沪深300指数前向12个月动态市盈率11.5倍，略低于历史的均值，其中非金融估值18.2倍，仍处于历史中等偏上水平。地产调控对经济的影响在2017年上半年或表现得更为明显，预计将带来风险偏好的下降并拖累估值。若后续政策应对得当，预计经历一定估值压缩后，后市的弹性也会更足。

第三，"调结构"与"稳增长"的平衡下催生出结构性机会。当前国内所面临的结构性弊端众多，如传统行业的产能过剩、非金融国有企业的高杠杆以及房地产市场过热等，但总结而言，未来经济发展的路径可以简要地概括为：（1）东部与西部的产业地域转移；（2）低端产业向中高端的结构升级；（3）重点扶持国家战略性新兴产业；（4）强力推进民间高技术应用产业。在为实现上述目标前进的路上，首先要解决的就是过剩、低效产能退出的问题，将有效的社会资源释放出来。要解决这个问题，若贸然继续实施宽松货币政策，恐怕会事与愿违，事倍功半，最终落入"流动性陷阱"。而有"定向刺激"作用的财政工具恰好可以弥补货币工具的缺陷，此时再配合适度偏紧的货币政策，去产能、去库存的效果将会更为明显与迅捷，经济衰退的时间将被有效缩短。财政政策加码将带来一些结构性机会，如政府一直大力主导的 PPP 主题板块，与之相关的环保和基建也会获益。

　　整体来看，在经历了 2016 年的振荡消化后，A 股在缺乏系统性冲击的情况下出现暴涨暴跌的可能性已经很小，"稳中有升"可能是 2017 年的主基调。在此市场环境下，行情的结构性分化将异常明显。从经济增长的驱动因素来看，以服务业和消费为代表的第三产业在经济中所占的比重已经超过 50%，并仍在扩大中，消费和服务业成为挖掘成长机会的重要领域，如大健康、环保等。随着供给侧结构性改革的逐步推进，科技创新活力释放下带来的一些潜在机会也值得关注，如大数据和云计算、人工智能以及 5G 通信服务相关领域等。

宏观经济与大类资产展望

民生证券副总裁、研究院院长　管清友等[①]

2014年以来，流动性取代基本面成为大类资产轮动的核心因素。表面上看是源自货币宽松，深层原因是：企业对银行打破刚兑，政府对平台打破刚兑，而银行对居民依然刚兑，由此产生刚性投资需求和资产荒。

过去是刚性资产驱动负债，资金进入一类资产主要是因为看好其稳定的长期基本面，但现在是负债驱动资产，资金进入一类资产主要是源自不得不配的刚性投资需求，这种资金往往投机性更强，青睐有流动性、有基本面、有弹性、有规模的金融资产，于是依次流向债市、股市、房地产和商品市场。这种刚性投资下的资产价格上涨很容易脱离基本面。根据杠杆结构和投资者结构的不同，各类资产超出基本面的幅度不同。但相同的是，只要超

---

① 本文联合作者：民生宏观朱振鑫、栾稀、张德礼、李俊德、杨晓。

出基本面，市场就失去自我修复功能，只能依靠监管来去杠杆。

流动性在逐次流过债市、股市、房地产、商品之后，已经很难再寻找新的高收益资产，接下来流动性去向无非以下四种情景：（1）流动性流向实体，金融资产回归基本面。条件是改革或者技术取得突破，经济持续复苏。（2）流动性流向所有金融资产，资产同涨。条件是经济和通胀明显下行，货币重新宽松，资产荒的逻辑进一步强化。（3）流动性在各类金融资产中轮动，资产反复切换。条件是经济和通胀没有大的波动，流动性依然充裕而无处可去，只能继续在各类资产中轮动。（4）第四种情景是流动性逐步消失，金融资产全面受挫。条件是经济维持现状，而通胀大幅上行，滞胀导致流动性大紧缩。

预计2017年全年经济慢下行、温和通胀，这使得第三种情景出现的概率更大。从节奏上看，通胀呈L形走势，1月因春节错位明显高于其他月份，而其他月份同比窄幅波动。通胀不会成为掣肘货币政策与流动性的因子，流动性依然充裕而无处可去，只能继续在各类资产中轮动。

资金配置的新逻辑：当刚兑的负债遇上不再刚兑的资产

2014年以来，流动性取代基本面成为大类资产轮动的核心因素。表面上看，这是源自2014年6月以来不断升级的货币宽松，但货币宽松仅仅是提供了资金的源头，真正推动资金追逐各类资产的是三个基本要素：

第一，企业对银行打破刚兑。2014年以来经济下行压力较大，企业盈利空间压缩，一些资产负债率高的企业偿债能力进一步下降，债务违约的开启从宏观角度看是必然的现象。2014年3月5日，超日债违约成为我国公募债券违约的第一例，超日债宣布违约后，监管层并未做任何干预。信用债刚兑的打破是随后国有企业债券刚兑打破的前提。2015年4月21日，天威中票违约，作为第一例国企公募债券违约事件，9月，天威申请破产，市场预期的刚兑并没有兑现。从2014年第一起公募债券违约开始，信用债违约成为一个常态化的事件，几乎每个季度都有债券违约，其中违约高峰在2016年上半年。

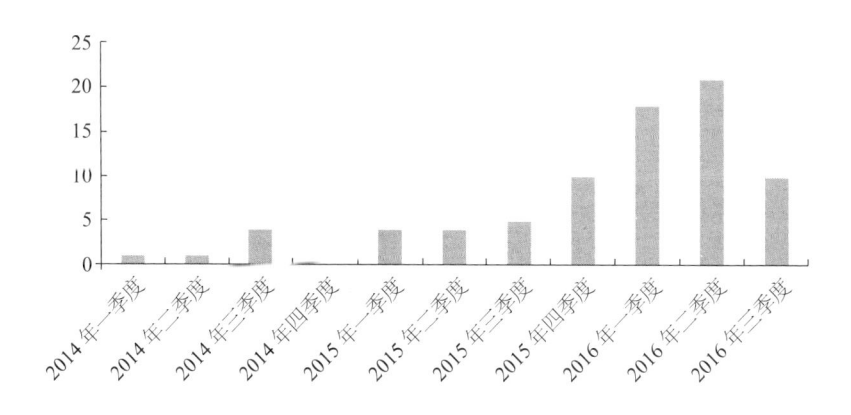

图 2-1　2014 年以来债券违约事件数

资料来源：Wind 资讯，民生证券研究院

第二，政府对融资平台打破刚兑。从2014年《国务院关于加强地方政府性债务管理的意见》(又称"43号文")开始，政府出台了一系列的意见、办法、法律，从政府债务的界定、识别、置换、预算管理等各个方面规范地方政府债务管理，剥离融资平

台公司政府融资职能，对存量城投进行识别和置换，明确新增城投债不属于政府债务。地方政府新发生或有债务，要纳入预算管理，严格限定在依法担保的范围内，并依法承担相关责任。这实际上就是打破政府对原有融资平台的兜底机制，也可以理解为打破刚兑。政府债务管理的规范使得高收益城投债成为风险资产，不再是原来市场认为的享有政府信用背书的高收益无风险资产，无风险资产收益率快速下行。

表 2-1 政府债务管理政策梳理

时间	文件	出台部门
2014/10/2	《国务院关于加强地方政府性债务管理的意见》	国务院
2014/10/23	《地方政府存量债务纳入预算管理清理甄别办法》	财务部
2015/01/01	《中华人民共和国预算法》（2014年修订）	
2015/3/18	《2015年地方政府专项债券预算管理办法》	财政部
2015/4/10	《2015年地方政府一般债券预算管理办法》	财政部
2015/12/21	《关于对地方政府债务实行限额管理的实施意见》	财政部
2016/11/9	《地方政府专项债务预算管理办法》	财政部
2016/11/9	《地方政府一般债务预算管理办法》	财政部
2016/11/14	《地方政府性债务应急处理预案》	国务院
2016/11/14	《地方政府性债务风险分类处置指南》	财政部

资料来源：国务院、财政部网站，民生证券研究院

第三，银行对居民刚兑。2014年信用违约、地方债务管理打破资产端的刚兑后，负债端的刚兑（金融机构对居民负债）并没有打破，银行理财不论保本还是不保本，基本都会按预定收益兑

付，如果没有兑付，除了对金融机构的声誉造成很大影响，对银行自身经营不利以外，还会向市场和公众释放出银行风险上升的预期，增加市场对中国金融风险的担忧。类似的还有保险的万能险和分红险。因此不论从金融机构自身，还是从金融体系风险角度，银行和保险类大机构的负债刚性兑付很难打破。

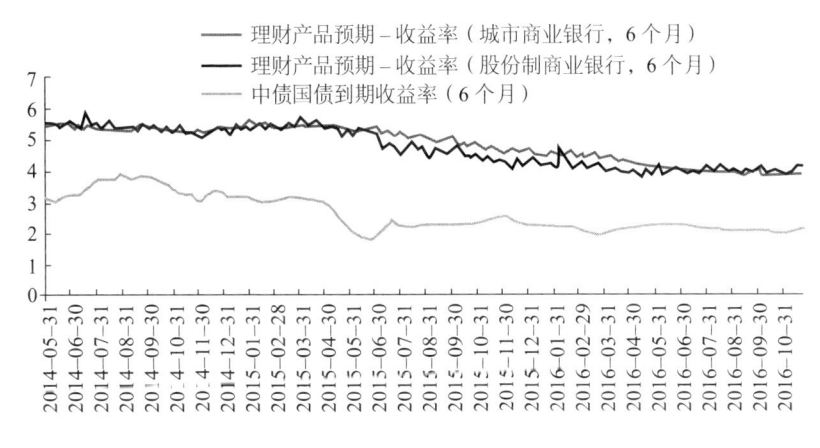

图 2-2　理财成本远高于同期限国债收益率

资料来源：Wind 资讯，民生证券研究院

企业对银行打破刚兑，政府对融资平台打破刚兑，导致资产端无风险收益率快速下行，而银行对居民持续的刚兑则导致负债成本的下降明显慢于资产端。以理财和国债为例，6 个月国债收益率与 6 个月理财预期收益率之间存在巨大的缺口。为了维持利润，银行的风险偏好开始上升，银行体系内的大量资金开始寻求通过各种渠道流向包括债券在内的各类金融资产。

当刚兑的负债遇上不再刚兑的资产，对金融市场带来了两个影响：

一是定价驱动机制由资产驱动向负债驱动转变，刚性负债使金融机构产生刚性投资需求。利率市场化和刚兑未破之前，部分过剩产能、房地产等重资产企业融资不受约束，在实体经济的融资需求的支撑下，银行体系的信用派生能力较强，银行通过固定的存贷款利差能获得较为稳定增长的利润。而银行作为同时配置贷款、债券和货币的投资者，又是债券市场和货币市场的主要定价方，央行也会配合基准利率的变动调节公开市场操作利率，因此央行制定的存贷款基准利率能够传导至货币、债券、信贷市场。理财和基金作为对接资本市场的主要资管产品，其成本也是固定的，同业存单的收益率就基本能覆盖资金成本和活期存款利率，包括银行在内的金融机构投资者并不缺乏能覆盖成本的资产。

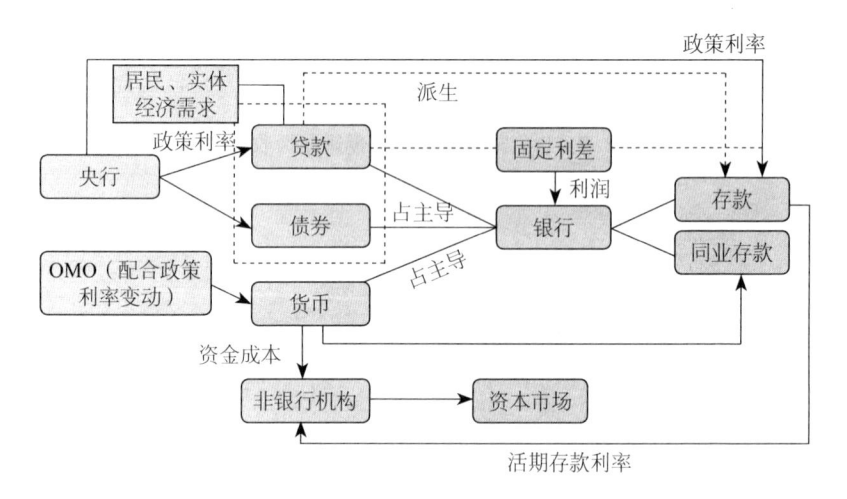

图 2-3　原有的资产价格传导路径

资料来源：Wind 资讯，民生证券研究院

利率市场化之后，利差收窄，银行为了维持利润只有增加资

产规模，而实体经济需求低迷、信用风险上升、银行惜贷情绪上升，使得银行只能优先通过扩大负债来扩大资产。同业竞争使得负债成本难下，导致刚性投资需求，金融机构只能寻求能够覆盖成本的高收益资产，大量流动性依次流向各类金融资产（包括房地产）。在金融杠杆的放大作用下，各类金融资产快速轮动、均依次出现了大幅上涨。

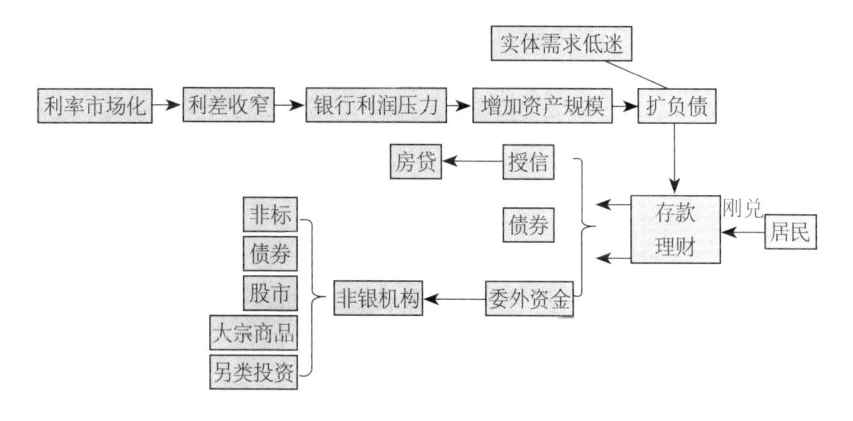

图 2-4 2014 年之后的资产价格传导路径

资料来源：Wind 资讯，民生证券研究院

二是融资方式由银行主导的间接融资向银行为主导的直接融资转变。在实体经济回报率下降、负债成本难降、负债价格驱动资产价格的背景下，银行资产投向结构也发生了变化，投资类资产占比上升，贷款资产占比下降。以对外部环境反应更为灵敏的城市商业银行（简称城商行）为例，2015 年，城商行投资（交易性金融资产、可供出售金融资产、持有到期投资、应收款项类投资、衍生金融资产和贵金属投资）占生息资产的比重达 36.23%，比 2014 年增长了 10%。这部分投资主要投向了债券、股票、非

标以及并购基金、产业基金等。投资银行业务和理财资管业务成为城商行经营的新重点。

银行资产结构的改变，也顺应了实体经济的融资方式正在由间接融资向直接融资转化，但更确切的表达是，由以银行为主导的间接融资向以银行为主导的直接融资转变。因为，在整个融资体系中，银行依然是最大的买方，信贷依然由银行主导，债券市场最大的买家是银行，资管市场最大的参与者是银行理财。

整个金融体系的定价主导仍在银行，而这一融资体系也决定了如果银行负债端的理财收益率难降，金融机构对高收益资产的追逐仍将继续。

资产轮动的新逻辑：资金面取代基本面，短期取代长期

过去是刚性资产驱动负债，资金进入一类资产主要是因为看好其稳定的长期基本面，但现在是负债驱动资产，资金进入一类资产主要是源自不得不配的刚性投资需求。这种资金往往投机性更强，在投机的逻辑下资金对资产的衡量标准变成了以下几点：

第一，有流动性。由于打破刚兑之后，资产的长期基本面无法提供保障，导致资金会越来越短期化，短期化的结果就是希望能够更便捷地快进快出，交易成本要低。金融资产的最大优势就在于此，不管是股票还是债券，其流动性都远大于实体的投资。所以总体上会有资金"脱实向虚"的倾向。

第二，有基本面。基本面给各阶段资产上涨提供了理由。比如流动性先涌向债市，原因在于2014年经济增速下降、CPI下降、

PPI为负、央行货币宽松、银行惜贷情绪严重，从宏观基本面、货币政策到资金面和机构行为都支撑债券利率的下行，使得债券市场延续了两年的牛市。而到了2015年上半年，股市受益于无风险收益率下降对估值的提升，同时2013年党的十八届三中全会及2014年数次深改会议释放出的改革信息也推动了以新兴产业、TMT（电信、媒体和科技）为主的创业板估值大幅抬升。同样的还有大宗商品大涨，市场对供给收缩、需求回暖的过度反应使得大宗商品出现多次阶段性大涨。

第三，有弹性。机构投资者占比较高的市场，更容易对基本面的变化做出快速反应。比如当央行降息的时候，银行间债券市场的反应明显快于股市。而个人投资者占比较高的市场反应可能较慢，对资金面的感知不是那么敏感。越敏感的市场越有弹性，越容易吸引资金进入。

第四，有容量。很多另类资产也出现了大幅上涨，但由于规模较小，对大类资产的影响不大，比如南京文交所的一些文化金融产品。而且如果一类资产的市场容量太小，当资金大量涌入时，很快就会造成价格的无序上涨，透支投资的空间，而且容易引来监管机构的监管，导致后发资金无法进入。

按照上面这几个逻辑，我们看到流动性在过去两年内依次流进债市、股市、房市、商品市场，大类资产轮动特征明显。

首先是2014年年初开始的债市牛。债券市场是一个流动性较好（尤其在牛市时）、规模很大（全球第三）、机构投资者为主的市场，并且近两年的基本面情况对债市上涨的支撑力较强。

在经济增速下台阶、通胀低迷、货币宽松、信贷资产风险上

- 2014年至2016年中
- 十年国债收益率从2013年11月20日4.72%的高点降至2016年8月15日2.64%的低点，下行208个基点

- 2015年上半年以及2016年下半年
- 2015年年初至6月12日，上证综指与深圳成指分别上涨54.16%和57.09%
- 2016年6月1日至12月1日，上证综指与深圳指数分别上涨12.46%和8.61%

债券　股市

大宗　房市

- 2016年
- 年初南华商品综合指数为852点，随后一路上涨，在11月28日达到1391点，最大涨幅63.26%

- 2015年下半年至2016年
- 2016年10月，70个大中城市新建商品住宅价格指数同比上涨10.40%，一线城市同比上涨30.90%

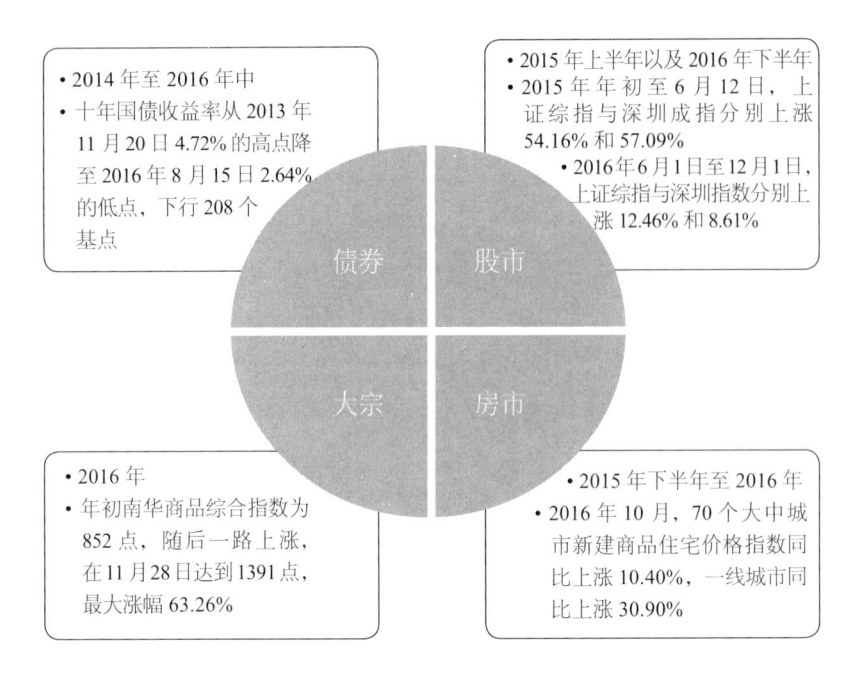

图2-5　中国大类资产轮动图

资料来源：Wind资讯，民生证券研究院

升的背景下，2014年至2016年上半年，债券市场经历了一轮长达两年的牛市。2016年8月15日，10年国债收益率达到2.64%的历史低点，与2013年11月20日4.72%的阶段性高点相比，10年国债收益率最大跌幅达到208bp。在两年债市牛市中，10年国债收益率经历多次涨跌，阶段性上涨的原因主要是信用风险上升和资金面紧张，但市场情绪平稳后，利率又继续下行。

债券市场信用利差一路走低，近三年信用利差最大值为2014年1月15日的1.87%，随后信用利差一路走低，降至2016年11月14日0.60%的低点，收窄127bp。期限利差波动较大，可以看到期限利差大幅上升的点均在金融风险上升的时候，如2014年年

初房地产的压力较大、2016年年中股票市场的异常波动导致金融风险阶段性上升。金融风险缓释之后，期限利差会再度收窄。

图 2-6　2014 年至 2016 年中的债券牛市

图 2-7　信用利差（AAA 级企业债减国债）持续收窄

随后是 2014 年下半年开始的股市牛。股市是大类资产中流动性最好的，市场规模也很大，但基本面对大幅上涨的支持能力较弱，股市个人投资者占比较高。

由于利率下降、估值抬升,以及经济转型、深化改革的概念让投资者赋予众多股票以上涨理由,2015年上半年股票市场经历了一轮脱离基本面的大牛市。2015年1月5日,上证综指与深证成指分别为3351点和11 521点,伴随着半年的牛市,上证综指与深圳成指在2015年6月12日达到峰值,分别收于5166点和18 098点,涨幅分别为54.16%和57.09%。

2016年下半年,沪深股市正在经历一股温和的牛市。2016年6月1日,上证综指与深圳成指分别收于2914点和10 209点,在随后几个月一路上涨,11月29日分别收于3283点和11 035点,涨幅分别为12.66%和8.09%。

2015年上半年股市上涨速度较快的原因在杠杆资金。2015年上半年场外配资比例可以做到10倍杠杆,大量流动性流向股票市场。2015年二季度清理场外配资之后,股市的杠杆率下降,在经过了半年的调整后,股票市场的价格波动也更为理性和健康。2016年下半年,房地产调控和中上游企业盈利改善均给资金流向股市提供了理由,但增速较2015年温和很多。

再次是2015年下半年开始的房地产牛。房地产市场基本面和流动性都一般,并且基本是个人投资者。

2015年6月,股票市场大幅下跌之后,资金流向了房地产市场。房地市场在2015年下半年至2016年上半年大幅上涨,至2016年10月,70个大中城市新建商品住宅价格指数同比上涨10.40%。一线城市房市上涨尤为显著,2016年4月的房价同比上涨了33.90%。

目前,一线城市在一季度末的房地产调控后增速有所放缓,二线城市在国庆期间的调控措施出台后,增速也略有放缓,但绝

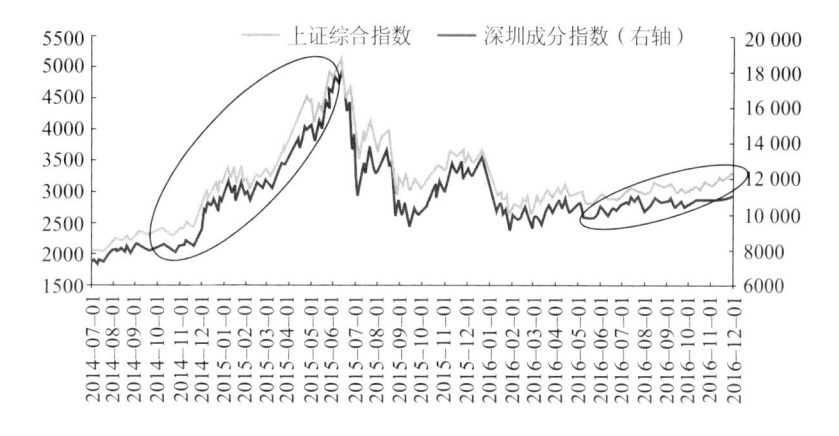

图 2-8　2015 年上半年和 2016 年下半年的股市上涨

资料来源：Wind 资讯，民生证券研究院

大多数并未调控的三线城市房价增速仍在缓慢上升。

最后是 2016 年开始的商品牛。商品市场基本面最差，不易反转，而且流动性较差，期货市场虽然流动性好，但规模太小。

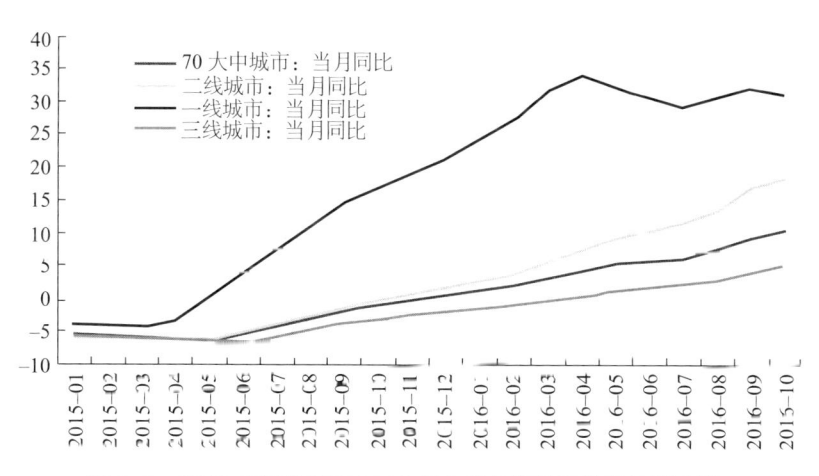

图 2-9　2015 年下半年至 2016 年上半年房地产价格持续上涨

资料来源：Wind 资讯，民生证券研究院

需求和供给的链条过长使得商品现货迅速定价不易，因此现货价格受期货价格的影响较大，导致大宗商品的价格决定于商品期货的价格，使得资本可以很容易地控制商品价格，以小博大。

2016年以来，商品市场不断出现阶段性牛市，在2016年1月4日，南华综合指数为852点，随后经历三轮上涨达到11月28日的1391点，最大涨幅达到63.26%。大体来看，商品市场经历了三轮上涨，第一轮从年初至4月21日的1073点，第二轮从5月25日的931点到7月4日的1110点，第三轮则是从2016年8月到当前的上涨。

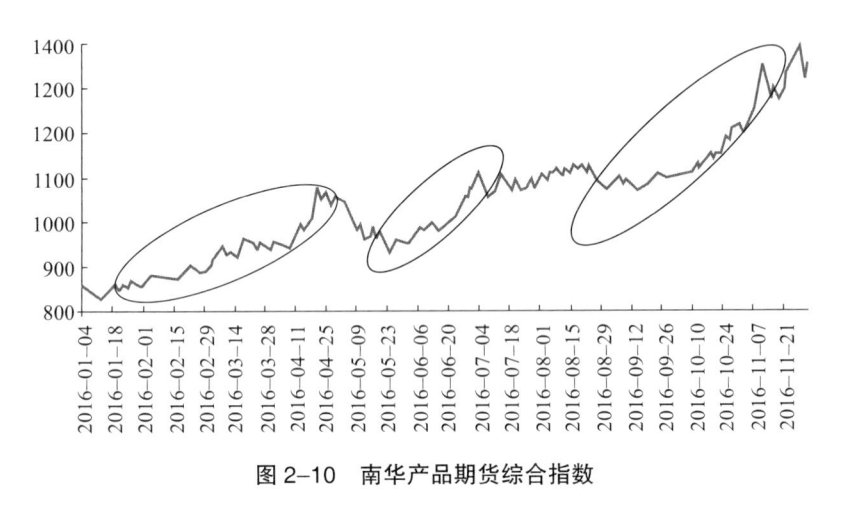

图2-10 南华产品期货综合指数

资料来源：Wind资讯，民生证券研究院

失控的资产价格，逃不掉的监管调控

在新的资金配置和资产轮动逻辑之下，基本面不再是资产上涨的基石，而变成了引信。一旦引信被点燃，资产就会迅速吸引资金进入，推高价格，脱离基本面。比如 2015 年上半年，创业板总体 PE（市盈率）在 150 以上，多数股票价格被高估；各地的收入和人口增速也难以支撑 2015 年下半年开始的房价上涨；供给收缩难以成为部分存在产能过剩的大宗商品价格大幅上升的理由，并且资产轮动速度不断加快。这一轮资产轮动，基本面不是主要原因，流动性驱动才是主要原因，部分资产的投机性质大于投资性质，上涨超出基本面的支撑，而超出基本面的幅度取决于两个因素。

一是杠杆结构。杠杆比率越高的市场，资产越容易形成短期快速上涨。以价格曾经短期快速增长的股市、商品和房市为例。2015 年上半年 10 倍杠杆的场外配资推升了股票过快上涨，杠杆比例下降后，2016 年下半年的小牛市相对就比较温和。商品期货本来就是杠杆投资，一般杠杆比例都可以达到 10，大宗商品的上涨幅度跟随期货价格，因此价格变化也十分迅速。房地产有首付比限制，最高杠杆只能到 3 左右，但是房地产首付里其实也包含着亲友借贷甚至其他融资方式的杠杆资金。相对而言，债券、外汇市场的杠杆比例较低，因此利率下行和汇率贬值过程相对比较温和。

二是投资者结构。个人投资者容易受市场情绪影响，极易产生跟风和恐慌情绪。总体来看，债市和汇市机构投资者比例较高、股、商品和房地产均以非专业机构的个人投资者和法人为主。从这两年的资产轮动来看，相对于债市和汇市，股、商、房的资产价格更易暴涨暴跌，其在大幅上涨过程中，资产偏离实际价值的程度可能更高。

表 2-2　各类资产上涨、基本面、投资者结构、市场规模和杠杆情况

	时点	买家结构	规模	杠杆
债券	2014—2016 年上半年	银行间：清理丙类账户之后，银行间基本是机构投资者 银行间+交易所：从国债托管量上看，机构投资者占 90% 以上	场内市场：2014 年上交所与深交所现券成交额分别为 12 280.45 亿元和 1 854.07 亿元；2015 年则分别为 13 409.48 亿元和 2 791.01 亿元。银行间市场：2014 年现券成交总金额为 389 123.24 亿元，2015 年为 839 910.09 亿元。托管量：2015 年，全国债券市场托管量总计 47.9 万亿元，同比增长 33.48%。银行间债券市场托管量为 43.9 万亿元，同比增长 32.30%，占市场总托管的 91.65%	在 1.1 倍左右。2015 年最高点达 1.4 倍，2016 年整体下降，维持在 1.1 倍左右
股票	2015 年上半年	自然人投资者：25.18% 一般法人：59.83% 沪港通：0.49% 专业机构：14.49%	市值：2015 年 12 月，沪深两市总市值为 531 304.196 亿元，2015 年 1 月为 385 424.767 亿元 交易量：2014 年 A 股成交额为 737 707.98 亿元，2015 年，A 股成交额为 2 532 968.38 亿元，同比提升 243.36%	2015 年场外配资能产生 10 倍杠杆，两融杠杆是 1 倍
房地产	2015 年 6 月—2016 年 9 月	从销售额上看，住宅（个人投资者）占比 67%，商业用房和办公楼占比 22%，其他 11%	2015 全年商品房销售额为 87 280.84 亿元。2016 年前三季度商品房销售额为 80 208.16 亿元	30% 的首付比限制，杠杆比率最高在 3.3 倍。2016 年房市实际杠杆比率上升：2015 年杠杆倍数为 1.47，2016 年前三季度杠杆率为 1.86

（续表）

	时点	买家结构	规模	杠杆
商品	2016年	截至2016年10月，大连商品交易所法人客户成交量占总量的21%，法人客户持仓量占比提高到44%。相对应，个人成交量和持仓量分别为79%和56%	2016年1—7月全国商品期货市场累计成交量为26.78亿手，累计成交额为107.72万亿元，相比2015年1—7月累计成交量18.01亿手和77.08万亿元，同比分别增长48.68%和34.74%	不同交易所不同商品期货的保证金比例不同，一般在8%~12%，可达10倍杠杆。也有个别产品保证比例较高（如上交所燃料油50%）
外汇	"8·11汇改"至今	银行间（机构投资者）：82.19% 银行对客户（结售汇）：17.81%	截至2016年10月，外汇市场交易规模为157 262亿美元。其中即期交易68 660亿美元、远期交易2860亿美元、外汇与货币掉期79 098亿美元、期权交易6 644亿美元	

资料来源：Wind资讯，民生证券研究院

在杠杆的放大作用和个人投资者的非理性跟风之下，一个接一个的资产出现泡沫风险，进而引发监管和调控。股市持续上涨触发了清理配资，房市持续上涨触发了限购限贷，期货持续上涨触发了保证金和手续费的调整，债市持续上涨触发了银行理财的监管。尽管监管升级的方式和力度有区别，但都释放出同一个信号：资产泡沫已引起决策层的高度重视。于是我们看到中央在2016年7月的政治局会议上罕见地提出"抑制资产泡沫"，顺理成章，中央的表态引发了各部委和各地方的加码监管，挤泡沫的速度越来越快。

表 2-3　2014 年以来主要金融监管政策梳理

	监管政策
银行	
银监发 [2016]44 号	《中国银监会关于印发银行业金融机构全面风险管理指引的通知》
理财同业非标	
	《商业银行理财业务监督管理办法（2016 征求意见稿）》
银监办发 [2016]82 号	《关于规范银行业金融机构信贷资产收益权转让业务的通知》
银监发 [2016]24 号	《关于规范商业银行代理销售业务的通知》
	《关于明确高资产净值客户理财产品登记要求的通知》
	《商业银行理财业务监督管理办法（2014 征求意见稿）》
银行 [2014]331 号	《关于人民币合格境内机构投资者境外证券投资有关事项的通知》
银发 [2014]127 号	《关于规范金融机构同业业务的通知》
银监办发 [2014]39 号	《关于 2014 年银行理财业务监管工作的指导意见》
银监发 [2014]35 号	《关于完善银行理财业务组织管理体系有关事项的通知》
银监合 [2014]11 号	《关于加强农村中小金融机构非标准化债权资产投资业务监管有关事项的通知》
银市场 [2014]1 号	《关于商业银行理财产品进入银行间债券市场有关事项的通知》
债券	
中债字 [2014]57 号	《关于发布〈中央国债登记结算有限责任公司非法人产品账户管理规程〉的通知》

（续表）

监管政策	
票据	
银监办发 [2015]203 号	《中国银监会办公厅关于票据业务风险提示的通知》
银发 [2016]126 号	《关于加强票据业务监管 促进票据市场健康发展的通知》
保险	
保监资金 [2016]98 号	《关于清理规范保险资产管理公司通道类业务有关事项的通知》
保监资金 [2016]104 号	《关于加强组合类保险资产管理产品业务监管的通知》
保监寿险 [2016]199 号	《关于强化人身保险产品监管工作的通知》
保监资金 [2015]219 号	《关于加强保险公司资产配置审慎性监管有关事项的通知》
期货	
	证监会《证券期货经营机构落实资产管理业务"八条底线"禁止行为细则（修订版－征求意见稿）》
	证监会关于就《期货公司风险监管指标管理办法》及配套文件公开征求意见的通知
证监会 [2016]13 号	《证券期货经营机构私募资产管理业务运作管理暂行规定》
证券	
证监会 [2016]125 号	《关于修改〈证券公司风险控制指标管理办法〉的决定》
证监会 [2016]105 号	《私募投资基金监督管理暂行办法》
房地产	22 个城市房地产调控

资料来源：国务院、一行三会、各地方政府网站、民生证券研究院

可能结局：资产轮动加速，上涨空间压缩

流动性在逐次流过债市、股市、房地产市场、商品市场之

后，已经很难再寻找新的高收益资产，接下来流动性会去哪儿？无非以下四种情景：

第一种情景是流动性流向实体，金融资产回归基本面。这是最理想的情况，要么是改革取得实质进展，新增长点不断涌现，并有效对冲传统经济的下行，金融资本开始合理对接产业资本，流动性最终进入实体经济，带动经济复苏，同时通胀温和可控。具体来看，可能是股票慢牛，债券慢熊，地产分化，商品稳定。对股市来说，这种情况下企业盈利改善，实体回报率上升，可能走出慢牛行情。债市则将失去上涨的基础，货币趋紧，利率中枢缓慢抬升。地产将回归基本面，一、二线城市可能受限于供给瓶颈继续温和上涨，而三、四线城市将继续去库存。商品将维持区间波动。供给端的冲击只是暂时的，需求端如果想持续复苏，一定不是依靠地产等传统产业，必须有明显的需求增量。

第二种情景是流动性流向所有金融资产，资产同涨。如果经济大幅下行，通缩风险再次凸显，那么货币政策继续回到2014年的强宽松周期，而实体资产伴随经济下行进一步萎缩，资金多资产荒的现象将更加严重，各类金融资产都将成为资金追逐的标的，这类似于2014年下半年到2015年年初的股债双牛。除了商品期货市场受制于国际定价之外，股债和不可贸易的稀缺房地产都有持续走牛的动力。

第三种情景是流动性在各类金融资产中轮动，资产反复切换。如果经济、通胀和政策没有大的波动，货币依然充裕，在未出现外生技术进步、劳动生产率没有提高的情况下，实体经济从投资收益率理论上看将进一步下降，流动性仍将在各个金融资产之间轮动。只不过在抑制资产泡沫的政策基调之下，中央不会允许类似过去几年那样的过度杠杆，各类资产的上涨空间一定会明显弱于过去两年，比如没有配资的支持，股市很难重回前期高点。就目前这个时点来看，最早开始去杠杆和市场调整的股票可能是资产轮动的风口，而处于高点、还未充分调整的债市相对风险较大。房地产短期受制于政策必然调整，但长期看还有反弹空间。

第四种情景是流动性逐步消失，金融资产全面受挫。资金多是前文逻辑的基础，但如果资金消失了，实体资产荒之下的金融资产轮动逻辑就会消失，类似于近期的"资金荒"。这种情况如果系统性地出现，各类金融资产的表现都不会太好，首当其冲的是债券。流动性是怎么创造出来的就会怎么消失。海量的流动性来自三个基础：一是央行的货币宽松；二是杠杆和信用的放大；三是稳定的汇率和资本账户。所以如果流动性收缩，无非是出现三种情景：一是通胀大幅攀升，央行货币政策收紧；二是监管继续加强，金融去杠杆；三是资本大量外流，人民币汇率大幅贬值。目前看，监管已经在收紧，汇率虽然在贬值，但主要来自外盘调整的适应性变化，资本外流依然可控。所以最终决定因素还是通胀。

决定这四种情景出现的核心变量还是经济增长和通胀。如果经济有效复苏，则是第一种情景；如果经济和通胀大幅下行，则是第二种情景；如果经济继续缓慢下行，通胀温和，则是第三种情景；如果经济维持现状，而通胀大幅上行，则是第四种情景。

我们的判断是，2017年经济将维持平稳下行，物价温和上涨，CPI同比与2016年持平。这意味着第三种情景出现的可能性更大，依然是资产反复切换，只不过资产轮动的速度可能会加快，而资产上涨的空间会缩小，总体上呈现出经济慢速下行，资产快速轮动的格局。

经济慢下行：预计增长6.5%~6.6%，基建加码对冲地产下行

近两年经济几乎没有大的波动，2017年依然会如此。大家对2017年的担心无非两个问题：第一，地产投资会不会大幅下行，造成不可控的拖累；第二，基建投资能否保持高增长。或简化成一个问题，基建能否对冲地产下行。在制造业、消费、出口不会有大波动的条件下，回答这个问题就能基本确定2017年的经济走势。我们的判断是基建可以托住失去地产的经济。

从地产来看，销售和投资下行都是确定的，但幅度可能低于市场预期。这轮地产复苏的主要动力来自一、二线城市，根据现有的数据，一、二线城市的销售和投资占比大概在35%和47%左右，而库存（狭义的待售面积）仅占4%左右，这直接导致了过去一年多的分化现象：一方面，一、二线城市销售火爆，带动全国房地产销售和投资明显回升，去库存似乎已经变成库存不足；另一方面，三、四线城市去库存压力依然很大。从近期一、二线城市的反应来看，销售的确出现了非常明显的下滑，2016年11月，一、二线城市销售面积均出现负增长。但从历史经验来看，政策收紧到销售下行再到投资下行需要时间，根据我们对商品房销售面积与房地产开发投资的2000—2016年数据分析，房地产投资增速滞后商品房销售面积增速 9~10 个月，不过这个数字的解释力偏弱。解释力较强的是新开工面积，相关性达到 60% 以上，而 2016 年的新开工面积同比增长预计在 5% 以上，结束连续两年的负增长，这将对 2017 年的投资完成额带来有力支撑。传导时滞、房价上涨的计价因素叠加 2016 年大幅增长的新开工面积，2017 年的地产投资下行幅度可能不像大家想象的那么悲观。

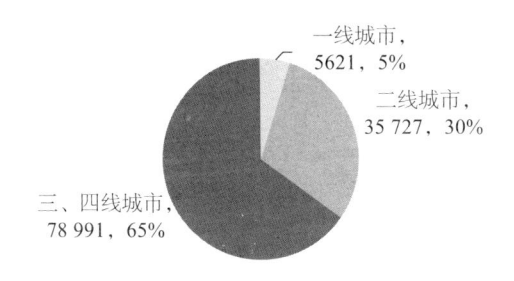

图 2-11 一、二、三、四线城市商品房销售面积及占比（%）

资料来源：国家统计局、民生证券研究院

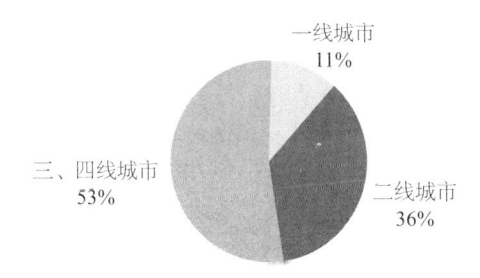

图 2-12 一、二、三、四线城市房地产投资完成额占比（%）

资料来源：国家统计局、民生证券研究院

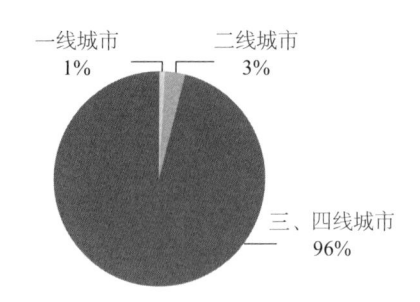

图 2-13　2014 年一、二、三、四线城市商品房待售面积占比

资料来源：国家统计局、民生证券研究院

房地产在 2017 年对经济一定是负贡献，要把经济稳住，关键还得靠基建来做正贡献。中央加大基建力度的主观意愿始终未变，影响基建的核心因素是客观的资金约束。我们可以从政府财力入手来分析基建的前景。此处所说的政府财力是广义的政府能够直接或间接调动的资金资源，按照最终支出资金的机构，我们将其分为三类：一是财政预算内的政府直接支出，也就是预算内财政资金，包括一般公共预算、政府性基金、国有资本运营和社保基金；二是政府全资的类政府企业，包括政策性银行、地方融资平台以及专项建设基金等；三是政府注资的市场化企业，包括政府投资基金、PPP 等。

回顾 2014—2016 年政府财力各账户的收支情况，传统的政府财力受到投资和经济下行的明显冲击。一是一般公共预算，2015 年增加了 2.4 万亿元支出，2016 年预算才增加不到 5000 亿元。二是政府性基金，2014 年的 5.4 万亿元掉到 2015 年的 4.2 万亿元，主要是土地出让金大幅下滑。

但从这两年的数据来看，基建之所以还能维持比较高的增

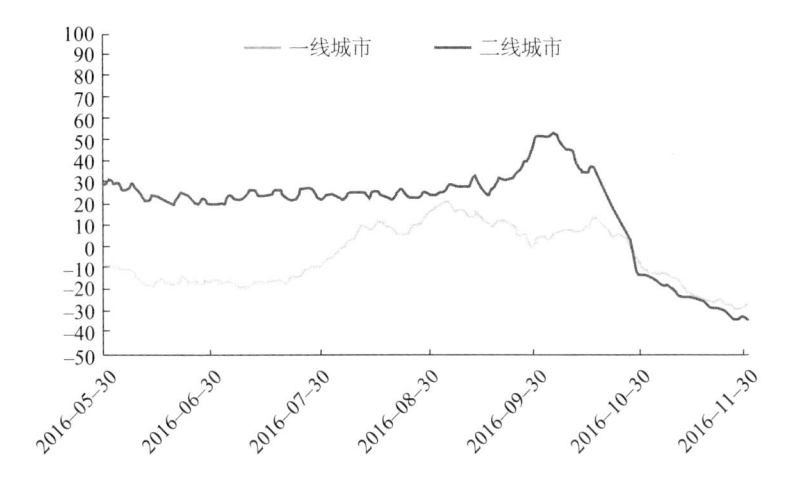

图 2-14 一、二线城市销售的确已经出现明显下滑

资料来源：国家统计局、民生证券研究院

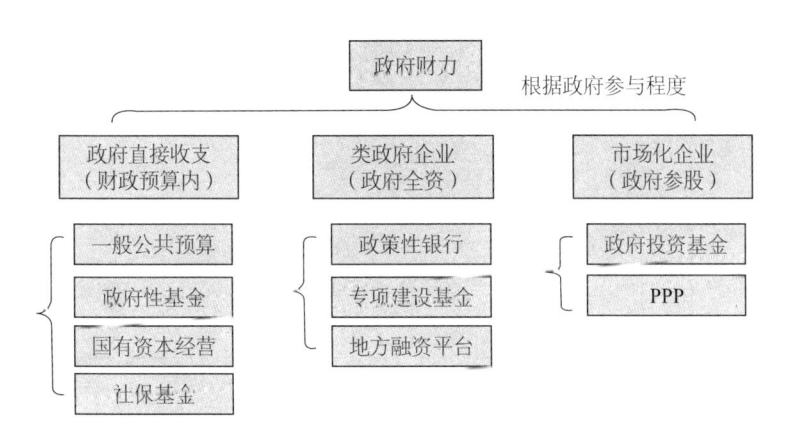

图 2-15 我国政府财力构成

资料来源：民生证券研究院整理

表2-4 2014—2016年政府财力梳理

类型	对象	项目	2014年（决算）	2015年（决算）	2016年（预算）
政府（财政预算内）	一般公共预算	一般公共预算收入	140 350	152 217	157 200
		净调用财政存款+调入资金	1000	7351.13	1715
		国债+地方一般债	13 500	16 200	21 800
		一般公共预算支出	151 662	175 768	180 715
	政府性基金	政府性基金收入	54 093	42 330	37 174
		地方专项债	0	1000	4000
		政府性基金支出	51 388	42 364	41 422
	国有资本运营	国有资本运营收入	2023	2560	2295
		国有资本运营支出	2000	2079	2259
	社保基金	社保基金收入	39 186	44 660	47 144
		社保基金支出	33 669	39 357	43 547

（续表）

类型	对象	项目	2014年	2015年	2016年（1—11月）
类政府企业（政府全资）	政策性银行	国开行金融债	11 405	11 380	13 431
		农发行金融债	5550	8650	11 764
		进出口银行金融债	5025	5794	5546
		专项建设基金	0	8000	10 000
	政府平台	城投债	19 107	17 773	22 836
		城投贷款	N/A	N/A	N/A
类型	对象	项目	2014年	2015年	2016年1—9月
市场化企业（政府参股的）	政府引导基金	当年新增基金规模	2892	15 100	15 010
	PPP	新增落地项目投资额	0	约3500	约12 100

资料来源：Wind资讯，政府财政预算报告，PPP综合信息项目库，清科数据库，民生证券研究院

117

速，主因就是其他几项资金来源大幅扩张。一是中央国债和地方一般债券，2016年预算增加5000多亿元。二是地方专项债券，2015年增加1000亿元，2016年预算增加3000亿元。三是专项建设基金，推出至今已经累计2万亿元左右。四是PPP，目前落地规模在1.5万亿元左右。

往2017年看，尽管加大一般公共预算赤字依然阻力很大，但基建的融资情况并不悲观，最重要的一个因素是PPP进入落地年，带动基建从风动到幡动。类市场企业包括政府引导基金、PPP项目公司等。政府引导基金大部分也是参与PPP项目，两部分可以放在一起分析。2015年是PPP项目发起年，2016年是PPP签约年，2017年可能是落地年。总的项目库规模可能增长放缓，但落地开工的项目可能明显增加。

2017年，累计PPP落地项目投资额有望超过4万亿元，当年拉动投资1万亿元以上。截至2016年第三季度末，PPP落地项目投资额为1.56万亿元，年底有望达到2万亿元。我们用两种方式估算2017年的落地投资额。

表2-5　PPP项目落地率稳步提升

截止时间	PPP项目库 项目个数	PPP项目库 投资额（万亿元）	执行阶段 项目个数	执行阶段 投资额（万亿元）	落地率
2016年1月末	6 997	8.11	298	0.41	20.0%
2016年3月末	7 721	8.77	369	0.51	21.7%
2016年6月末	9 285	10.60	619	1.06	23.8%
2016年9月末	10 471	12.46	946	1.56	26.0%

资料来源：全国PPP综合信息平台、民生证券研究院

一是按照目前的速度外推。目前财政部的最新季报还没发布，但我们统计了 2016 年 8 月 31 日之前的所有项目，其中进入执行阶段的 1.55 万亿元，2015—2016 年一季度末落地 5100 亿元，二季度 5500 亿元，三季度落地规模 5000 亿元。这意味着落地洪峰还在继续，如果这个速度保持下去，2017 年新增落地规模应该在 2 万亿元左右，累计达到 4 万亿元。

二是按照财政部要求的落地期限。前两批示范项目共 232 个、8025 亿元，落地了 128 个、3416 亿元；第三批落地了 173 个、3346 亿元。现在财政部要求第一批（2014 年 9 月开始）2016 年年底前落地，第二批（2015 年 4 月）2017 年 3 月底前落地，第三批 2017 年 9 月底之前落地，这意味着在未来一年，仅示范项目就要落地 1.3 万亿元（前两批剩余 4609 亿元＋第三批剩余 8362 亿元），当然，也存在示范项目最终落不了地被踢出项目库的可能，但这个规模不会太大。假设最终示范项目落地 1 万亿元，那么按照目前落地项目中示范项目和非示范项目 1∶2.3 的比例，PPP 的总落地规模可能突破 3 万亿元。但这个比例可能存在高估，预计 2017 年新增在 2 万亿~2.5 万亿元，比 2016 年的落地规模还要大，累计达到 4 万亿~4.5 万亿元。

PPP 项目建设期一般 3~5 年，我们假设当年实际投入 1/3，则当年 PPP 对基建投资的实际拉动在 1.3 万亿~1.5 万亿元。根据历史经验数据，固定资本形成总额占固定资产投资的比例为 55%，PPP 当年投入额带动的固定资本形成总额增量约为 7100 亿~8200 亿元。2016 年 GDP 总额达到 74.4 万亿元，则 2017 年 PPP 对 GDP 的拉动在 1 个百分点左右。这个数字会有明显高估，主要是其中相当一部分是存量的替代，但不可否认的是，PPP将成为2017年稳定基建的主力。

除了PPP之外，政府可动用的财力还有以下几个增量：

第一，土地出让金推动政府性基金增加。2016年预算政府性基金收入3.7万亿元，同比减少5000亿元，但截至10月份，已经实现收入3.4万亿元，同比增长12.3%。如果按照2015年的收入节奏，假设全年增长12%，那么2016年的政府性基金收入达到5万亿元，同比增量达到8000亿元。而且考虑到土地出让金有半年左右的滞后期，后两个月的增速可能高于12%，5万亿元可能还低估了。2016年政府性基金大概率仍有结余，结余部分将调入一般公共预算和中央预算稳定调节基金。即便房地产投资开始逐步下滑，传导到土地出让金的下滑也需要时间。2017年的政府性基金收入可能与2016年基本持平，甚至略有增长，这将大幅改善地方政府的资金状况。

第二，加大地方专项债发行。2015年起财政预算中安排发行地方专项债。政府从2015年开始将地方专项债发行纳入预算，2015年、2016年分别安排发行1000亿元和4000亿元。随着地方债务管理的日益规范，地方融资平台的政府融资职能被剥夺，地方债券发行成为地方政府唯一的合法举债方式。

第三，继续发行专项金融债，成立专项建设基金。从2015年8月推出，2015年发行8000亿元，2016年上半年已发行1万亿元，第三季度一度叫停，但最近新一批专项建设基金已经重启，估计规模在5000亿~6000亿元。过去专项金融债由财政部贴息90%，项目实际融资成本只有1.2%，低成本是其主要优势。但最新一批专项金融债取消财政贴息，后续资金落地存在不确定性。政策层可能会通过其他方式来增加专项建设基金的吸引力，比如改为授信制。

物价慢上涨：预计 CPI 2.1% 左右，温和可控

经济慢下行意味着第一、二种情景出现的可能性不大，而第三、四种情景的核心区别在于通胀是否可控。目前市场对于通胀的担心来自 2016 年商品价格的上涨，但如前所述，本轮中国的物价上涨有明显的政策驱动和金融投机特征，全球定价商品的涨幅明显低于中国定价的商品。而且从历史上看，商品的持续通胀一定是基本面需求持续扩张和金融杠杆共同推动，从来没有供给收缩带来的持续牛市，何况目前的供给收缩并非完全的产能退出，更多是产能的暂停。

当然，大宗商品 2016 年的触底会给 2017 年的通胀造成一定的基数压力，但影响 CPI 的另一重要因素猪肉价格在 2016 年创下了历史新高。随着生猪供需缺口的边际收窄，叠加 2016 年的高基数，猪肉项对 CPI 的影响逐步减弱。总体而言，需求下滑背景下通胀的上涨是温和可控的。

为了定量分析 2017 年的物价走势，我们将影响 2017 年物价的因素分为翘尾因素和新涨价因素，新涨价因素又再细分为猪价因素、油价因素（WTI 原油期货价格与 CRB 指数高度相关）和其他新涨价因素。我们逐一分析这四个因素对 2017 年 CPI 的影响。

首先，2017 年 CPI 同比的翘尾因素为 0.68%，略高于 2016 年的 0.65%。2016 年 11 月、12 月 CPI 环比取前三年对应月份的环比均值，计算得出 2016 年 11 月与 12 月 CPI 分别为 2.2%、2.1%，全年为 2.0%。

其次，猪肉对 CPI 同比的贡献约为 –0.14%。一方面，2017 年猪肉价格有底部支撑。从供给端看，10 月生猪存栏为 3.77 亿头，仅比 2016 年 2 月的低点增加了 1000 万头，处于 2009 年以来的低位，而能繁母猪存栏量为 2009 年以来的最低值。根据生物周期，从能繁母猪补栏到形成大规模的生猪供应需 12 个月，2017 年生猪都面临供给压力。从需求端看，GDP 增速平稳下移，需求也难以出现大的下滑。因此，2017 年猪肉价格都有底部支撑。

另一方面，预计 2017 年全国猪肉均价将低于 2016 年。2016 年至今全国猪肉均价为 29.5 元 / 千克，为 2009 年以来的年度最高值，2017 年猪肉均价超越这一值的概率较低。一是生猪存栏虽处于低位，但在边际改善。当前全国猪粮比价为 9.9，较高点有所回落，但仍远高于 6.0 的盈亏平衡线，自繁自养生猪单头利润为 514 元，生猪养殖仍有较大的利润空间，预计养殖户将继续补栏。二是进口替代在加快，也将限制国内肉价涨幅。

经过回归分析，CPI 新涨价因素对猪肉价格的弹性为 0.04（猪肉价格变动 1%，CPI 新涨价因素同方向变动 0.04%）。假定 2017 年猪肉均价为 28.5 元 / 千克，拖累 CPI 新涨价因素 0.14%。

再次，油价影响 CPI 同比上涨 0.33%。总体来看，2017 年国际油价有底无高度。底部来看，一是原油供需缺口收窄，EIA（美国能源资料协会）在其最新的月度预测报告中称，全球原油日均过剩产量将从 2016 年的 76 万桶 / 天降低至 51 万桶 / 天。二是过

图 2-16　生猪存栏处于低位，但在边际改善

资料来源：Wind 资讯、民生证券研究院

图 2-17　猪粮比价和生猪养殖利润有所回落，但仍处于高位

资料来源：Wind 资讯、民生证券研究院

低油价将导致相关国家赤字率普遍攀升，易引发地缘政治危机。2016年11月30日OPEC（石油输出国组织）维也纳会议超预期达成协议，与参会国财政压力加大有关。

顶部来看，一是根据历史经验，OPEC单方面减产，难以达到大幅提振油价的目的。二是美国原油钻井平台复产所需时间短，油价过快上涨会增加供给。近期油价上涨，已导致北美页岩油钻井平台持续复产，美国贝克休斯公司（Baker Hughes）公布的2016年10月全球钻机数增加36台，其中35台都来自美国。三是特朗普投资计划包括加大能源投资，也对油价顶部形成压力。

根据EIA最新的预测报告，2016年WTI原油期货结算价格平均值为42.84美元/桶，2017年为49.91美元/桶。由于CPI新涨价因素对油价的弹性为0.02，计算得原油价格对2017年CPI新涨价因素约为0.33%。

最后，扣除油价和猪价以外的其他因素对CPI新涨价因素的影响为1.18%。2017年经济总体保持平稳，不会有大的波动。供给方面，随着供给侧改革的深入，其他项对CPI同比的贡献要大于2016年的0.83%，假定为2015年（为1.54%）与2016年两者的均值1.18%。

综上，预计2017年CPI同比为2.05%，其中新涨价因素为1.37%（猪价-0.14%+0.33%+1.18%），翘尾因素为0.68%。

从节奏上看，CPI月度走势可能呈L形，1月为峰值。因2017年春节在1月份，2014—2016年三年中，只有2014年春节在1月份，假定2017年1月、2月CPI环比分别与2014年相同，

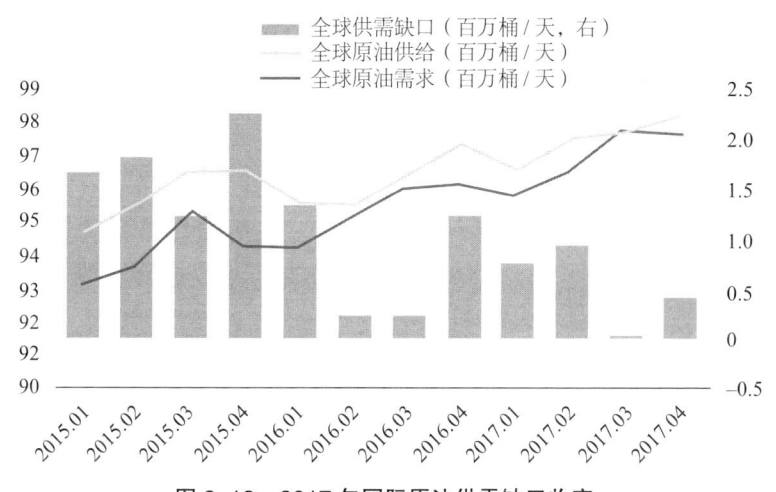

图 2-18 2017 年国际原油供需缺口收窄

资料来源：EIA、民生证券研究院

图 2-19 OPEC 单方面减产，难以大幅提振油价

资料来源：Wind 资讯、EIA、民生证券研究院

取 1.00% 和 0.53%。2017 年 3 月 CPI 环比分别取 2014—2016 年对应月份的环比均值。结合全年 CPI 同比 2.05%，可计算出 2017 年各月的 CPI 同比。高点在 1 月，为 2.9%，远高于其他月份，主要因春节错位。低点在 4 月，为 1.7%。

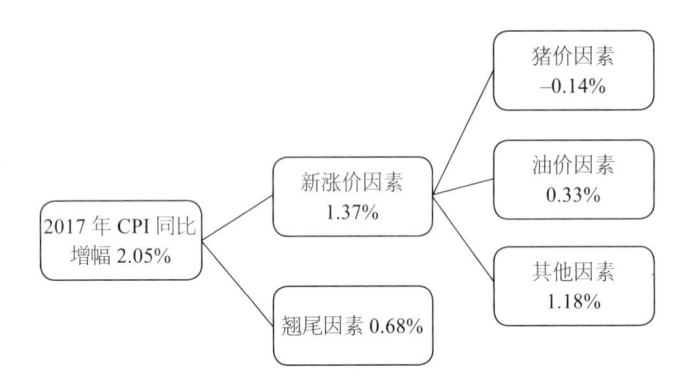

图 2-20 预测 2017 年 CPI 同比年度值为 2.05%

资料来源：Wind 资讯、民生证券研究院

图 2-21 2017 年 CPI 月度同比呈 L 形走势

资料来源：Wind 资讯、民生证券研究院

结论：综上所述，2017全年经济慢下行、物价慢上行是大概率事件，这使得第三种情景出现的概率更大。通胀不会成为掣肘货币政策与流动性的因子，流动性依然充裕而无处可去，只能继续在各类资产中轮动。

第三章
变革中的风险与挑战

中国"十三五"面临的五大挑战

中央党校国际战略研究所副所长　周天勇

"十三五"时期是全面建成小康社会的决胜期，也是中国经济进入新常态后发展的关键阶段。在此期间，我们可能面临五个方面的重大挑战，包括由于人口增速下行导致的经济下行压力、中国在"走出去"过程中面临国际竞争时的劣势、重大关键改革任务能否如期完成、技术创新及产业化能否实现弯道超车、产业升级和结构调整面临诸多困难等。不管如何，面对挑战，我们必须保持定力，精准施策，集中力量把自己的事情办好，不断开拓发展新境界。

挑战一：人口增速下行导致经济下行压力加大

由人口增长放缓、人口低生育导致的少子化与老龄化，对我国经济增长影响最大，占到本次经济下行 50%~60% 的权重。通过数量回归分析人口增长与经济增长规律可以发现，1974—1994年的人口增长率与1994—2014年的经济增长率高度相关。究其原因，当人口增长上行时，首先，新增人口大约20年后进入劳动年龄；其次，这些人口结婚生子，进入消费期；再次是购买房屋，刺激房地产业扩张。我国的人口增长率从1987年开始下降，原因有三：一是计划生育越来越严格；二是人口流动、城市化水平与妇女受教育程度的提高抑制了生育率；三是家庭联产承包责任制与知青返城生子的生育动力已经释放完毕。这些因素导致1987—2010年的人口增长是一条下斜的曲线。按照人口增长率与20年后经济增长率高度正相关这个理论模型来推断，2008—2030年中国经济正处于一个增速下行的区间。如果按照1995—2010年的人口增长率来推导，2015—2030年的经济增长率将从7%一直降到1%以上，且"十三五"期间降幅最大。由于"十三五"期间人口将是一个陡坡式的下降，相应的经济增长率可能下降到3.5%左右，而要完成到2020年全面建成小康社会、国内生产总值和城乡居民人均收入比2010年翻一番的任务，今后五年的GDP增速又不能低于6.53%，这是我们面临的最大、最严峻的挑战。

人口少子化与老龄化是导致我国内需不足的最大原因，一方面，随着劳动年龄人口增速由高到低，再到趋于停滞甚至负增长，助推劳动力成本上升；另一方面，劳动年龄人口减少，导致住宅等刚性需求及各种消费发生萎缩，造成产能过剩。由于内需不足，经济增速下降，"十三五"期间我们可能会面临三种窘境：一是国家财政税收发生萎缩，导致各方面投入如低保、养老、医疗、教育、环保等资金紧张；二是由于内需不足、产能过剩，造成结构性就业不足，尤其是原来在工业中从事建筑、采矿、制造业的劳动力有可能大规模回流；三是产能过剩导致企业负债率提高，相当一部分工业企业、资源型企业与银行债务关系可能发生恶化，导致银行坏账率提高，积累一定的社会金融风险。

挑战二：中国参与国际竞争面临诸多不利因素

随着中国越来越紧密地融入世界经济，今后我们将面临更加严峻的国际竞争格局，概括起来主要包括两方面的问题。

一方面是实业、投资及服务业消费的外流。一是随着中国劳动力成本及土地价格的提高，制造业开始向东南亚，甚至向美国、欧洲转移；二是由于国内实业利润率比较低、空间比较狭小，加上内需不足、产能过剩、税收以及资金成本过高，许多投资如房地产（包括住宅）、制造业等都外流到其他国家；三是由于服务业尤其是旅游、教育、医疗、养老健康等质次价高，导致我国服务贸易在全球竞争中处于劣势。比如目前我国的教育、旅游、医疗健康和技术等服务逆差达 4000 亿美元左右，而且教育、旅游、医疗健康服务消费流向国外的趋势越来越强。

另一方面是我国在"走出去"的过程中与其他大国相比，在文化、组织、制度等软实力方面相对处于弱势。与美国、日本等西方大国相比，我们在工程、造价、成本、性价比、装备能力等硬实力方面占有优势，但在文化价值、新闻舆论、民间组织、社会责任等软实力方面处于劣势。尤其是在制度层面，我国的央企、私企在"走出去"的过程中可能存在三方面的问题。一是国外企业多以现代跨国公司的形式"走出去",行业协会在中间起着协调作用,默契的配合取代了恶性竞争;而我们在对外协调默契机制上则差距较大,存在恶性竞争。二是西方国家的现代跨国公司体制有比较好的内部监督治理结构,有助于防范内部人控制和道德风险;而我们一些央企"走出去"后,有内部人控制、道德风险等问题,国有资产可能会流失。三是我们对风险的评估、决策、防范、控制重视不够,对成本收益特别是不可预见的成本分析不够,导致"走出去"的投资相当大比例是亏损的,特别是一些央企的项目赚钱的不多。很可能"十三五"期间会有大规模的资金流出,但是国民净收入回流不理想,在外形成大量的烂尾、赔本项目,得不偿失。

挑战三:重大关键改革任务能否按时完成

党的十八大、十八届三中全会提出了改革的时间表,即到2020年各项制度要基本定型,也就是说,在"十三五"期间,各项改革要基本上完成。然而现在来看,改革可能会面临以下三方面问题。

一是目前改革还处于顶层设计阶段,且主要是一些部门在设计,因此,可能存在的问题是,部门的利益以及权力集中的色彩很难全部消除掉;另外,一些改革方案不能科学化、民主化与公开化地来讨论和推进。

二是由于部门之间、中央与地方之间存在利益的博弈,各方面改革中的利益获得者和利益削减者也会产生博弈，特别是目前减少利益的改革多，增加利益的改革越来越少，使很多改革方案可能成为缺乏力度的妥协方案，甚至存在使改革形式化、被走样的可能。

三是在全面依法治国的背景下，我们提出要立法在先、依法改革，然而现在我们有几百部法律、一两万个国务院部门与地方法规、条例，这些法律、法规、条例大多是在我国由计划经济向市场经济转轨期间制定的，很多带有计划经济下行政管理、部门利益的色彩。如果要使这些法律、法规、条例得到全面的甄别、清理、修订、废除、讨论以至颁布，恐怕需要二三十年。因此，改革有的时候其实是一个触犯原有法律、法规的过程，改革者很容易陷入冒非常大风险的窘境，这是很多改革雷声大、雨点小、观望者多的重要原因。虽然中央提出要调动基层创新改革的积极性，但是依法改革、立法在先、依法办事牢牢束缚着相当多改革的设计，特别是实施和进展。因此，我们面临的一个很大挑战就是，相当多的重大关键改革任务在"十三五"期间能否完成。

挑战四：技术创新及产业化的不足使弯道超车难度加大

现在，中央提出要推进"大众创业、万众创新"，然而在创业创新方面，我们面临着国际竞争、改革迟缓与转型困难的挑战。大体上包括三个方面：

一是我们在技术引进、消化吸收到再创新，包括从集成创新到自给自足创新方面，都受到美、欧、日、俄、韩等国在很多领域的技术竞争。

二是在技术创新的知识产权以及利益分配机制上还存在诸多弊病和障碍。虽然这些方面国家都在积极推动，但实际的运作落实过程中还是受到各种各样的阻力。比如专利的对外开放、知识产权的抵押入股、职务发明收入中技术人员所占的比例等方面；国家向体制内投入很大财力，也集中了不少人才资源，但是，体制内人才专利项目等资源难以产品化和产业化，处于僵眠闲置浪费境地。再比如我们迟迟不能推进如硅谷银行那样的认购权证、投贷联动等改革，不能督促大型企业并购技术、推动科技中小型企业蓬勃发展的融资方式，导致科技型企业在风险投资、科技信贷、并购直到上市融资环节，资金链存在断裂的可能。还比如我们的央企对并购新的技术，在技术项目考核体制上还存在障碍。总之，我国在科技创新体制上，相比美国等发达国家的灵活性还有非常大的差距。

三是我国在全球技术领先领域中总体上只占19%左右，同步的也只有1/4，在世界关键性技术领域中54%的技术还处于跟随状态。

因此，"十三五"期间能不能进一步通过加快科技体制改革激发创新活力，推动科技创新，实现大踏步弯道超车，在很多关键领域赶上西方发达国家，还是有一定难度。

挑战五：产业升级与经济结构调整面临困难

一是从制造业升级面临的环境来看，围绕"互联网+"的商业模式创新多，而硬件技术的创新比较少；围绕物流、饮食服务、购物方面的投资和创新多，而围绕智能制造、物联网、3D打印方面的投资和技术创新还是比较少。这对于我们制造业的转型升级以及硬件技术的突破非常不利。

二是工业内部结构不平衡且转型难度较大。传统的制造业、采掘业、建筑业，由于需求不足，产能大量过剩，如在钢铁业中，普通钢冶炼规模非常大，但是特种钢还需要进口。这类产业正在进行调整，但新的更高档次的制造业尚处于艰难发展中。

三是我国的服务业由于在加入WTO后没有全面放开，没有进行国际服务业规则、质量标准等方面的竞争，导致我们的教育、医疗、健康、旅游等服务业体制僵化、水平落后，服务质次价高，从而造成这些方面的服务需求大量流出国外。

四是我国现阶段的城市化政策也不利于服务业的发展。我国城市化中最大的问题是进城务工的人口不能市民化，导致相应的服务不能扩张。很多农民青年时候进城，因为买不起房、教育受限、没有户籍等，到老年工作不动了会回到农村，而80后和90后农民工，可能会在城市中无根，农村又回不去了，这种"青出老回"和不能市民化的漂泊，绝非市民化的城市化过程，不能真正带动城市服务业的发展。

五是传统产能的调整受到"人往哪里去、钱从哪里来、需求在哪里"三大问题的制约，而且许多传统产业国有企业居多，国企尤其是央企的转型调整和改革如何推进，同样面临上述三个问题。这些都是产业升级转型所要面临的难题。

找回丢失的"锚":市场最担心的几个问题[1]
天风证券首席经济学家、中国首席经济学家论坛理事　刘煜辉

我们正在经历的是:一个泡沫收缩的时间,一个由虚回实的过程,一个重塑资产负债表、重振资产回报率的阶段。

这是我们认知今天正在发生的,以及未来一段时间将要发生的一切的基础。下面我展开谈谈2017年市场比较担心的几个问题。

"楼市不拐,滞胀不止"

第一个问题是对宏观形态的判断。从数据上看,2016年是典型的滞胀。工业增加值非常平,基本上就是6%附近上下0.1波动,但是价格因素却出现非常大的变化。CPI虽然温和往上翘,

---

[1] 本文由刘煜辉在2017年1月21日的清华五道口财富50人论坛上的发言整理而成。——编者注

幅度不高，但是大家也清楚中国 CPI 的弊端，它传统上不太能真实反映房价和与房价相关联的服务品价格的上涨。从房价看 2015—2016 年这波惊人的上涨，一线城市的涨幅比 2013—2014 年的高点还要高出 50%，二线城市也高出 20%~30%，三、四线城市基本上和 2013—2014 年的高点持平。所以经济中价格因素实际上发生了很大的变化，但是经济增长的动能羸弱，这两者搭配在一起就是典型的滞胀。

把滞胀放在经济学框架中去理解，其实很简单。就是经济中存在某种非健康的力量，对经济中健康的部分、有效率的部门形成越来越大的挤出效应。这种力量既可能是外生的，也可能是内生的。外生的比方说油价、农产品价格上涨，比方说 20 世纪 70 年代两次石油危机对西方经济的外生冲击。内生的通常讲的就是金融泡沫和资产泡沫。金融泡沫、资产泡沫对经济中的可贸易部门、制造业、有效率的产出部门等形成越来越大的挤出效应，经济系统中发生了严重的资源要素的错配。

大量的资源要素被吸收到生产率更低的不可贸易部门去制造泡沫，可贸易部门获得资源要素的成本越来越高，宏观的结果就是供给侧出现下坠，就是我们常讲的潜在增长水平下移。供给侧下坠与靠资产泡沫和金融泡沫支撑的总需求之间，向下撕裂出一个感觉特别不好的正向产出缺口，这就是理论上的通货膨胀——滞胀。

如果从这个机制认识中国经济的话，从 2011 年开始，我们就已经隐隐约约进入了这种状态。因为从 2009 年开始，我们先后二次对房地产部门进行了对冲经济下行。2009 年第一次，

2012、2013年第二次，2015年下半年到2016年第三次，最后做成了一个天大的金融泡沫和资产泡沫。

为什么2016年之前这个机制的负效应没有从数据上明显地表现出来呢？是因为我们从2011年开始进入全球大宗商品和能源的周期性熊市，3~4年时间。每年中国从这个熊市中获得数千亿美元的衰退性顺差（红利）的补贴，某种程度上中和了负向效应显性化的过程，延迟了滞胀效果的出现。

但是2016年不一样。需求端，我们第三次对房地产部门进行刺激；供给端，我们又推行政去产能、压产量。供给和需求形成明显剪刀差，这一来价格就压不住了。地产是源头，行政去产能相当于添了一把柴，使得这种感觉一下子从隐性转为显性。

现在市场担心的是，2016年的显性化滞胀在2017年会不会持续。

从内部胀的因素来看，我个人持比较乐观的态度。因为我们这一次对楼市的调控，对金融和资产泡沫的挤压，我感知的信息，决策异常坚决。

开篇我就讲过了，中国经济遇到了一个绕不过去的"劫"，这个"劫"是什么？就是本国货币定价的基石受到严重损毁。长时间的金融杠杆和资产泡沫膨胀将"人无贬基"的地基给泡垮了，房子有了坍塌的风险，汇率出问题了，楼市有可能成为压垮人民币汇率的最后一根稻草。所以这一次房地产调控从做出决策到执行和过去18年中历次房地产调控都不一样。

过去18年人民币一直延续着大的升值周期，简单讲，没真碰到过临界，所以我们每一次遇到经济下行时都有拿房子刺激的本钱。之前历次房地产调控，政策协调下来需要半年的时间，之后通胀真正起来了才会有强硬的收缩措施一点点出来。

但这一次，2016年国庆节前后不到20天的时间内，我们史上曾经使用过的最强硬的行政手段，第一时间全部下去，就是一竿子捅到底，彻底要把这个市场的流动性打掉，简单讲就是不让你买了，抑制货币信用向房地产方向流动，抑制这个领域的资产创造的速度。

我个人判断，房子实际上已经进入了"闷骚"状态，就是流动性耗散。这一下房子都到了老百姓手里，老百姓在国民经济四个部门中间又是硬约束部门，简单讲，老百姓手里有房子就像散户买了股票一样，如果这个家庭没有失业；恒常收入还在，他一般是不会进行资产抛售清算的，尽管家庭的资产负债表在受损。

所以这样的一种状态，大家看着价格很平稳，我觉得是可以理解的。毕竟过去18年房子只涨不跌的神话，惯性极强，长程记忆深入人心，而且过去18年每次遇到经济下行风险的时候，政策都会找房子刺激来对冲，这个政策惯性给大家的印象非常强，惯性会持续。但是流动性耗散的状态一定会有一个资产重估的过程。从散户的角度来讲，一年不行，一年半，一定会有越来越多"失忆者"从房价中"爬"出来。金融信用环节对于房子流动性耗散的重估可能更快，因为房子是我们金融信用投放最重要的抵押品。我们实际上每天都会面临资产流动性耗散的评估，比方说2016年的房子抵押七折贷款给出去，2017年流动性耗散状态我就会考虑进去，抵押可能只能放五折的贷款，这就是金融信用的收缩。

一个被打入"闷骚"状态的市场,光靠长程记忆,价格能够撑多久?这可能是我们认知2017年最大的逻辑起点。"楼市不拐,滞胀不止"。复杂与简单或一念之间,顺着这个逻辑推演,我们或能在2017年见到一个胀缩切换的场景,所谓"胀若烟火、烟花易冷",我们或能见证2016年的所谓周期复苏其实就是一场幻灭⋯⋯

宏观经济学有两句名言。一句是"滞胀是经济周期的回光返照",另一句是"滞胀之后是萧条"。第一句我同意,经济通向临界的前端恐怕就是那种最糟糕的状态——滞胀。第二句我觉得倒未必,可能完全看你是否能选对一个正确的政策组合。选对了,完全有可能避免萧条,或者能很快走出萧条。

从内部政策选择来看,我个人感知是乐观的,因为中国现阶段胀的机制其实就是房子的"胀"。资产泡沫和金融泡沫对产业部门形成了很大的挤出,挤出了一个"胀"。如果你把房地产部门资产创造的速度快速冷却下去,这个"胀"要形成很强的趋势就不太可能。

最大的不安还是来自外部:外生通胀。最大的隐忧就是油。外生通胀你控制不了。推高油价某种程度上讲和特朗普未来全球战略利益的调整有很强的暗合性,可能是瓦解中国全球战略的一张牌。

油价上去了,俄罗斯的财政和经济就会缓口气。石油国家和能源国家的经济和财政都会缓过来,和中国的离心力自然就会增强。因为我们和它们又没有什么意识形态、历史文化和价值观的认同，某种程度上靠的就是过去几年商品和能源的熊市，我们收获衰退性顺差，将其转化为资本输出对外投资，然后把它们笼络在我们所设想的全球新秩序的框架内。我个人感觉特朗普有打这张牌的可能。唯一的制约来自美国经济对 70 美元以上的油价的承受能力。油价如果从 50 美元上升到 70 美元以上对中国是什么样的情况？

如果过剩的金融资本再冲击一下中国对外依存度很高的某些农产品的话，如大豆，大豆上去了，豆粕就会涨。豆粕是猪饲料，如果和中国的猪周期形成某种共振会怎样？大家可以看一下现在的猪粮比，整个养猪业，最近几年的集中度发生了很大的变化，散养率下降很大。集中度提高的产业结构更容易传导成本上升的因素。

输入性通胀起来，我们将非常被动。我们资产泡沫的调整刚刚开始，泡沫远没有消失，决定了产业部门净资产收益率的恢复注定也是一个缓慢渐进的过程。经济新的动能很难很快出来。这样的组合，你的宏观政策是紧还是松，非常的尴尬，怎么办？

2016 年的滞胀是我们内部对房子再次刺激出来的，2017 年则可能是外部输入，使你的滞胀进一步显性、持续。

滞胀，金融投资做何选择？就是四个字："关灯吃面"。权益、债无非就是谁跌得多、谁跌得少的问题。2016 年 12 月以来，其实大家心里都明白，股债汇"三杀"出现过好几回，只有一个逻辑预期在形成，不愿说出口而已。外生通胀正在往里面传输，成为我们投资最大的威胁。

找回人民币定价的"锚"?

第二个担心的因素就是汇率。前面我也讲了中国的经济遇到了一个绕不过去的坎儿,本国货币定价的基石受到长期的金融泡沫和资产泡沫的冲击损毁严重,人民币定价国内的"锚"已经丢失了。地基损毁,房子就有坍塌的风险。

2012年以来:国企不改革、财政不改革,经济中到处都是软约束的主体的条件下,金融自由化单兵突进,商业金融系统理论上存在的货币信用创造的无限性被释放了出来,这就是"洪荒之力",金融交易性资产创造无序繁荣,资产泡沫终以冲击本国货币定价而呈现出巨大的灾难性。

长时间金融混乱之后,一个个能够提供收益的非实体领域的资产陆陆续续都被玩坏。期限利差被抹平,信用利差被抹平,甚至可能把流动性溢价差也要抹平,资产的风险/收益的性价比变得越来越差。同时耗损的是产业资本,一天一天地被金融资本挤出。

我们试图靠体制所特有的"制度管制"来维持这种扭曲(关门放水泡资产)。但越管制越资产荒,越荒越不进实体,大水漫灌债市和楼市,疯狂消灭一切收益率差。当境内外利差压缩,资产价格裂口越来越大时,最后必然是资本外流。表象上看整个商业金融系统正在经历越来越严重的所谓资产荒,但硬币的另一面,问题的实质是本国货币定价的基石被毁掉了,正在累积越来越严重的贬值压力。

今天汇率和资产的严重背离已经是一种客观存在,但这个信息对于金融交易来讲已经钝化，因为无论是交易者还是政策决策者心里都特别清楚，我们实际上已经失去了让人民币汇率与资产价格快速修正偏离的时间窗口的时机，我们已经没有办法使汇率和资产这两个变量在短时间内实现接吻，如果要短时间内接吻一定是危机反应模式，这是宏观决策者不允许的，要尽力避免的。短时间内完成收敛而不成危机基本上是没有可能的，现实中也没有办法。

交易者真正关注的，是如何不让这种严重背离滑出体制控制的轨道，我们是不是还有这个能力，将这种严重偏离导入一种"时间换空间"的轨道之中，让时间慢慢地去熬，去找平稳地解决问题的方法。

2015—2016年所发生的各种事件不断冲击着交易者对于这个体制的信任，比方说楼市失控，房子差一点成为压垮人民币汇率的最后一根稻草。比方说金融杠杆交易的亢奋和无序繁荣。金融系统内部杠杆严重，2016年1—10月，银行对非银行金融机构的净债权净增加居然达到了10万亿元以上，这个有点自杀式冲锋的味道。这种通过同业负债的方式，以期实现"弯道超车"式的资产扩张，导致了商业银行与央行之间、城商行和大型银行之间、银行和非银行机构之间，存在巨大资金裂口，只要央行略微紧缩一下流动性的投放，市场立刻就会"血溅五步"。再比方说想在国际货币市场一次性集中释放汇率贬值的压力，所有种种都有可能导致失控出轨，列车倾覆。这些都是今天我们市场所面对的重大风险。

偏离已经如此严重的变量怎么调？最简单的办法当然是在

国际货币市场单方面释放汇率贬值的压力，但是现实的情况你能办到吗？中美 G2 格局是一个无法回避的"镜像互补"（贸易分工—金融分工）的结构，两个 10 万亿美元的超级经济体合在一起超过全球经济总量的三分之一强，而且未来还会继续上升。中美两个国家像这样水乳交融和利益攸关的关系，在人类经济史上从来没有出现过，即便当年日本最牛的时候。这样的结构决定了人民币和美元之间事实上仍处在一个货币同盟当中，想脱钩事实上也脱不了。

2016 年人民币汇率逐步建立的类似于一种参考双"锚"的机制可能会常态化，这是两个超级大国博弈的结果。美元和一篮子货币，谁弱？人民币和谁保持相对稳定？

2016 年 1—5 月，美元弱，人民币更多钉住美元，所以篮子货币贬值了 6%；6 月份以后，英国脱欧，美元逐步走强，特朗普上任后，美元更强，这时候人民币和美元发生了脱钩 (6.5~7)，但这种脱钩显然是受到货币同盟强约束的，也就是说当全球货币都对美元贬值的时候，中国必须起到掩护的作用，必须走到最后面，让其他人先贬值，所以你的篮子货币就只能横爬，保持稳定。意思是什么呢？人民币对美元看上去贬值，但是人民币和其他货币要保持升值状态，这可能是另一方能够接受的底线状态。

当然中国最希望看到的是，美元结束这种"特朗普式"的强势，休息一段时间。如果美元出现一波弱势的调整，人民币和美元勾在一起，能带下来，多少释放一点贬值的压力。最担心的是美元一直强，冲 110 点位，中国会很难受。因为人民币和美元是两头大象。当全球其他货币都对美元贬值的时候，你这头大象怎么能抢跑道，怎么抢得过豺狼虎豹？你贬 3%~5%，人家一下子 15% 下去了，就全乱了。

我们也曾经想过抢跑道。2015 年 6 月我们股灾泡沫破裂的时候，我们感觉到汇率和资产价格有点笼不住，想通过汇率贬值的方式释放压力，就有了 2015 年 8 月 11 日和 2016 年 1 月 4 日的汇率闯关，结果产生巨大的全球外溢性效应。

所以我们可以理解为什么 2016 年 7 月 26 日政治局会议做出重大的宏观政策转向的决定，要抑制资产泡沫。我们只有这条路，中国只有把政策的矛头指向国内的金融泡沫和资产泡沫，只有压缩它们，才能把人民币对内的"锚"重新找回来，才能重新稳定我们已经快塌陷的本国货币定价的地基，这就是我们政策的选择。

"钢丝上的舞蹈"

这就引来了市场担心的第三个问题。我们既然决定了金融去杠杆、去泡沫的话，就会给金融投资带来困扰，我们会不会迎来系统性风险？至少一个局部，或者是某一个时间段释放的过程，这种释放会不会给风险偏好和风险溢价带来显著的冲击？

2016 年 10 月 24 日以来的债市大跌，6 个交易周时间把过去两年半的债市升幅全部跌掉，可见套利交易结构所累积的市场脆弱性多么严重。金融去杠杆，第一阶段基本达到了目的，极端不健康的"央行信仰"和"央行绑架"被打破了，利率升上来了，套利的交易结构惶惶不可终日，恨不得赶紧脱离苦海。但第二阶段才是个真正复杂的技术活，我们要在保持整个市场合理流动性、金融杠杆解构，以及构建严厉的金融监管体系以约束影子银行的信用创造这三者间寻求平衡。

金融杠杆解构的过程，本身就是货币信用消失的过程，没有紧的感觉是不可能的，没有痛苦是不可能的。客观上讲，这是一场"钢丝上的舞蹈"。债券去杠杆只是金融系统杠杆清理万里长征的第一步，后面非标的融资里还存在更为复杂的杠杆结构，比方说各种灰色的抽屉协议，比方说所谓一二级市场联动"资本游戏"对接的各种配资的交易结构，里面杠杆非常高。

从规律上讲，要真正打破刚性兑付、道德风险的信用文化，启动一个系统风险释放过程是回避不了。简单讲，就是要弄死几个典型，杀鸡儆猴。徐忠局长最近有个讲话，我觉得理解是非常到位的，他说中国的金融安全不是"保"出来的，每当要出事时，总派出几个"白衣骑士"去灭火，把问题盖住，是不能解决问题的，以后会造成更大的问题。这就像人的亚健康状态，身体有湿毒，不能排出，总靠药物去压制，久而久之，湿毒淤积会把人的任督二脉都堵死，到那时就是病入膏肓。

金融去杠杆、去泡沫需要有排毒的过程，需要定向爆破。当然这个过程不一定发生在2017年，但从规律上讲是避免不了的。

市场应该还有一个担心的问题。就是特朗普到底能做多少，能走多远？如果特朗普执行力非常强，政策能落地的话，我们或将面临一个非常明确的美元的紧缩周期，对此我们还是比较担忧的，毕竟低利率环境下我们错过了那么多解决问题的机会，一个有三四十年趋势的真正改变的力量出现的时候我们会感到非常不舒服。

我们能够做的是义无反顾地坚定地去找回我们已经丢失的"锚",我们需要和特朗普抢时间。

希望我们一路走好

有人说,我们驱动家庭部门(中产阶层)加杠杆去帮房地产去库存,给未来的经济转型(投资—消费)造成多么大的损害,当初如果通过政府部门加杠杆帮房地产部门(企业)去库存,将库存直接转化为公共服务品(比方说公租屋)供给家庭,会是一个什么样的场景。

怎么办?要向前看,尽可能走好后面的路。

我们应该看到,经过这一次家庭加杠杆接盘,房子库存(另一种存在的形态是地方政府的债务)都转到了居民手里,这和2013—2014年的场景完全不一样,那时房子库存都积压在房地产部门手中,风险对接的是地方政府的"财政悬崖"。房子库存积压意味着形不成地方政府的各种收入,而当时支撑这个结构的是所谓的影子银行系统,高息短期的"庞氏"债务,每隔18个月都会有巨大的债务链断裂的压力,所以当时资产价格暴跌隐患是比较大的。

家庭的储蓄以及它所承载的杠杆是转移出来了,我们不能让这转移出来的部分重回房地产领域变成再次的库存堆积,也不能让它进入金融和资产交易环节去制造另外一个泡沫。

所以当下的政策取向是:抑制房地产部门的资产创造,抑制金融交易性环节的活动，显著降低金融交易的收益率，抑制债务信用创造，希望减少挤出，让产业资本净资产收益率能止跌回稳转升，倒逼并创造条件（有深度、有广度、能融资的资本市场）来支持金融资本与产业资本深度融合（权益）。

当然，产业资本净资产收益率能更快更显著回升，光靠减少挤出还是不够的，还是要推进改革，来推动分配结构从政府向私人部门大幅度地转移。比方说财政政策要从投资转向为企业服务，为企业减负、减税，帮助企业降低成本。比方说让劳动力市场变得更具流动性，提高劳动力的使用效率。

以上种种都是为了重构人民币汇率稳定的基石，找回丢失的"锚"。

金融市场风险点基本研判与处置对策

国家发改委市场与价格研究所副主任 曾铮

2015年以来，我国股市、汇市和债市先后出现风险苗头，由于政府应对及时、举措得当，避免了市场局部风险的引燃和系统性风险的爆发。2016年，国内外经济增长依然乏力，各国宏观经济政策负外溢效应持续发酵，我国整体杠杆率并没有明显降低，个别部门杠杆率还在提高，且流动性"脱实向虚"的态势逐步趋于明显。整体来说，从当前金融市场运行看，我国局部市场风险呈现分化趋势，即股市汇市隐性风险整体可控，楼市债市显性风险需要重点关注，而跨市场交叉风险值得特别高度重视。

中央经济工作会议明确提出，要把防控金融风险放到更加重要的位置，下决心处置一批风险点，着力防控资产泡沫，提高和改进监管能力，确保不发生系统性金融风险。由此，当前应在遏制楼市债市显性风险的前提下，积极管控股市汇市隐性风险，并着力防范跨市场交叉风险，切实消融资产泡沫，防止系统性风险苗头，保持主要市场平稳运行，为实体经济持续健康发展营造良好的市场环境。

基本面改善缓慢

未来一段时期，国内外经济企稳步伐并不坚实，各国经济政策协调度仍然较低，低利率环境下投机型流动性继续充盈，宏观杠杆率持续高企，这些引发市场风险的因素依然存在，我国风险的来源并未消除。

一是各国宏观政策外溢效应依然存在，短期跨境资本变化可能对市场造成流动性冲击。 一方面，在全球经济持续低迷的背景下，各国竞争性货币贬值难以在短时间内得到遏制，日本、丹麦、瑞士、欧元区、瑞典等国家与地区可能将在一定时期内维持负利率，主要国家和地区也将持续低利率状态。另一方面，美国在2017年开始驶入加息轨道，这预示着2008年以来的"世界超级流动性宽松周期"将见顶，全球主要市场可能面临边际流动性收紧的挑战。不论是竞争性货币贬值还是美国逆市加息，都给全球金融市场带来极大的不确定性，从而可能导致短期资本跨境流动加速，这无疑将给我国市场造成输入型流动性冲击。

二是国内经济增长下行压力依然存在，企业利润率维持低位可能引发市场大幅调整风险。 2016年，我国固定资产投资完成额和社会消费品零售总额累积增长率持续在低位徘徊，外贸出口尚维持在负增长区间，经济增长下行压力依然较大。在此背景下，虽然近期企业利润数据有逐步改善迹象，但是向好的基础脆弱，应收账款回收期偏长、管理费用增速较高、产能过剩等矛盾与问题，仍然考验着实体企业经济效益的改善。1—11月份，在规模以上工业企业中，国有控股工业企业利润总额累计同比增长仅为2.4%，这也反映了整体企业盈利状况持续改善还面临诸多困难。企业利润率维持低位，经济基本面复苏举步维艰，对股市、债市和汇市等形成持续压力，在外部流动性环境急剧变化的条件下，可能造成市场大幅调整的风险。

三是全社会高杠杆率现象依然存在，部分非金融部门负债高企可能导致市场违约风险。根据国际清算银行数据，截至2015年底，我国非金融部门杠杆率为248.6%，远高于同为金砖国家的巴西、印度和俄罗斯，仅次于日本（387.1%）、法国（291.3%）和美国（262.6%）等发达国家。其中，非金融企业部门负债率占比较高，达到了170.8%，明显高于92.5%的全球平均水平。2016年以来，我国推进供给侧结构性改革，加快实施"去杠杆"重大任务，但企业部门杠杆率并没有实质性下降，而居民部门杠杆率还在逐步提升。根据国际清算银行2016年系列报告相关内容估算，到2016年年底，我国总体杠杆率可能攀升至250%以上的水平，非金融企业部门负债率仍然维持在170%左右的高水平，家庭部门负债率则将从2015年前的40%升至45%左右。在经济增速下行条件下，非金融宏观经济部门负债率高企，可能造成非金融企业部门或家庭部门的信用与债务违约，从而影响债市、楼市和股市等市场的稳定。

四是国内货币"脱实向虚"的趋势依然存在，流动性跨界串联可能引发市场频繁波动风险。2016年以来，在低利率环境和货币供应充裕的背景下，货币宽松预期强烈，我国出现了股市、债市和大宗商品市场价格全线攀升的局面。与此同时，从 2016 年 4 月开始，我国 M1（狭义货币）与 M2 增速缺口持续扩大，7 月达到了 15.2 个百分点，超过了 2010 年 1 月的近年最高值。8 月份开始，二者缺口虽有所缩小，但仍处于 11 个百分点以上的较高水平。在实体经济特别是制造业和民间投资萎靡的背景下，未来短时间内，M1 与 M2 增速仍然可能维持较高的"剪刀差"缺口。M1 与 M2 增速缺口扩大，一方面来源于居民加杠杆导致的部分企业现金流改善，另一方面源自企业存款活期化，短期内并不能从数据上完全验证货币"脱实向虚"。但是，在经济增长下行压力大、低利率环境持续、实体投资乏力的综合背景下，如果 M1 与 M2 增速继续出现较大缺口，可能将引致部分企业活期存款进入资产领域，压低无风险利率，在短期内推高债市、股市和楼市价格，从而引发资产泡沫，并在充裕的流动性跨市场串联的情况下，引致各市场频繁波动的风险。

局部市场风险分化

2016 年下半年到 2017 年，我国市场运行面临的环境空前复杂，股、债、楼、汇四个市场的局部风险呈现分化，股市、汇市隐性风险整体可控，楼市、债市显性风险逐步凸显，跨市场交叉风险苗头显现。

一是市场监管得以强化，杠杆率持续调低，股市风险处于管控范围。2015 年 6 月与 8 月以及 2016 年 1 月，由于受到政策操作失当、监管不利和其他市场波动反馈的影响，我国 A 股市场经历了三次大调整，上证综指每次跌幅都在千余点，引发了局部的市场风险。2016 年以来，在防止 IPO（首次公开募股）造假、打击重组上市壳资源炒作、加大中介机构问责、严打内幕交易操纵市场等方面，我国政府加强对股票市场的监管，市场秩序得到极大净化。由于监管强化，股市杠杆率持续下降，沪深两市两融（融资与融券）余额从 2015 年 6 月 21825 亿元的最高点，一路降至 2016 年 9 月 13 日的 8997 亿元，杠杆率明显下降。与此同时，A 股主板（含中小板）和创业板的市盈率分别从 2015 年的 22.19 倍和 94.52 倍降至 2016 年下半年的 20 倍左右和 70 倍左右，股价逐步回归理性范围。因此，未来一段时间，不论从本身运行还是政府监督管理看，股市局部风险都处于可以管控的范围。

二是资本加速流出初步遏制，贬值预期相对降低，汇市风险总体可控。2015 年 8 月 11 日的汇改，引发了人民币汇率市场波动，资本在短时间内急剧外流，汇改前五个季度我国资本净流出仅为 4300 亿美元，汇改后三个季度净流出则达到了 6000 亿美元，人民币进入贬值通道，汇率市场风险凸显。2016 年以来，国家外汇管理局责令各金融机构加强对所有外汇交易的检查和管制，并强化了在人民币外汇市场的公开市场操作。2016 年二季度开始，我国资本外流压力有所缓解，在岸人民币汇率甚至有小幅升值，大幅贬值的矛盾已经开始逐步化解。然而，2016 年下半年，资本外流又开始呈现小幅上升趋势，引发了市场对 2017 年资本外流的担忧。但是，在我国经济增长率继续稳定在 6.5% 左右和政府强化资本监管的双重条件下，尽管人民币贬值预期在某些阶段可能呈现短期上升，可能导致人民币在 2017 年稳步贬值，但大幅集聚贬值的预期整体相对前期已经明显下降，使得汇市的局部风险短期内整体可控。

三是居民加杠杆进程加快，房地产价格迅速上涨，可能引发楼市风险。2016 年我国房地产市场异常活跃，投资逐步回暖，销售大幅增长。1—11 月，全国房地产开发投资 93387.08 亿元，同比名义增长 6.5%；商品房销售面积 135829.49 万平方米，同比增长 24.3%。在此背景下，房地产价格迅速攀升，中国指数研究院的数据显示，11 月份百城价格指数达到 12938 元，比 1 月份上涨 17.4%，而部分一、二线城市房价指数涨幅则达到了 20% 以上。与之相应，我国居民部门加杠杆进程逐步加快。2016 年上半年，18 家上市银行的个人住房抵押贷款余额合计为 14.12 万亿元，较 2015 年底涨幅接近 20%，下半年这种趋势仍然持续演进。2016 年全年，估计我国新增房贷占 GDP 比例高达 7% 以上，不仅远超日本历史高点（3%），也接近美国历史峰值（8%）；而新增房贷销售比（新增房贷/新增地产销售总额）升至创历史新高的 42%，已接近美国金融危机期间峰值水平。1—11 月，住户部门新增贷款占新增贷款总额比例达到 50% 以上，大大高于前期水平。虽然我国个人住房贷款在银行总贷款的比重只有 20% 左右，低于世界主要国家 40%~50% 的平均水平，但在短时期内住户部门房贷急剧增加，居民杠杆率迅速提高，将进一步加速房地产市场价格攀升，增加更多投机性需求，导致资产泡沫骤然累积，可能在某个时点引发房地产价格阶段性加速下跌，加快前期累积的资产泡沫破灭，酿成房地产市场局部重大风险。

四是市场投资持续加杠杆，实体企业生产继续萎靡，可能引发债市风险。 2016年2月以来，我国债市信用违约案例数量急剧上升，仅仅4月就有9起。虽然近期我国债券市场的违约情况有所缓解，上证公司债指数也结束下跌趋势，但面向2017年，债市局部风险管控任务依然艰巨。首先，2016年以来，债券市场杠杆率逐步攀升，从年初的110%以下攀升至8月113%以上的水平，且这种趋势仍在强化。其次，2017年3—4月，我国信用债到期偿付量将经历阶段性高峰，单月均偿付量达到3500亿元以上，这将给债务主体造成短期偿付压力。与此同时，我国实体经济仍未看到明显企稳迹象，企业利润仍然在低位徘徊，国有企业利润依然处于负增长区间，实体经济乏力也将给债券市场偿付带来困难。在以上多方面因素的综合作用下，未来一段时间，类似于2016年上半年债市频繁违约的现象或再现，从而可能产生债券市场严重的局部性风险。

五是投机型流动性高涨，市场信心仍然不稳定，可能引发跨市场交叉风险。 在国内外经济增长下行压力较大和国际宏观经济政策协调难度加大的背景下，在市场信心不稳定、避险情绪高涨以及流动性充裕的条件下，风险跨市场相互交叉感染的概率开始增大。首先，如果对部分城市房价和房贷过快上涨管控不利，可能导致高房价泡沫破灭的局部风险，造成房价螺旋下跌、居民与企业违约增加以及银行坏账率显著上升，并将导致风险在金融部门间快速传染，严重打击整个经济体系的信心，从而有诱发股、债、汇等市场风险同时爆发的可能性。其次，在债券市场出现局部风险的情况下，一方面，债市违约可能造成市场恐慌情绪，导致本已信心不足的股市出现大幅波动的风险；另一方面，频繁的信用违约将降低人民币资产的吸引力，从而加速资本外流，给外汇市场带来风险冲击。此外，如果汇率市场局部风险爆发，一方面可能通过引发资本外流，对股市和债市造成流动性冲击；另一方面，在利率市场化背景下，如果出现持续的汇率贬值预期，可能导致房地产行业债务整体期限结构与风险资产收益率急剧变动，增加长期融资成本，加速房地产价格的调整进程，进而引发资产泡沫破灭的风险。

强化政策配合协调

未来一段时期，我国市场风险将呈现"局部分化、系统交叉"的特点，应按照"长短并重，内外并齐，管调并用，疏堵并举"的政策思路，着力防范和处置一批金融市场风险点，通过强化市场调控管理遏制楼市、债市显性风险，通过避免外部事件冲击管控股市、汇市隐性风险，通过实施疏堵结合举措防范跨市场交叉风险，并通过推进宏观制度建设构建风险防范长效机制，有效遏制资产泡沫，保持主要市场平稳运行，为实体经济持续健康发展营造良好市场环境。

一是强化市场调控管理，切实遏制楼市、债市显性风险。在房地产市场方面，应继续按照"因城施策""一城一策"的调控思路，积极消除将房地产发展简单作为保增长手段的观念，强化稳健货币政策的实施定力，在宏观上管住货币，并逐步收紧热点城市信贷政策，严防和打击投机行为抬头，既抑制房地产泡沫，又防止出现大起大落；同时，在房地产价格上涨过快的城市，要采取扩大新增供地、盘活存量土地等方式适度扩大土地供给，防范土地价格快速上涨带来的房地产价格持续攀升。在债券市场方面，要在保持一定流动性的前提下，逐步降低市场杠杆率，继续加大银行票据业务排查整顿，清理规范资金池业务和保险资管公司通道类业务，强化银行理财委外投资监管，限制低等级债券加杠杆操作空间；同时，完善信用评级体系，加强债市监管和信息披露，稳妥发展信用风险管理工具，形成多元化的信用风险处置机制，保护无担保债券人权益。

二是避免外部事件冲击，积极管控股市、汇市潜在风险。前期导致股市和汇市局部风险的因素正逐步消弭，短期看这两个市场的风险总体可控。但是，许多风险是难以预知的，要在继续完善市场制度的基础上，防止外部事件对市场的短期冲击，对潜在风险有所准备，防范于未然。首先，在股票市场方面，要重视2017年信贷相对前期可能略微收紧，从而带来流动性边际支撑减弱和风险偏好下降的新情况及其负面效应，在货币政策操作中要引导好股市预期，避免股市流动性急剧抽逃带来的市场价格大幅波动的风险；同时，要继续坚持市场导向，循序渐进推进注册制改革，深化新三板改革，加快分层制度改革，完善退市制度，加强证券公司监管，优化股市杠杆结构，妥善处理救市退出问题，着力建立股市长效稳定机制。其次，汇市方面，在美国进入加息通道的背景下，短时间内将削弱人民币资产吸引力和加速国内资本抽逃，为汇市埋下风险隐患。要充分认识这一外部事件的负面作用，继续加大对非法跨境资本流动的打击力度，严格控制和监管资本外流，采取更为严格的阶段性资本管制措施；同时，要积极完善跨境资本宏观审慎监管体系，不断丰富并优化跨境资本流动宏观审慎监管工具箱，进一步推动人民币汇率形成机制改革，在增强汇率弹性的同时，保持人民币汇率在合理均衡水平上的基本稳定，稳步构建汇率市场长期均衡稳定的制度基础。

三是实施疏堵结合举措，着力防范跨市场交叉风险。首先，要强化流动性管理，职能部门应加强窗口指导，引导商业银行谨慎控制信贷，避免资产扩张偏快可能导致的流动性风险，合理安排资产负债总量和期限结构，有效控制期限错配风险。其次，要继续坚持实施稳健的货币政策，更加强调货币政策的"中性"原则，适应货币供应方式新变化，调节好货币闸门，积极使用定向货币政策工具，加强金融市场监管，放开民间资本投资限制，加快引导资金进入实体经济领域。再次，要强化金融混业经营的监管，进一步严格混业经营审核，严肃排查新兴表外业务和表内资产表外化等风险点。此外，要加强宏观管理部门和职能部门之间的沟通协调，避免不同职能部门出台政策对市场造成的冲击相互叠加，减少因政策信息混淆带来的市场预期反复和市场波动加剧；同时，要强化政策与市场之间的沟通，通过合理引导市场预期来稳定市场信心，减少因政策信息失真带来的市场风险。

四是推进宏观制度建设，加快构建风险防范长效机制。应从长期市场稳定角度出发，在化解短期风险的基础上尽快推进市场管理和监管制度建设。首先，应尽快研究建立完善统一的金融监管体系，整合机构和人员，建立高效、权威、统一的金融监管部门，加强金融监管部门与其他宏观经济政策制定部门之间、金融监管部门与市场之间的沟通和协调，并在国务院层面构建金融监管部门和宏观经济部门的协调机制。其次，要加快完善逆周期的宏观审慎评估体系，建立负责宏观审慎监管的金融稳定委员会，形成由宏观审慎分析、宏观审慎政策和宏观审慎工具组成的宏观审慎制度框架，逐步解决宏观经济政策和金融政策"顺周期"的问题；同时，要逐步推进宏观审慎监管，建立有序的金融机构破产清算机制，加强系统性风险处置过程中的金融消费者权益保护机制，减小重要金融机构破产的负面影响。

第四章
深化改革,释放新动能

改革创新，突出重围

北京大学国家发展研究院经济学教授　周其仁

中国经济增长速度在 2007、2008 年达到峰值，此后虽然有波动，但是大势是下行。如果拿 2007 年增速最高峰跟 2015、2016 年相比，中国作为全球第二大经济体，年增长率从 14.2% 下降为 6.7%，已经减速一半还多。这是一个不小的变动。

外需收缩，反全球化潮流抬头

经济总会有波动。但是高位下行，还是一个很大挑战。高位下行要面对巨大的惯性，突然减速，企业、市场、地方等方方面面的预期都需要急速调整，搞不好失速就失控。

那么，高位下行的态势究竟是怎么来的？美国 2007 年爆发金融危机，而 2007 年恰恰是中国改革开放以来经济高速增长的顶点。2008 年中国经济增长率降到 9.8%，但还是达到 1979—2008

年间的平均增长率。2009年中国成为全球第二大经济体，2010年成为全球最大出口国，2013年成为全球最大贸易国，2014年IMF以PPP（购买力平价）计算，中国成为全球最大经济体。

但是，看来这一切还是挡不住中国增长率的大幅下跌。开始以为还可以用点什么办法把经济托一托，甚至可以重新把增速拉回去。但最后证明，在全球化进程中胜出的中国经济，终究还是没有可能偏离全球经济的基本走势。

首先要讨论，为什么中国经济从高速增长转向6%~7%这种速度的增长？我认为回答这个问题，不能只看中国自己，因为中国的高速增长是在开放中实现的，是全球化大格局的一个组成部分。

全球经济讲起来很复杂，一个办法就是先把它还原到一个非常简化的场景。假定存在两个经济体，一个比较富有，一个比较贫穷。所谓富有就是资本比较充裕，人均收入高。贫穷就是资本很少，但人口众多，人均收入低。

如果这两种经济体被一道墙分隔开来，各过各的日子，有什么结果？那一定是穷的没资本，因此也没有提高生产率的手段，所以经济增长慢。富有的国家资本雄厚，可以转化为更高的生产力，所以这两个经济体在分隔的情况下，差距会持续拉大。

如果把这两个经济体打通，会发生什么？譬如讲富有的经济体有10万元资本，300个工人，人均产出100元；贫穷经济体只有10元资本，但有3000个工人，人均产出1元。两者打通以后，上述这些参数会发生什么变化？

打通以后，这两个经济体加到一起算，资本总量就变成10

万零 10 元钱，工人总量就变成 3300 人。于是，要素的相对比例发生了变化，其实是竞争格局发生了变化。

有哪些变化呢？大概有这么几条：

第一，富国资本，原来是 10 万对 300 人，现在加了 10 元钱，却同时又增加了 3000 工人，总共有 3300 人来抢这 10 万零 10 元的资本。很明显，资本的稀缺程度提高了。这就是为什么全球化以后，华尔街可以赚到非常多的钱，金融极其耀眼，道理就是全球资本变得相对更稀缺。

第二，富国由于长期积累，有科学技术和大量专利，这些东西的稀缺性程度也大幅度提高了。因为原来只有 300 名工人来利用，现在 3300 人都希望用较高技术来武装自己。

第三，富国原来的 300 名工人，现在要参加全球 3300 名工人之间的竞争，因为全球化导致参与竞争的工人人数大幅度增加。其中，富国的蓝领和下层白领压力最大，因为他们直接面临大量廉价劳力（人均收入 1 元！）的竞争冲击。然后，随着穷国劳动者学习能力的提高，富国国内更多劳动者面临较大竞争压力。

第四，富国国内收入分化加剧。战后发达国家长期趋于橄榄形的收入分配结构，重新趋于金字塔形。顶端是华尔街和硅谷科技精英，在全球化中稀缺程度急剧上升，要风得风、要雨得雨。但在人口底部，受开放穷国竞争的影响，越来越多蓝领、白领人口面临收入下调的巨大压力。

这部分"沉默的大多数"，也从全球化中得到过某种好处。"中国制造"的物美价廉产品大量输入美国，降低了他们的生活成本，提高了他们的实际收入。问题是他们遭受的竞争压力更大。何况收入总是相对收入，相比华尔街和硅谷精英在全球化中挣了大钱，美国制造业工人和低端白领阶层不能不感到有巨大的失落感。

第五，穷国数目庞大的劳动力，在开放后有机会和来自富国的技术、资本相结合。技术和资本都不是简单搬得来的，需要学习曲线提升。只要能够提升学习曲线，穷国的比较成本优势就能得以发挥，收入水平随生产率提高而快速提高。

第六，穷国国内的收入差距也会拉大，因为获得外来技术、资本的条件有别，更因为学习曲线提升的程度有别。

整体看，打通穷国富国之间的壁垒，全球平均收入水平会因为全球化而加快增长。其中，学习曲线上升较快的穷国，平均收入上升的速度比富国更快。富国内部收入分化，其全球化得益部门越来越富，但受损部门的收入增长停滞甚至有所降低。此外，穷国的国内收入分化也将抬头。

这幅世界版图，逻辑简单，但结果有点复杂。前两年一个法国人叫托马斯·皮凯蒂，写了一本《21世纪资本论》[①]，关注的是全球化导致发达国家收入两极分化严重。他举例说，美国和西欧主要发达经济体，收入分配的基尼系数在"二战"结束后显著下降，但从20世纪80年代开始，特别是90年代以后，发达国家的基尼系数掉头向上，回到历史高点。皮凯蒂认为发达国家的资本所得太高，劳动所得过低，类似19世纪马克思写《资本论》

---

① 《21世纪资本论》简体中文版已由中信出版社于2014年9月出版。——编者注

的时代背景，即产业革命导致英国劳资矛盾加剧，出路只能是抑制资本（征收高额资本利得税），否则就会发生社会革命。

我看过作者履历，此前他一直在法国教书，仅有两三年时间到波士顿做访问学者，再也没有去过别的地方，尤其没有来过中国和印度。他是就发达国家谈发达国家，以为发达国家就是世界经济的全部。但实际上，当今时代无论发达国家还是发展中国家，都处在全球化背景之中。从全球格局看，收入分配状况是在改善——发达国家的平均收入增长与发展中国家收入增长在接近。皮凯蒂在他的书里列出了这张趋势图，但他自己对此似乎没有什么理解。

中国人就比较容易理解。邓小平提出"翻两番"的时候是1980年，那时中国人均GDP只有200美元。改革开放后，现在我们的人均GDP是七八千美元。美国80年代初人均GDP是1万多美元，现在也不过5万美元。以中美为例，"全球"收入分配平均说来当然有了极大改善。这就是为什么全球化值得坚持。

问题是单看发达国家，是另外一个故事。这位法国经济学家没有看到中国农民、农民工开始能挣多少钱，现在能挣多少钱，他只看到发达国家普通老百姓收入，相对于他们本国资本、科技精英的收入，占比降低。

这也说明，全球化并没有做到——也不可能做到——让每一个人、每一个阶层、每一个经济板块都同等受益。总是有高有低、有得有失，所以也总有社会矛盾。中国自己也有这个问题，国内收入差距过大也是一个多年要解决但尚未解决好的问题。在国内收入差中，靠近技术、靠近资本，或者学习曲线提升快的，收入增长快，反之则慢。另外，由于转型远未到位，凭权力腐败寻租，也是一部分人收入畸高的来源。

所以全球看，各有一本难念的经。但是看整体，全球化还是极大地解放了人类生产力，也提高了全球国家间收入水平趋同的可能性。这是一个复杂的格局，尽管蕴含其中的经济逻辑很简单。

中国经济与开放息息相关

现在我们来讨论中国经济。在认知方法上，要避免皮凯蒂那类认识局限，只见树木，不见森林。中国经济是走向开放的经济，与全球化息息相关，所以不能脱离全球化进程，孤立地分析中国经济。

譬如为什么中国实现了几十年的高速增长？从经济学理论上讲，归根到底还是发挥了比较优势。比较优势是古典政治经济学家李嘉图的理论，之前人们习惯的是绝对优势理论。就是说，只要甲国生产某物比乙国更具优势，那乙国就不要再生产了。李嘉图说不一定，即便乙国生产什么都不如甲国，也不意味着乙国什么也不生产才是上策。在乙国样样落后的产业里，总有相对生产率比较高的，如果乙国集中生产自己还具有比较成本优势的产品，然后与甲国交换——后者也集中生产自己具有比较优势的产品，那么甲乙两国的总产出就将更大。

比较优势理论首先要"比较"，其前提就是开放市场、实行自由贸易。所以这个理论从诞生以来，经济学家们大概都比较拥护自由贸易理论，因为在学理上，开放的自由贸易导致更优经济增长。

不过世事日新，理论也随之变化。到 2003—2004 年的时候，美国诺贝尔经济学奖得主萨缪尔森，开始对比较优势理论提出某种怀疑。在一篇论文里，他提出一个动态比较优势的问题。比如美国原来造飞机有比较优势，中国造劳动密集型产品如袜子有比较优势。按照李嘉图的理论，美国造飞机、中国造袜子，然后中美自由贸易，当然对两国经济最优。对此，萨缪尔森并无异议。

问题是，中国不会满足于生产袜子。一个经济体一直生产某种产品，无论边际成本还是边际收益，必有变化。

中国有一个流行口号，"产业升级"。就是不能满足于老生产毛利率很低的袜子，虽然早年是正确之举，但由于成本会变化，老生产同样的袜子利润就为零。能不能制造一些别的呢？要产业升级。由于高速增长，中国还要求"加快升级"。事实上，中国制造业升级很厉害。自行车做着做着就开始造摩托车，从零部件组装到整车，然后就琢磨着造汽车，接着就要造飞机。为什么不想呢？中国也有条件，市场大，"以市场换技术"。买人家那么多飞机，谈判总有点筹码吧？买一批飞机，加一个条件，比如说飞机尾翼由中国来生产，可以不可以？可以。那再买一批，飞机机翼放在中国生产，来不来？况且，中国人还会引进式地创新，在仿造中组合式创新、应用式创新。一来二去，中国开始自主制造商用飞机。

但是，美国怎么办？萨缪尔森就问了这么个问题。原来中国造自行车，现在升级造飞机。那原来靠造飞机与中国交换的美国，以后造什么？当然美国产业也可以升级，问题是两国的升级速度可能不一致。中国还是享有后发优势，造了自行车，看看走在前面的美国在造飞机，那就跟着造飞机。美国再造什么？需要开创性、独创性的探索，没有先行者可参考。更重要的是，在全球化中成长起来的全球供应链，不管谁原创了什么，量产时不能不遵循各国在开放下的比较优势。还说苹果，那当然是乔布斯首创，但要供应全球，似乎还是放在中国生产更优。萨缪尔森的判断是，如果一方（美国）的比较优势升级持续慢于另一方（中国、印度），那就可能受到"永久的损伤"。

逼来逼去，不一定是李嘉图得出的那个乐观结论。经济上找不到合作解，贸易摩擦、贸易战甚至国际政治军事紧张都可能会接踵而至。反正不管怎么着，长期贸易失衡难以为继。对中国来说，就是要看到，过去以高额顺差来维系我们的高速增长，难以为继。

中国过去的经济总量小，有点贸易顺差不会有太明显的感觉。但当成了全球第二大经济体，还保持过高顺差，就一定会引发全球格局的重大变化。其实，事情早有端倪。2008年的金融危机，谁能想到高歌猛进的全球化会在美国华尔街率先爆出问题？其中一个因素，是我们累计顺差创造的美元储备，不能放在中国，还得投到美国去。投什么呢？很大一块买它的国债。美国政府并没有财政盈余，打了伊拉克战争以后一直是赤字，但是全球化包括中国、印度、俄罗斯以及石油国，都赚到了大量美元去买美国国债。于是美国政府"不差钱"，慷慨地给低收入家庭提供房贷，甚至连首付也不用。但这些家庭实在没能力保住低息贷来的房子，最后房子还银行，而银行贷款已打包成为复杂的金融产品，金融危机这把火就这么烧起来了。

所以全球化不可能只有正面收益，它带来的挑战会在想不到的地方发起冲击。金融危机以来，发达国外需下降，到中国这里就是出口从原来每年20%~30%的高增长，跌为-20%。这个冲击波一来，中国经济遇到前所未有的挑战。

高位下行的挑战

所以，中国经济下行的第一个因素是全球外需收缩。中国的高速增长主要靠的就是出口驱动，高度依赖外需，外需收缩，中国当然首当其冲。

国内也发生了很大变化，最显著的就是成本优势的变化。原来我们高歌猛进参与全球竞争，就是靠比较成本优势。开头我讲的简化模型，穷国人均产出不过1元，富国是100元，其实收入转回来就是生产成本——穷国人工比富国便宜99%。当然要是富国能生产的产品穷国完全不会做，那劳力再便宜也没意义。只要穷国也能做一些富国在做的产品，那前者在世界市场上就有很强的竞争力。这说明，穷国不开放，那就白穷多少年。改革开放后发现穷也是竞争力。无非穷就是工资低，而工资低就是成本低。同一个产品，成本低销售价格就低，全世界哪有不喜欢物美价廉的买家？这讲破了没什么奥秘，比较优势即比较成本优势，前提是开放可以互相比较。

问题是，成本会变化。不开放时穷国人均1元，高速增长多少年，那就不可能还是1元了。所有劳动成本、土地、能源等要

173

素价格，都随高速增长而高速变化。

中国的经验说，其中最重要的变化，还要数体制成本的变化。什么是体制成本？就是在生产以外，经济体系运行所要花费的成本。提出这个概念的，是当年很年轻的科斯，他在1937年就说，生产出来的产品要转手才最后进入消费，这转手过程并不免费，而要花费一个由他定义的"交易成本"。因为这个发现，1991年科斯得了诺贝尔经济学奖。跟进的认识，就是即便在禁止市场交易的地方，体制运行还是要花费成本。中国20世纪40年代，有一位张培刚先生，研究抗战时期的中国经济，如果沿海被占领，内地城市的粮食供应怎么办？当时中国沿海很多地方吃泰国大米，其实江西、湖南农民非常穷，粮食的生产成本极低，为什么宁波、杭州、上海不吃湖南米呢？张培刚通过调查得出的结论，跟科斯的发现一样，那就是尽管江西、湖南米的生产价格很低，但在运输过程中，地方割据势力层层乱收费，米价就被抬高了。他当时定义了一个"纯商业费用"，认为只要改善商业组织就能节约纯商业费用。

这个认识对分析今天中国经济仍然很有帮助。中国经济之所以能够发展起来，严格推敲并不是仅仅因为穷所以人工成本很低。改革开放前，我们的劳力成本高吗？更低。但那时候并没有中国高速增长的奇迹。所以，并不能说劳动力成本低就一定能够变成竞争力。要素变成竞争力首先需要变成产品，而要素要变成产品需要经过组织，需要在一个体系中运行。

中国奇迹的真正秘密，是把原来穷的封闭性变成开放性，并发动体制革新。如果不包产到户，农民就不可能解放出来。我到北京上大学的时候，总听到那么一句话："十亿人口，八亿农民。"小平还说过，八亿农民搞饭吃，饭还不够吃。主要是当时体制不合适，又长久不让改，不搞包产到户解决粮食问题，农民的生产积极性得不到充分发挥。粮食不够吃，又没有外汇进口粮食，不可能搞工业、搞城市。

中国是一轮改革解放一波生产力。农村劳力解放出来，又成为问题：怎么就业？国有企业哪里能招几亿农民啊？结果就逼出了民营经济。两条腿一起走，尤其是劳动密集型的民营企业得到长足发展。开始大家看不起民营企业，以为除了当补充，不可能有大戏。过去工业都是国家工业，靠苏联专家、中国部委指导才搞起来的，门槛很高。后来发现，民间包括农民，学习曲线也很了得。在开放的情况下，体制又对头，有个时间过程就把中国制造搞起来了。

制造产能形成了，市场在哪里？光国内市场还是不足，因为人均购买力还是低。从20世纪80年代沿海开放战略到2002年加入世贸，中国终于打开了全球市场大门。开始觉得出口重要，但又怕中国企业自己互相杀价，肥水流入外人田。后来发现，充分竞争更有助于中国企业打进全球市场，因为竞争才激发中国生产者、企业家的潜能，才知道全球市场究竟有多厚多深。

中国是一步步改革，一步步释放竞争优势。如果离开了改革开放，生产成本再低也不能形成竞争力。改革急剧降低了中国的体制成本，开放使中国大步迈入全球竞争。改革开放，把原本奇高无比的体制成本曲线大幅降低了。

过去很多发展经济的事就是不能干。当年，广东一个叫陈志雄的，发现广州人要吃新鲜鱼但市场没供应，他就包了个鱼塘，雇了几十人养鱼。那还引发一场大争论，从广东吵到北京，因为在过去观念中，雇工7个以上就是资本家，他陈志雄都雇了二十几人了，还不是"走资本主义路线"？好在最后广东的省委书记，还有中央一批领导人不同意这样给人扣帽子，好在党的十一届三中全会明确了一条思想路线，实践检验真理。这分明是把体制成本降了下来，才释放生产力的。体制成本下降，原来低廉的要素成本，就容易结合成一个个产品，再加上学习曲线的提升，一起成就了中国经济奇迹。

我讲了好几年"两个海平面"，一个是发达经济组成的高海平面，一个是中国和印度这些发展中经济组成的低海平面。这两个海平面原来互不连通，各过各的日子。一旦开放打通，资本技术就从高海平面往低海平面落。然后呢，低海平面的廉价要素通过体制改革有效得到组织，大量具有比较优势的产品出口。这就是中国故事。

抓住比较成本优势这个要害

新问题是什么？新问题是成本线永远在变动。经济学上成本曲线总是先降后升，到一个最低点以后又升上去了。所以，成本曲线重新上升是任何个人、家庭、企业、地方和国民经济终究要面对的一个力量。就像个体生命最后要死，物理结构最后会解体一个道理。

具体看看中国经济的成本是怎么降下来又涨上去的。早年放权,"放水养鱼"先让经济活起来,这个中国的确做到了。但是,渐渐地,体制运行成本重新在高速增长当中上升。现在很多人讲中国成本优势消失,都先讲劳动力、工资成本变高了。有这个问题。但我查了1995—2012年中国经济最高速增长这段时期的统计,发现其间我国名义GDP增长了8.6倍,全国工资总额增长了8.8倍,但税收增长了16.7倍,政府除税收以外的收入增长了18.8倍,社保缴纳金增长了28.7倍,而土地出让金则涨了64倍。这几项都是法定成本,也就是带有执行强制力的成本。当然,经济发展起来税收就会增长。但中国还没有做到税收法定,不少税收项目是行政部门直接决定,也不经过人大审核,容易收过头。

还有,早年开放、搞活,把原来不当的观念、不当的政策、不当的制度,根据实践检验逐步解开。不过,渐渐又加上一些不当管制。譬如这届政府推简政放权,取消多少项行政审批,仔细看就知道大部分不是计划时代留下来的,而是在经济高速增长时加进去的。高速增长时,左加右加似乎没关系,但遇到经济下行,那些不当管制还没撤销,要办事还得照那些框框来,经济运行的摩擦系数就偏高了。这个事情并不是哪个人故意作难,而是体制性问题,弄来弄去弄成一个自己跟自己过不去的局面。现在倒没有什么资本主义的大帽了,但是细细小小的绳索可不少,这个不行、那个要批,加到一起的摩擦系数就大了。

创新也面临体制成本。因为"新",总带来观念上的不理解,还有就是原先在位的经济利益,所以有摩擦。比如网约车从兴起到合法化一波三折。我查过出租车的历史,1907年在纽约诞生,原先的出租马车通行"砍价",有个挨宰的乘客气不过,发明"taxi"（出租车），就是"计程付费"，明码标价，受市场欢迎后把砍价模式给淘汰了。

但100多年的发展，也让出租车形成了一个固定的、由法律限制其他竞争者进入、行政管价又管量的僵化模式。这些年大都市乘客对出租车服务的批评很多，都抱怨打车难。网约车把传统出租车模式冲了一冲，提供了一个利用移动互联技术改善出行难的机会。问题是天天喊创新，创新真来了，又怕现存秩序改动太大，"影响稳定"。

再看城市化。外国人只要几年不来，一来看中国城市都很吃惊。但是吃惊当中问题也不少，比较普遍的一个是人口、资源都在流动，人往哪去有选择，但行政主导的城市化却高度画地为牢，谁管这个县就希望这个县成为"中心"。问题是行政级别够，人家也不一定选到你这块地方来。所以是两张皮。城市建设要说好确实很好，但是浪费也惊人，修了多少没人使用的基础设施和楼房，耗了多少水泥钢铁，水泥钢铁生产过程中又有多少污染物的排放，最后又回到大人小孩的肺部。整体看，是不是有一些东西需要动一动、改一改呢？人们愿意去的地方就好好投，中心城市的投资其实还很不足。但人们不愿意待的地方，就还田、还林、还环境。行政等级一样的地方，城市化前景大不相同，要顺着这个逻辑来配置资源，不能按行政等级配置。

总之，体制成本在经济高速增长的同时，降而复升。

与此同时，全球的格局也在变化。中国开放取得的经验，也在影响他国。无非通过开放把穷变成竞争力，为此改国内体制。这件事，中国可以做，印度、越南也可以做，东南亚国家都可以做，非洲也可以。

所以现在"两个海平面"就变成了一个"三明治"，把中国夹在了中间：成本不是最低的，但同时手里还没有多少独到性竞争产品。其实，全球竞争如斯隆当年所说，要么成本领先，要么与众不同。

没错，30年改革开放创造了中国高速增长的成就，但从全球格局看，现在中国经济被夹在中间，下有印度、越南，成本更低，招商引资力度比当年中国还强。上面呢？还有一个天花板，美国、欧洲、日本，增速很低，但还是不断推出独到的产品。

这就是说，从全球大势看中国经济会发生一个阶段性变化。现在虚火很旺，炒炒这个炒炒那个，钱来得快，其实在腐蚀企业家精神，无法动员更多的力量盯住产品与服务。炒一个房比经营实体经济多少年的收益还高。这是在外需收缩之下，第二个把中国往下拉的力量。

第三就是动态的比较成本，特别是其中的体制成本。要削减这个成本，只靠民间不行，因为是法定负担。这件事还是要靠党中央、国务院坚强领导，主动深化改革，否则体制成本很难降。类似减税、降社保缴付、改土地制度这一件件事，涉及面广，牵一发而动全身的，没有成体系的改革是拿不下来的。

福耀玻璃董事长曹德旺说过中国企业税率高，讲的是对的。我曾在宾夕法尼亚州看过一家台州制造业公司开在美国的工厂，能源比我们这里便宜，土地便宜，社保负担不高，税负也有招商优惠，人工绝对工资水平比这里高，但生产率也高。比较下来，主销美国的产品，在那里生产很合算。

所有竞争第一招就是控制成本。企业要想站住脚，有独家撒手锏最好，但也得管住成本。至于竞争性强的产品，在"红海"里生存就靠成本控制。中央经济工作会议提的"降成本"绝不是一桩小事，应该由政府、企业共同努力，争取把比较成本优势尽可能延长一点，因为不可能一下子就具备独到性优势。

靠改革创新突出重围

在2017年，最重要的一条就是坚韧不拔地推进改革，通过改革突围。渐进改革的好处是震荡低，但渐进改革的难处是坚持渐进不容易。经验证明，体制成本降低，经济就会很好地发展；体制成本急速上升，国民经济会被拖累。

所以党的十八届三中全会确定的深化改革真的一项一项地落地，现在难度是什么？我列了三条：

第一，过去都是危机推动改革，过不下去了，不得不改，饭都吃不上了，包产到户搞不搞？邓小平就说，别争论，先解决吃饭问题再说。对外开放搞不搞？很多劳力逃到香港打工，习仲勋就提出能不能让香港资本到境内设厂，于是就有了特区。早期的改革是被逼出来的。

今天中国经济总量位居全球第二位，成就世界瞩目，即便下行仍然是一个很大经济体的中高速增长。这让人好像看不出有多大危险。所以，现在对改革少有切肤之痛，形成共识难度不小。

第二，过去靠开放促改革，但现在很多发达经济体采取的政策很糟糕。传回国内，不少人说他们都这样干，我们改什么改？

讨论网约车的时候，有人说法国禁止，美国有的城市禁止，为什么我们不禁止？问题是，总要择善而从吧。现在开放似乎也推不动改革。为此需要新的学习逻辑，我们真要从自己的实际出发，来选择哪些该改，改到什么程度。

第三，改革会引起利益的相对变化，有人受益，就会有人受损。现在算改革的受益受损，跟20世纪80年代很不同。那时基本是增量改革，本来大家都吃不上饭，包产到户打了粮食多数人满意，顶多生产队长有点不高兴，过去他敲个钟发个号令很威风，包产到户后大家都不听他的了。但这点既得利益很小，因为生产队长也赶快种自家的地去了。但现在很多领域的改革触动的利益存量非常大。这就是为什么改到了深水区，难度大，不仅仅目标看不清楚，而且在深水区使不上劲。到了深水区，一拳出去打不出多大力量，远看姿势不错，可解决问题的力度不够。

改革深入后，真正要解决问题，寻找新的平衡点成为很大挑战。我上次在纽约访问，正好赶上纽约城市规划立法100年，其间管制的变革，留下不少启示，也许对处理复杂利益平衡问题有帮助。

纽约1916年通过的第一部城市规划法案，从内容看，主要是"分区限高"。背景是从农业社会里来的土地权利，到了城市发展时不再适合。传统地权，下到地心上到天空都是所有者的。但城市是个密集社会，建筑高了会挡着别人。20世纪初的美国经济进入高增长快车道，公司赚了钱一定比着盖摩天大楼。1915年在下曼哈顿起了一座公平大厦，盖到39层，是当时全世界最高的楼，且体量巨大，其阴影足以笼罩7英亩（700平方米）街区，邻居和行人就见不到阳光了。受损方叫喊，住宅区、工业区、商业区盖楼有高度限制，超过了要回缩，就是大楼顶部向里收缩，便于阳光、空气下泻到街道上来。这个法案通过后，纽约出现一批知名大厦，如帝国大厦、克莱斯勒大厦等，无一例外都冒个尖顶。

但新问题接踵而至。因为曼哈顿实在太吸引人，人口、资源和项目继续向这个本来不大的半岛集聚，1916年法案限定的大厦高度就成为城市进一步发展的束缚。另外，建筑技术在进步，钢材、电梯、通风、玻璃等其实允许盖更高的大厦，但此时过去的法规成为障碍。

到了20世纪50年代中期，终于开始破局。公园大道中城区，要盖一座希格玛大厦，设计师是德国战后著名建筑学派的大设计师密斯先生。他的理念是建筑功能主义，方方正正的才是一回事，绝不接受回缩。可是高楼不回缩又违法，形成一个僵局。最后请来了菲丽丝·兰伯特，她不是建筑师，却在互不退让的密斯先生与纽约市政厅之间找到了双方达成妥协的办法，那就是希格玛大厦不再顶部回缩，但从底部就在业主购得的土地上让出很大一块做小广场，对市民完全开放，换来希格玛大厦可以盖得又高又方方正正！

这个经验启发了纽约市政当局，于1961年修订纽约城规法，正式引入"激励性管制"新理念。从此开发商可以公开与市政府"讲数"——让出多少地面空间给纽约公众，就可以换取增加多少摩天楼的容积率。再后来，"容积率转移""空中权交易"等内涵市场逻辑的做法，都纳入"有弹性管制"的框架，纽约不但进一步长高，且建筑形态更为多样，也更兼顾个性与公众利益的平衡。

这对我们的改革也富于启迪意义。政府完全不管，市场里彼此对立的利益可能打起来。可是管制一旦加上，也可能变得僵化。我们这里常常讨论政府与市场，似乎讲政府就讲不了市场机制，反过来也一样。但纽约的城规改革却从通常以为"不可能"的地方找到契合点。

这就引出第二个突围方向，即通过创新来打破僵局。过去经济学就有这方面的分析传统，熊彼特讲要突破周而复始的、平庸的经济增长，唯有靠创新，或引进新产品，或改变品质，或使用新生产工艺、开辟新市场、夺取原料和半成品的新来源，或创立新经济组织。只有不断创新，才能带来持续的经济增长。

要补充一点，创新重要、伟大，但创新并不是一定会发生的。否则哪来这么多过剩产能、"僵尸企业"、"鸡肋生意"、病危企业乃至停滞的经济？

创新要讲条件。其实这里有一个创新发生学的问题：创新最初总是一个"想法"，但什么条件下这个想法会变得强有力、会被打磨，会变成行为，成为一项发明，进而整合成一个产品，成为一个产业，那就值得好好研究。下面介绍一些我看到的经验。

2015年我去了以色列，很受刺激。以色列的国土面积比北京市还小，仅1.52万平方公里（实际控制约2万平方公里），人口只有800万。自然资源条件极差，说是"流淌着奶和蜂蜜的地方"，实际上一半国土是沙漠，1/3的国土面积降雨量每年只有50毫米，根本不适合居住。但这个国家靠人力资本，靠科技创新实现发展。我们在以色列看到的每一棵植物，都使用了滴灌技术。

那是以色列人发明的技术，结果就成了"欧洲菜果厨房"，出口蔬菜、瓜果，还出口淡水和海水淡化技术。以色列农业养活的人口，建国以来增长了上百倍，靠的就是创新。它拥有 7000 家初创公司，是除美国、中国之外在纳斯达克上市公司最多的国家，拥有比美国、欧洲还高的人均创投资本。这些公司密集分布在特拉维夫和海法，美国硅谷很多神乎其神的产品，最关键的技术有很多是在这里开发的。硅谷每家大公司都在特拉维夫设研发中心。以色列没有很大的国内市场，也难以大规模制造产品出口，所以就发展高精尖技术。他们的高科技部门贡献了以色列出口的 50%、就业的 10%，2014 年以色列人均产出 3.5 万美元。这么一个资源匮乏的国家能做到这样实在是让人惊叹。

以色列的科学技术又靠什么？靠重视教育。其实我们中国人也一直重视教育，但他们重教育的重点不同。犹太《圣经》里写着他们"是上帝找来跟上帝角力的人"，就是来和上帝较劲的，而不是光信仰、崇拜上帝的。犹太人孩子 5 岁就要学《旧约》和《塔木德》，但他们不是背诵完圣贤之言就了事，他们鼓励孩子提问题，鼓励互相讨论、辩驳，鼓励打问号。犹太母亲看孩子放学回家，不会问"考得好不好"，但会问："今天在学校你问问题了吗？你问了一个好问题了吗？"这是他们生产力的源泉。

阿龙·切哈诺沃是第一个在以色列国内获诺贝尔化学奖的人，他做了一次演讲，让我们很受教。他说小时候他妈妈就跟他讲："走进一条河流，可以顺水走，也可以逆水走，你要永远逆水走。"顺水走好走，逆水走难走，他是一辈子逆着来的，哪个事干顺了就不干了，再找挑战难度最大的干。他当了美国的终身教授后又回到以色列，最后在以色列拿到了诺贝尔化学奖。《塔木德》里有句话，"难做的事容易做成"，也挺符合经济学的原理，难的事情别人不敢碰，竞争反倒没那么激烈，反而容易把事情做成。

2016年6月，我们几位老师和校友，一起去美国看硅谷和波士顿。这两个地方都是以大学为中心，大学的科学发现是核心，但他们形成一套允许把大学所有的发明专利授权给私人，包括教授和他的团队来使用的规则，付一个专利费就可以去创业。于是，科学发现与技术发明，科学与产业的经脉就打通了。无论是硅谷还是波士顿，地图上看围绕大学的是密密麻麻几万家初创企业。我们中国的大学跟科创也有关系，主要提供毕业生，然后企业遇到技术问题找上门合作，加上政府部门的委托。但是大学研发与产业市场的连接方式还隔阂重重，没有那么紧紧地咬到一起。

美国面向大市场，这一条中国也一样。不过美国人想问题百无禁忌。这一点他们优势明显。我们去洛杉矶东一百来公里的一个沙漠小镇，看到几十个工程师、经理在那里坚持了11年，就为造出一部发动机，可以用于往返火星的飞船。且不论科学技术水平，有这种想法就让我们受冲击，人家就不认为飞船、航空这类技术天然就是国家的事。那么几十人，找到风险资本，就在沙漠中坚持做这件事。真是百无禁忌想，同时又脚踏实地干，把两者有机结合。

还有一个超高铁的例子。磁悬浮是让火车悬起来减少摩擦阻力，但空气的阻力还在。超高铁的想法更进一步，造一个大筒把里面空气抽掉，让列车在桶内真空环境里穿行。能不能成不知道，但敢想敢干打动人，靠风险筹资几千万就启动，一搞也是好几年，没有人认为那是国家才可以考虑的事情。

我们还看了一个给盲人设计的"电子冰棍"，帮助盲人"看见"世界。其实，盲人看不见世界只是眼睛这条信息通道出了问题，不能把感知的图像信息传到大脑，在那里成像。盲人只是眼睛坏了，但脑子成像功能还在，只要另外找一个通道把图像输入大脑，盲人就可以复明。就是根据这个原理，这家公司研究了十多年，现在第二代产品已上市。他们找到舌下的传输通道，所以设计出这么个"电子冰棍"，前面连上摄像机，信号从舌下传入大脑，就这样让盲人"看世界"。

考察路上带了一本书读，《技术的本质》。里面讲道："技术就是针对现有目的而采用一个新的或不同的原理来解决问题。"这就把作为科学发现结果的"原理"，"针对现有目的"即真实世界里的真实需求，以及能运用原理的办法即技术，浑然一体打成了一片。

现在不光是硅谷和波士顿，还冒出一批小的所谓的"脑带"（brainbel），也就是与"锈带"对应的靠脑力发展的科创产业带或产业群。比如得克萨斯州首府奥斯汀，二十几年前我到过那里，城市最大雇主是政府，其次就是大学，没有其他产业。但现在，5.5万所科创公司围绕得州大学奥斯汀校区，与硅谷围绕斯坦福和伯克利的形态一样。这里还得了一个"硅山"的美名。追索来历，20世纪60年代一位苏联移民的后代叫乔治·考兹麦特斯基（George Kozmetsky），读书毕业后在刚刚起步的硅谷创业，成功后卖掉自己的企业，根据切身经验认为把基础科研与市场产业打通是关键之举。他专门研究如何把科学、技术、产业、市场间的壁垒打通。

这些与中国的经验也一致。比如创新是一种高度集聚的现象，人才集聚，头脑碰撞，想法激荡，大家抱团鼓励探索、宽容失败，再加上金融、法律配套。我们虽然喊创新国家的口号，但仔细观察，创新并不会普遍发生。目前看，北边一个大中关村，南边深圳是创新之地。

不久前我去深圳访问了一批公司，有点感悟，后来在腾讯研究院与他们交流，题目就是创新上下行。从原理发现、技术发明到产品产业，算下行；反过来从产业产品去找技术、探原理，算上行。创新总是上下行结合。深圳当年的出发点是主打上行，像大族激光高云峰说的，逆向创新。他本人既不是发明激光原理的科学家，开始也不拥有激光专利，他是从激光的市场应用入手，市场打开了，再倒上去升级技术，去找大学、研究所、科学家和院士的支持，成就了一个产业。绝大多数深圳公司走的这条路线，包括华为、腾讯都在内，只不过上行创新的主动性、自觉性不同公司不一样，优秀公司上行冲动强烈，坚持走难走之路，累积下来，就成为科创强者。强了以后，有能力和实力再从原理向下行，像华为，很早就对算法这样的基础研究下本钱，也积累了大量应用专利，最后在持久的市场竞争力上见分晓。

在深圳还看到几家公司，从原理向下行。先有科学发现，再开发技术、做出产品。华大基因是先有论文的，柔宇科技、华讯方舟、光启理工也都是先有论文，大疆无人机的汪滔也是先在毕业论文里写下想法，才做成产业的。这条下行路线，与硅谷、波士顿的创新类别很一致，风险大，但前景极其广阔，因为人类了不起的地方，恰恰就是发现与探索。

现在看，上下行要打通，大国创新才真正在世界舞台有立足之地。过去上行主打，受出发时初始条件的限制，也被证明是正确选择。但随着经济力的积累，这么多中国人、这么多聪明头脑，在发现新原理方面，总有机会做出与中国人口规模接近的贡献。当然从原理到产品，过去积累的逆向创新经验，就值得好好总结、好好借鉴。

说到这里我们对创新的感悟，是这么几个关键词：第一是"浓度"，就是创新极不平衡，需要创新分子凑到一起才能成事。不满现状、敢做梦、有想法，这些特质在很多地方其实不受待见，要是浓度不够，只会被周围的人嘲笑。所以要凑到一起互相鼓励、互相欣赏、互相激发、互相打磨。深圳成为中国创新热土来之不易，不是说打造一个就能打造出一个来的。

第二是"密度"，就是把"浓度"投影到空间里看。深圳地方不大，南山区更小，但创新企业、人才和各种服务集聚的密度足够。看来这里有道理，千万别摊得太大而稀释了浓度。

第三是"高频互动"，要把科学家、大学、研究所、政府、国防需求、地方发展、初创企业、风险资本等，所有资源尽可能凑到一起，形成一种利于创新的氛围。硅谷最了不起的就是那里的氛围，不仅仅增加你的知识，更重要的是改变、影响你的人生态度。你讲一个不论多么不成熟的想法，别人第一句回应总是"听起来很有意思"，是鼓励的意思。我也访问腾讯开放平台上一个外地来深圳搞研发的企业家,问他为什么把研发中心设在这么贵的地方。他说,在原来那个地方什么也讲不通,一个念头提出来,周围人的反应就是"不行,不行,搞不成的"。所以,氛围是无价之宝。

中国在高速增长后面临比较成本优势的新挑战。改革突围、创新突围是躲不过去的事情。现在到处是黑天鹅,但在这个基本选项方面我倒认为没有什么不确定性。很确定,非常确定,就是改革才能延续中国的比较成本优势,创新才能在较高收入水平上生产更高附加价值,从而在全球舞台立足。

重点改革领域和亟须消除的障碍

国务院发展研究中心研究员 吴敬琏

着力推进供给侧的结构性改革是今后一段时期贯穿整个经济工作的一条红线，这是一个非常重要的判断和非常重要的工作方针。但是对于供给侧结构性改革这个提法和所做出的形势判断，实际上有很多争论。比如，我们的经济发展面临的问题到底是来自需求侧的强度不够，还是来自供给侧的质量低下或者效率低下。再比如，现在发展中遇到的问题——增长减速，是否是来自供给跟需求两个方面共同的问题。这里有很多不同的意见正在进行讨论。

另外，对这个提法所包含的经济工作方针——着重推进结构性改革，也有很多不同的理解。比如结构性改革是改结构还是体制，不管在理论上还是在实际工作上都存在着很多不同的意见。

供给侧结构性改革的提法实际上有两个含义不同的"结构"。当我们从供给侧去探究中国经济减速原因的时候，我们会发现供给侧最主要、最核心的问题就是效率不高。供给侧主要包含三个基本内容：劳动、资本、效率。

21世纪初以来经济增速不断下行，其基本原因是什么呢？我们可以说是效率不高，也可以说是结构扭曲，也就是说配置资源的结构发生了扭曲（资源误配）。资源误配的结果就是效率低下。

21世纪开始，我们原来所依靠的增长动力正在消退，而又不能够用提高效率的办法去补救增长动力的消退，比如当中国经济上了一个台阶以后，人口红利就走入了末期，工业、农业、服务业的结构改变，寻求增长的动力也开始减弱。在这种情况之下，就伴随着一个问题——中国的全要素增长率在21世纪的第一个10年开始明显下降，最终造成了中国的潜在增长率进入了下行通道，因而造成了经济增长下行的趋势。

这个问题是经济走入下行通道的根本性因素，可以表达为供给效率不高、供给质量不高，也可以表达为资本的误配置，也就是说经济结构的恶化或者经济结构的扭曲。这是我们面临的一个根本性问题，需要加以处理。

这是在判断中第一次出现结构问题，我们需要实现结构的调整或者叫资源的再配置。

用行政命令调结构不但无效，甚至有反效果

结构怎么才能够改善呢？这是第二个问题。结构的改善要通过体制的改善实现，体制怎么才能改善呢？就要通过结构性的改革。在这里出现了两个含义不同的"结构"。

我觉得现在常常把这两个"结构"搞混了。这两次出现的"结构"含义不同,前一个"结构"是供给侧的问题,在于结构的扭曲、资源配置的扭曲,这是讲的"经济结构"。后面一个"结构"讲的是要进行"结构性改革",这里讲的是"体制上的结构"。如果把这两个问题混在一起,就可能会用结构的调整去取代结构的改革了。

为了解决第一个问题,现在的重点任务就是"三去一降一补",借此实现资源的优化配置。问题是怎么再配置?可以有不同的方法,比如直接用政府手里的各种行政工具去配置。实际上现在存在这方面的问题,比如讲到供给侧结构性改革,常常就把党的十八大以来关于改革的各种设计放在里面了,直接考虑怎么改变结构,怎么用行政手段去产能、去库存、补短板,这样就会产生工作上的偏差。

调结构,实现资源的优化配置有两种不同的途径。一种是按照政策计划、政府的规划、政府政策要求,通过行政命令来调整。另外一种是在反映资源相对稀缺程度的价格信号的引导下,通过市场交换来实现资源的优化配置。我们在过去相当长的时期是用第一种办法解决问题的,但是,历史的实践证明这个方法几乎是无效的,甚至是有反效果的。

早在改革开放的初期,人们已经意识到中国的产业结构存在扭曲,效益受到损害,需要进行调整。所以,在20世纪70年代末和80年代初曾经进行过两次经济调整,这种经济调整都是在政府主导资源配置的条件下进行的,采取的办法是通过行政手段进行调整,比如规定哪些产业或者哪些部门应该缩减,哪些产业哪些部门应该增强。这种方法存在缺陷，根本的问题是政府没有办法判定什么是好的结构。所以，调整以后的结构往往并不是最优的，而且因为造成这种结构扭曲的各种体制上的、政策上的因素并没有改变，所以一次调整后要不了多久，旧的结构又死灰复燃，又要求进行下一次的调整。

在当时的情况下，市场还没有成长起来，政府是绝对处在资源配置的主导地位，所以它只能用那样的办法进行调整，可是后来通过20世纪80年代中期的改革，甚至90年代以后的进一步系统性改革，市场已经逐渐地成长和发育起来了，但是这种用行政办法配置资源、政府主导资源配置的习惯仍然保留着，许多政府部门认为用行政命令那只看得见的手调整，能够见效最快。所以，在20世纪90年代甚至21世纪，这种方法在很大程度上仍然保持着。

行政调整过剩产能似又重演

到了21世纪，政府部门仍然继续采取着这样的方法调整结构，结构扭曲问题一直没有解决，特别是到了2004年，当时出现了经济过热的问题，需要对国民经济进行调整，这时候就明确地采取了叫"有保有压、有扶有控"的办法来调整结构。一方面是对所谓"过热产业"进行控制和清理；另一方面，对政府选定的产业多方面地进行扶持。

但是2004年"有保有压、有扶有控"的调整并没有见到效果，所以产业结构的扭曲、经济结构的扭曲变得更加突出，等到

2006年就发现更重要的一些关系出现了扭曲，比如投资和消费之间的扭曲，国际收支方面的扭曲越来越严重。

2006年，国务院针对产业结构的扭曲提出了进行调整的更高要求，所以2006年国务院就发出了一个"关于加快推进产能过剩行业结构调整的通知"。这个工作进行得并不顺利，虽然从2006年开始一直强调了对于产能过剩行业的结构调整，但是没有见效。我们可以看到现在钢铁行业的例子，钢铁行业是2006年调整产能过剩的重点产业，可是调控的结果是是越调越多。所以到了2012年，除了要对产业过剩的行业进行调整之外，面对着全球金融危机，国务院又做出了决定，要把大力发展七项战略性新兴产业作为国务院的十项重点经济工作之一。要求用财政、金融和其他的手段大力扶植七项战略性新兴产业。由于用各种补贴、各种政策优惠来扶植这七个战略性新兴产业，加上价格信号的扭曲，使得有一部分产业很快变成了产能过剩的产业。所以，情况就变得越来越严重。

到了2013年国务院和有关部委发了七次文件，要求对过剩产能产业进行治理。到现在采用这种方法来解决结构扭曲的问题，看起来效果很差，而且往往适得其反，结果是过剩产能越调越多，结构变得越来越扭曲，以至于现在"三去一降一补"居于首位的就是去产能，在经济中间简直是一个致命弱点。

转变发展方式提了二三十年仍未见效

其实在2003—2006年，在总结第十个五年计划和规划

"十一五"的时候就曾经讨论过为什么会发生这样的问题。因为提高增长质量、优化经济结构、实现发展方式转型,已经提出二三十年了。早在改革发展初期,我们就提出了所谓"十大经济建设方针",这"十大经济建设方针"是围绕着提高经济效益提出的,希望能够由此走出一条经济建设的新路子,当然这十大经济建设方针中间就包含着许多条是完善产业结构,改善产业结构的方针。

到了1995年就正式提出了转变经济增长方式,转变经济增长方式非常重要的内容就是改善经济结构,这个口号到2002年的中国共产党第十六次全国代表大会,把它做了一点文字上的改变,叫作转变经济发展方式。后来讲的跨越中等收入陷阱,还有到了2014年的"引领经济新常态"和2015年的"供给侧结构性改革",针对的都是同一个问题,但是成效不大,特别是在2001—2005这第十个五年计划期间,结构还有进一步恶化的趋势。

所以2003年开始,特别是在2005—2006年制定"十一五"规划,发生了一场大的争论,就是"为什么调整经济结构、转变经济发展方式,提高增长的质量,提出了那么多次,但是没有能够改变"。通过这次讨论我们取得了有深远意义的成果,得出了一个很重要的结论,就是因为存在"体制性障碍"。

体制性障碍是什么?当时说的体制性障碍的核心内容就是政府仍然在资源配置中起决定性的作用。当时的讨论列举了许多具体的原因,我当时参加这个讨论时写过一本书,叫作《中国增长模式抉择》,那里面介绍了当时的讨论,为什么转型、结构调整不能取得成效,有很多具体的原因。比如说把经济增长作为政绩的主要表现，比如说政府拥有过多的资源配置权力，归结到一点，其实就是党的十八大所讲的政府在资源配置中起决定作用，而抑制了或者排除了市场的作用。

我们现在面对着同样的问题，而且问题变得越来越清晰，就是我们经济结构存在着严重的问题。过去历史的经验和教训告诉我们，一定要靠发挥市场在资源配置中的决定作用，才能解决这样的问题。

"三去一降一补"靠行政命令难实现

我们要实现结构优化，现在重点的任务就是"三去一降一补"，去产能、去库存、去杠杆、降成本、补短板。"三去一降一补"到底要做什么呢？就是要实现资源的优化再配置。而要实现这一点，不管根据理论还是实践经验，都只能主要依靠市场起决定性作用，当然也要更好地发挥政府的作用，这里对于市场的作用和政府的作用都要有准确的定位。

为什么要发挥市场在资源配置中的决定性作用呢？因为市场有两个主要的功能，第一个是能够实现资源的优化再配置，第二个是建立起能够激发创新创业积极性的激励机制。"三去一降一补"要实现的其实就是这两件事，靠行政命令很难解决。

比如用过去的办法，如果要去产能，就是由行政机关下指标"钢铁要压缩1亿到1.5亿吨"，然后把指标分解下达到各个部门、各个地区，各个地区再层层向下分解。到了最后就会用一些非常简单的办法一刀切，把要求去的产能切掉。往往切掉的不一定是效率最差的那个，而且由于每个行政部门都要保护自己的产业，所以在执行过程中会发生很多的扭曲。

另一方面，要补短板，要促进一些效率比较高、供不应求的产业的发展，那么用行政的办法也是跟市场去激发创新创业积极性的办法不一样，行政的办法是靠政治动员，靠运用政府的财政政策、信贷政策、补贴政策、扶植政策，去发展一些政府所认定应该发展的产业，两者的效果显然是完全不同的。

在这种情况下，如果我们要发挥市场的作用，政府要起什么样的作用呢？政府要起的作用不是直接出手去调结构，而是提供公共品；不是直接操控市场干预微观经济，而是为市场的运作提供更好的条件，为企业和创业者、创新者提供一个稳定的宏观经济环境和法治环境。当然它需要在一些市场不能起作用的地方，比方用社会保障体系对下岗职工进行托底，为一些职工提供基本的社会保障等。总而言之，它是提供公共品，而不是直接去调结构。

如果理论和实践表明要完成结构调整和结构优化的目标，应该主要依靠市场的力量和机制。那我们的问题出在什么地方呢？就在于让市场在资源配置中起决定性作用的体制并没有完全建立起来，这需要有体制基础，否则它只是一个口号，一个认识上的目标，而不是经济的实践。

市场在资源配置中起决定性作用的体制尚未建立

如果说我们已经从认识上和理论上认同了用市场的办法来优化结构，但我们碰到的问题是这个市场根本还不存在。我们在 20

世纪末宣布已经初步建立了社会主义市场经济的基本框架，但是它还存在许多许多缺陷。一个真正能够保证市场在资源配置中起决定性作用的体制没有完全建立。

在这种情况下，唯一的出路就是要努力地全面推进深化改革，尽快把使市场在资源配置中起决定性作用的制度基础建立起来，这个制度基础就是1993年党的十四届三中全会和2013年党的十八届三中全会《决定》中都提到的"建立统一、开放、竞争、有序的市场体系"。正是在这样的背景下，我们提出了要着力推进结构性改革的要求。

人们常常以为所谓"结构性改革"是中国的特殊提法，其实并不是这样的。这是一个长时期以来在市场经济国家通用的说法。我查了一些文件，当一个国家的市场经济已经建立起来以后，可能其中的某些制度架构仍然存在问题，所以它就需要对这些不够完善的、存在缺陷的制度架构进行改革，这种改革就叫"结构性改革"。

像我这样年纪的人，最早接触结构性这个词，是当时"共产主义论战"的时候，后来我们再接触到这个问题的时候，就是在市场经济国家一再提出来要进行结构性改革，现在不但中国提出了结构性改革的问题，实际上我们看G20的公告都提出来要进行结构性改革。所以，结构性改革不是中国的特殊提法，而是普遍运用的提法。所以，它是一个市场经济国家常用的概念，中国已经宣布建立起了社会主义市场经济的基本框架，对于其中的某些有缺陷的结构进行改革也是应有之义。所以，在这个意义之上，我们运用了这样一种说法来概括我们要进行的改革，也是完全实用的。

从文件上看，其他国家进行结构性改革的实践对我们是有启发意义的。在 2004 年的时候，国际货币基金组织曾经建议一些国家进行结构性改革，当时的 IMF 研究中心主任写了一篇文章来解释他们所建议的结构性改革是什么，题目叫作"结构性改革为什么那么难"。其中说，结构性改革取得的成果、带来的益处是长期的，但是从短期来说，有一部分人利益会受损，所以就很难被人们所接受。我们要说的不是这方面的问题，而是他们对什么是结构性改革所做的解释，这个解释跟我们现在的情况有很相似的地方。在那个时候，也有人认为当时世界经济的问题不是来自供给侧，而是来自结构。他们是这样说的，许多经济问题是由市场运行中的问题造成的，而不是因为资源短缺或者需求不足。在大多数经济学家眼中，此时显然需要进行结构性改革，即改变左右市场行为的制度架构和监管架构。

我想明确一点，我们说的结构性改革是改的体制结构，通过体制、结构的改革，把开放的市场体系建立起来，发挥市场在资源配置中的决定性作用，通过市场建立起一个有效的激励机制来实现结构的优化。

六个方面的改革需要抓紧推进

这样就需要观察和分析我们现在的改革面临什么样的任务。为了实现结构的优化，为了改变经济增速下行而效率又没有能够提高的被动状态，我们需要抓紧进行哪些方面的改革？党的十八届三中全会所规定的改革有 336 项，其中直接跟经济有关的大概 200 多项，还有许多项是间接跟经济有关的，这中间有轻重缓急。

最近各界人士提出了一些迫切需要重点进行改革的项目，我也看了一些文章，有 6 个方面的改革特别需要抓紧进行。

一、制定和执行市场准入的负面清单。其实我们在 21 世纪初期就进行过一轮简政放权，到了 2013 年的党的十八届三中全会，简政放权采取了世界通行的做法——制定负面清单，而不是一项一项地去增加正面清单的项目。政府也布置了两个清单，一个是市场进入的负面清单，一个是政府授权的正面清单。看起来政府授权的正面清单可能有困难，负面清单不应该那么困难，而且由于牵扯到其他对外经济问题，比如中美投资协定的谈判，也需要制定负面清单，所以这项工作应该更加抓紧进行。从前一个阶段的表现看，中美投资协定的谈判在这方面是存在一些困难的，但是这些困难应该加以克服。

二、金融改革。金融改革在利率市场化和汇率市场化这两项上，前一时期进行得比较顺利，甚至超出了原来的预期。但仅有这两个重要的价格改革还不能保证整个金融体系的改革成功。比如金融市场的监管体系、利率的传导机制，都需要其他方面的配合。而金融市场的不完善，在当前杠杆率这么高的情况之下，民间的投资意愿低落，而人们在资产负债表出现某种衰退的情况之下，不愿意把资金放到流动性比较低的领域，不愿意放到实体经济中去，这种情况之下加快金融的改革有更重要的意义。

三、现在讨论得好像不太多，但是一个很重要的领域，就是国有经济改革。国有经济的改革在十八届三中全会的《决定》里面有一个非常重大的突破，就是要把对国有资产、国有企业的管理由直接管企业转变为管资本，这具有非常重大的意义。国有经济虽然在国民经济中所占的比例已经下降了很多，仅占到整个经济活动的三分之一左右，但并不是因此就可以认为国有经济的改革不重要了。国有经济的比重虽然没有绝对优势，但它掌握的资源是最重要的资源，而且它所处的行业往往在国民经济中具有居高临下地位，对整个国民经济的运行状况和效率有着重大的影响。所以，如果运用资源的效率不能有所提高的话，整个国民经济的效率就很难提高。而且现在杠杆率太高是一个很大的问题，而国有企业的杠杆率尤其高。所以，如果国有经济的经济效率不能提高，它的杠杆率不能降低，它的投资回报不能够提高，就会拖整个国民经济的后腿。所以，国民经济的改革能不能按照十八届三中全会的"决定"向前推进，这具有非常重大意义。

四、需要抓紧竞争政策的贯彻。我们过去也把竞争政策叫"反垄断"，但"反垄断"的提法可能不如"竞争政策的贯彻"来得更加准确、更加全面。2016年6月1日国务院发了一个文件，叫作《关于在市场体系建设中建立公平竞争审查制度的意见》。这个文件指出现在市场公平竞争政策贯彻的情况不好，在中国的现实生活领域，地方保护、区域封锁、行业垄断、企业垄断、违法给予优惠政策或减损市场主体利益、有违公平竞争的现象还十分严重。加上在我们国家反竞争的传统思维还有很大的影响，我们学政治经济学的那一代人通常都要讲到资本主义这个制度严重的问题，竞争和无政府状态，竞争对过去传统的经济学来说是反面的，而对于市场经济来说，却是市场经济的灵魂，没有竞争就不可能发现价格，就不可能实现使企业遵守法律、优胜劣汰。所以，这种状况亟待改变。在我们近来的生活当中，违反公平竞争的现象时有发生，这就需要对违反公平竞争原则的体制规定和政策规定做出审查和调整。从 2016 年 7 月 1 日开始，对于新设立的一些体制规定和政策规定要预先进行公平竞争审查，然后就要对原有的各种制度和政策的设定进行审查，要消除违反公平竞争政策的体制和政策。

这是一件非常重要的事情，过去历次的中央和政府文件中都要求保障公平竞争的环境，使企业能够公平地取得生产要素。但是却存在着许许多多违反公平竞争原则的现象，这些文件实际上很难落实。所以，如何贯彻竞争政策还是一个非常重要的改革任务。

五、关于自贸区的试验。自贸区的试验现在已经推广到好几个地区了，但是看来并不很顺利。根据中央的说法，自贸区的意义在于营造一个市场化、法治化、国际化的营商环境，能够适应贸易和投资规则的进一步提高，这是一个世界性的趋势。而这个试验不但在对外经济关系上有意义，而且直接可以影响到国内"统一、开放、竞争、有序"的市场体系的建立。所以，这方面的试验应该加快进行，特别要防止营造市场化、法治化、国际化的营商环境的试验退回到过去的一种税收优惠、政策优惠这些低层次的做法。

六、建设法治国家。一个良好的市场体系一定要建立在法治的基础之上。自从 1997 年党的十五大提出建设社会主义法治国家的口号以来，这方面有所进展，但是离一个良好的市场体系的要求，还有很大的距离。因为中国缺乏法治环境，是具有很强烈的人治传统的国家。进入现代以后，因为政府的政令在经济运行中起主导作用，所以使得法治观念和法治的实践都变得很薄弱。十八届四中全会特别做出了"依法治国"的决定，但是现在看起来这方面的进展仍然不快，而这方面的进展如果不快，那么市场竞争体系就缺乏一个规范的基础。所以，依法特别是执法上，建设一个符合法治的市场经济这个问题还必须要抓紧、要加快。

以上六个方面的改革，不能只是提出任务、口号，而是需要抓紧推行、加快推行。但是还要思考改革为什么会发生思想上的摇摆、步骤上的迟缓，要针对这些因素采取措施。

三项因素阻碍改革，必须尽快消除

现在能够看到的阻碍改革加快的主要障碍有三项，需要将它们消除。

深改小组在一次会议上特别指出，全面深化改革是一次革命，必须要真刀真枪地干。怎么才能真刀真枪地推进改革呢？我觉得有以下三个方面需要认真地加以突破。大家会想到要加强行政责任，要加强监督，要加强责任追查。但是我观察了这些改革的实际情况，发现第一个问题还是思想认识上的问题，必须形成共识。

拿国企改革为例，包括我在内的许多人都觉得国企改革似乎进展得太慢。十八届三中全会关于国企改革提出的由国有资本代表机关直接管企业，管人、管事、管资产转向管资本为主，设立若干资本经营公司在原有的国有企业作为投资主体掌握股权。而政府的管理机构要对所有企业一视同仁。

这个问题在认识上还有不同,比如有些人是在国企部门的,他们就认为管人、管事、管资产还是非常重要的。这种情况之下,作为现代公司制度的核心,公司治理怎么能够建立起来呢?所以,首先要在认识问题上求得统一和共识,这恐怕是能够迈开步子往前走的一个前提条件。

其他方面的改革也是这样,我们刚才讲到的竞争政策。有的人认为公平竞争本身就是一种错误的口号,不同所有制主体、不同企业不能够公平竞争,正因为有这样的观念,公平竞争那是无本之木,无从说起。

第二个问题,要落实责任主体。用第21次深改小组会上的话来说,就是要把改革的主体责任落实到位。以竞争政策审查为例,国务院发表的意见是挺好的意见,而且决定了要从7月1日开始给新制定的政策进行审查。但是仔细读这个文件,我觉得它仍然有不足的地方,比如从7月1日开始的审查是以自我审查为主,而没有规定社会监督和上级监督是怎么进行的,文件里讲到了要把自我审查和社会监督结合起来,但是只说了自我审查,怎么审查,社会监督怎么做,由谁来负责,比如要投诉某一个不符合政策规定的竞争政策,那么谁来接受投诉,谁来接受进一步的审查?不知道。

这时,再看看我们的《反垄断法》。《反垄断法》的执法上就存在这样的问题。执法是由三个部门分别进行,于是它的协调发生了问题。谁来协调呢?上面有国务院的反垄断委员会。但这个反垄断委员会不是一个常设机构，它是一个部际的非常设机构。所以，过去在讨论执行竞争政策和执行反垄断法的时候，中外有许多学者提出来要建立一个高层次的，尤其有很大权威性的反垄断机构，或者叫作执行竞争政策的机构。像这样的事情在我们的改革中就应该搞一搞，使得主体责任落实到具体的单位。

第三个问题，按照第 21 次中央深改小组会议的说法，要拧紧责任螺丝。对负有责任的机构，要完善对他们的督办、督察和责任追查工作机制，而且要落实到人员的任免上，像第 25 次深改小组的会议所说的，要形成一种改革者上、不改革者下的用人导向。

只有这样才能算是"真刀真枪"地把这些重点的改革推进下去，使得我们市场体系逐步完善起来，使得市场能够在结构优化中发挥更大的作用，从而更好地完成结构调整、结构优化再配置的任务。

深入推进农业供给侧结构性改革

中央财经领导小组办公室副主任　韩俊

城乡居民收入水平的提高和生活的改善对农业发展转型提出了新的、更高的要求

这方面有三个显著的变化。第一，我国史无前例的人口城镇化进程还在快速地推进。过去 5 年，我国城镇常住人口每年增加 2100 万人。根据"十三五"规划，每年城镇常住人口大约增加 1400 万左右。第二，中产阶层迅速壮大。统计局对中等收入阶层的定义是年可支配收入 9 万到 40 万元人民币的家庭，这与美国中产阶级的定义还有很大的差距。现在我国中产阶层已经有 3.34 亿人，占到 24.3%。第三，我国正在凝聚全党全社会的力量打脱贫攻坚战。按照现在的标准，我国贫困人口是 5575 万人，今后 5 年，每年要脱贫 1000 万人以上。

这三方面的变化汇集到一起，对我国农业来说意味着要推

动食品的消费结构继续演变和升级。从整个东亚国家和地区食品消费结构演变的历史来看，在人均 GDP 达到 2 万美元以前，食品消费结构不会定型，我国今后还有很长的一个食品消费结构演变时期。现在，最重要的变化是，城市和农村口粮消费都在减少。但是，口粮以外的消费还在增加，比如畜产品、饲料粮。中国在满足食品消费结构升级的同时，农业发展面临着很大的压力。现在老百姓对农业发展最大的要求就是要吃得安心、吃得放心、吃得开心、吃得健康。现在农业发展面临的总量不足问题大大缓解，主要矛盾变为结构性矛盾，优质的绿色农产品不能够满足需求。所以，2016 年 12 月的中央经济工作会议明确提出，要把增加绿色优质农产品的供给放在更加突出的位置。

农业供给侧结构性改革还是强调要保护和提高粮食的综合生产能力。中国作为 13 亿人口大国，谷物不可能依赖国际市场。现在三大主粮的进口，小麦占 2.6%，稻谷占 2.3%，玉米占 1.7%。不能只进口国外的粮食，这样会带来很多的问题。在这个前提下，要优化农业的品种结构、产品结构、产业结构，包括区域结构。现在农业发展需要狠抓标准化的生产，抓农产品和食品质量监管。另外，还要拓展农业的多种功能。我国农业结构调整目标就是，要统筹粮食作物、经济作物、饲料作物，要实现种植业、养殖业、加工业一体化发展，要实现农产品加工业和农业的休闲观光总体化发展。

农业资源要素供给的条件已经发生了显著的变化，对农业的转型升级提出了更高的要求

从 2012 年起，我国劳动适龄人口开始减少，中国已经到了刘易斯拐点①。人口结构、劳动力供给条件的变化，显著地推高了我国的劳动成本，不仅削弱了制造业的竞争力，也给劳动密集型的农业带来了严峻的挑战，削弱了中国农产品在全球市场的竞争力。

转型升级主要包含以下几方面。

第一，提高机械化水平。2016 年我国制造业每个小时工资水平是 3.27 美元，比越南高出 2/3。所以，跟越南相比，我国纺织服装行业的竞争力显著下降。这样的情况在农业更为显著，考虑人工的成本在农产品总成本中的比重，我国粮食作物中这一比重最低的是大豆，为 32.1%，棉花为 62.5%。美国粮食作物的这一比重，棉花是最高的，也只有 10.8%，其他的都在 3%~5%。现在，我国大豆每吨的生产成本是 4877 元，是美国的 2.14 倍，玉米每吨生产成本 2117 元，是美国的 2.23 倍。农业劳动力成本居高不下，意味着我国农业也需要通过提升机械化水平、通过让更少的农民种更多的地，来降低劳动力使用的密度，来提升农业的劳动生产率。

2015 年，我国农业占 GDP 的比重是 8.9%，农业就业占总就业的比重是 28.3%，农业的劳动生产率相当于工业的 22.5%，相当于第三产业的 26.5%。现在，小麦种植已经全盘机械化，种一亩小麦只用两个劳动工人。水稻、玉米种植的机械化也在迅速地

---

① 刘易斯拐点，即劳动力过剩转向劳动力短缺的转折点。——编者注

推进，机械化程度达到75%。但是，种一亩水稻，在中国大陆用六七个工人，到韩国、日本、中国台湾，只用两个工人。我国棉花、甘蔗的机械化水平非常低，畜牧业机械化水平也非常低的。例如，2007年我国棉花机械采摘率只有1%，到2015年这个比例已经提高到28%。新疆建设兵团机采率高达69%，但新疆的地方只有16%。

要提高机械化水平，必然要提高机械制造水平。新疆引进了2900台采棉机，80%是进口的。耕地工具进口的价格是国内价格的10倍，但仍然有人买，因为它的质量好。所以，先进农机具制造方面的短板一定要加快补上，这也有巨大的市场需求。

第二，提升农业规模化的水平。我国有2.2万农户，2015年耕地规模30公顷以上的农户全国只有3012万，我国不可能走美国、加拿大发展大规模农场的道路。发展规模经营也不一定要简单地扩大土地的经营规模。现在一家一户的土地不用动，通过发展规模化的服务也可以解决机械化的问题。一定要防止通过行政的手段来扩大土地的规模。中央经济工作会议明确地提出要细化和落实承包土地，集体所有权、农户承包权、土地经营权的三权分制，要培育新型的农业经营主体和服务主体。现在土地集体所有，承包权是农户的，土地经营权可以单独作为一种权利，提倡放活经营权。这样是为了依法保护农民集体承包农户和土地经营主体的合法权益，要给实际种地的人稳定的预期，让农民舍得投入，经营者的权利如果不稳定，每年都重新签合同的话，没有人舍得在土地上投资来改善土地的质量。

农业面临的国际竞争压力日益激烈，对农业的转型发展和创新提出了新要求

中国作为一个13亿人口的大国，基本国情就是人多、地少、水缺。如果局限于国内这一点水土资源，不可能满足日益富裕的中国老百姓对食品的需要。所以，必须要统筹利用好国内国外两种资源和两个市场，基本政策走向就是谷物基本自给，三大谷物的自给率都在98%左右。还要适度进口国内紧缺的农产品，要鼓励农业企业走出去，深化同主要贸易伙伴国家的战略合作。中国现在已经是世界上最大的农产品进口国，大米、大豆、棕榈油市场的第一大进口国，棉花的第二大进口国，猪肉的第三大进口国。据测算，如果2015年进口的棉、粮、油、糖、肉、奶实现自给，还需要10亿亩地的播种面积，大概占到国内农作物总的播种面积的40%，而我国实际的播种面积也就26亿亩。

关于农产品的进口。一方面，农产品大量进口是我国农业基础竞争力不足的表现。另外一方面，近几年农产品进口量这么大也有不正常的现象，主要就是，政府对农产品价格的干预有些过度。国际价格在不断下跌，国内价格还在大幅度提高，国内外的价格严重倒挂。如果价差很大的话，进口的冲动很大，走私的冲动也很大。这方面最典型的是玉米和玉米替代品的大量进口。在玉米价格走高的情况下，由于配额管理，无法大量进口玉米。但高粱、大麦、玉米酒糟，甚至木薯都可以替代玉米。这些玉米的替代品2015年进口了4000万吨。加入WTO的时候粮食配额只有2200多万吨，仅玉米的替代品就进口了4000万吨。现在有的

南方的饲料企业，配方里过去玉米占 70%，现在只有 30%，因为别的便宜。现在国内产的玉米就只好放在库里，因为企业不用。2014 年全国政策性的粮食收购占的比重，小麦是 20.6%，稻谷只有 15.6%，但是玉米高达 38.5%。

问题的症结在于临时收储价成了最高的价格。最后结果是，洋货入世，国货入库。现在改革的思路应该是非常清楚了，就是要让价格真正反映供求关系的变化，要让价格机制能够有效引导农业资源的配置。比如黑龙江，2009 年玉米种植面积只有 7000 万亩，2014 年由于大豆价格低，大豆种植面积减少了 3000 多万亩，玉米增了 3000 多万亩。农民对价格信号的反应是非常灵敏的。所以，2016 年中央一号文件提出，要坚持市场化改革取向与保护农民利益并重，要采取分品种试测，改革农产品价格形成的机制和收储制度。这方面棉花的改革是第三年，大豆也在改，油菜籽的临时收储已经取消了，玉米的临时收储也取消了，玉米价格制度的改革也迈出了重要的步伐。

接下来的几年，我国还要继续深化稻谷、小麦等主要农产品价格形成机制，和收储制度的改革。基本的方向是价补分离，价格由市场来定，为了保护农民的利益，对生产者实行直接补贴，市场定价，这是一个基本的改革思路。农业政策也要逐步由过去价格支持和干预为主，转向以直接补贴的绿项政策为主。这样一来，就会逐渐把政府和市场的关系理顺，真正使得生产出来的农产品都是有效供给，也使得农产品的供给结构更好地匹配需求结构。

从中国产业基础寻找发展新动能

北京大学企业与政府研究所所长　路风

当前，几乎无人否认中国经济转型需要产业升级，但产业升级在转型中的关键作用，却似乎仍然没有被普遍认识到。实际上，任何经济体都是由具体的产业和企业组成的，而在目前对经济政策的各种讨论中，关于新增长来源或"新动能"的产业内容是模糊不清的，这样会使经济政策失去落脚点。

认识产业升级的重要性，不应是把产业升级看作是其他转型因素的结果（因变量），而应是转型本身的基本驱动力（自变量）。

产业升级的两种视角

从经济政策的角度看，目前有两种关于产业升级的视角居于主导地位。

第一种视角关切的重点是宏观经济平衡和长期经济增长的条件，倾向于把产业升级看作是某种宏观经济条件下的自然结果。例如最近热议的"供给侧"改革——就媒体报道的内容而言，其原始含义仍然是从宏观经济平衡的角度出发，认为只要市场出清、化解掉过剩产能并淘汰掉"僵尸企业"，产业升级就会自动发生。这个视角并没有真正触及产业升级本身的内容，无法解释为什么只靠"市场出清"就可以自动带来产业升级。

第二种是传统的产业政策视角。这种视角往往提出具体的目标（如"制造强国""中国制造2025"等）、具体的做法（如推广"互联网+""智能制造"、机器人等）及其相应的支持措施（国家项目和政策）。从这个视角出发，中国产业升级的任务被定义为若干工业领域的技术突破、政府予以资助并组织专家评审验收。这种视角先把技术突破等同于高新技术产业的发展，继而把高新技术产业的发展等同于产业升级，它同样无法解释为什么由国家项目组织和资助的有限技术突破就一定会引发产业升级。

产业升级具体内涵的三个命题

本文的立场是：产业升级是中国经济转型的基本驱动力。虽然经济转型还包括体制改革等方面的内容，但产业升级不仅具有独立于其他因素（如市场机制）的内容，而且是衡量转型是否成功的唯一标志（即生产力标准）。为说明这个立场，本文就产业升级的具体内涵提出三个命题。

第一，从经济发展的角度看，中国的产业升级是基础广泛的升级,既包括发展高新技术工业,也包括现有工业向更高技术水平、更高生产率和更高附加值的产业活动转移——后者对于中国尤其重要。

许多人认为,产业升级就是发展高新技术工业或以新的产业代替旧的工业部门。这种观点某种程度上忽略了一个基本事实:对于任何一个经济体,传统产业活动都是构成经济活动的主要部分。就中国而言,未来10~20年间将有大量农村人口转变成为城镇人口,如此巨大的就业结构变化带来的消费需求和就业需求,都远远不是少数高新技术工业能够满足的。

产业升级的实质含义是产业向较高生产率和较高附加值的经济活动转移,而技术进步是实现这种转移的基本动力。就工业发展而言,技术进步对于生产率提高和经济增长的作用有两个主要形式:其一,技术创新会不时创造出全新的工业部门,成为一个国家保持经济增长的动力;其二,技术进步的另一个主要形式是新技术向成熟工业部门的扩散。例如电子和化学工业的技术创新影响了从消费品到资本品的一系列工业;一些工业的发展极大地提高了对其他工业高端产品的需求,如汽车和航空工业的发展极大地带动了燃油、新材料和精密加工的发展;成熟工业通过吸收新技术可以出现全新的产品(如合成橡胶产品、数控机床等),这种部门间的技术流动正是美国经济在20世纪创新的基本特点。

尤其需要指出的是,由于在计划经济年代奠定了一个完整的工业体系,所以中国的技术和资本密集型工业具有广泛的基础,只是在过分依赖引进技术的阶段,中国才被挤到了低端领域。因此,产业升级的一个主要内容是这些工业向高附加值领域的攀升。我们可以思考：中国的汽车工业是一个组装外国品牌的工业，还是一个有能力不断向市场提供自己品牌新车的行业？中国的机床工业是一个依靠进口数控系统和核心功能部件的工业，还是一个自主掌握核心技术、为中国制造提供先进装备的工业？技术突破是通过产品开发来实现的，围绕着向市场提供新产品的工业活动——包括产品或工艺的开发、提供更多的服务、以新的方式制造和销售这些产品等等——同时也都是创造需求的活动；而且，正是这些经济活动在有效提高服务业的比重和劳动者的收入。因而，产业升级才是扩大内需的有效途径。

因此，中国的产业升级是基础广泛的，绝不应理解为以"一小撮"高新技术工业去替代构成经济活动主体的现有工业。

第二，产业升级具有"内生性"，因为造成产业结构性变化的主要力量产生于产业发展过程本身，即来自企业的创新活动。

如果把产业升级等同于某些技术突破或以高新技术工业和服务业代替传统工业，就会导致以行政手段、以片面的思路推行产业升级和结构调整的做法，例如"腾笼换鸟"以及一窝蜂建设大数据、云计算、机器人等产业园的热潮。

产业升级不可能自上而下地操作出来，即产业升级的主要力量（如技术和组织的变化、能力的成长等）产生于现有企业的创新活动。仅就技术进步而言，在发达国家的工业史上，许多重要的技术特别是那些导致新工业诞生的技术，是由在位企业发明或创造的。新工业的兴起会引发大量的新进入者，但这些"新进入者"又往往是其他工业领域的在位者，或者是从在位企业分离出去的新公司。因此，在位企业是创造新知识和新技术的主要源泉。人们常常强调小企业技术创新的活力，但更不能忽视拥有成熟的技术研发机构的大企业在技术创新中的源头和骨干作用。

在位企业之所以在创造新技术和新知识方面扮演更重要的角色，是因为在产业活动的背后是一个知识和经验的体系。虽然中国的产业升级有自己的特点，但"规律"是不变的——新技术和新工业只能在已有的知识和经验基础上被创造出来。因此，对于产业升级来说，让中国的企业普遍走上自主创新道路的力量，要远比由政府直接组织一些项目更重要。

第三，产业升级的实质是工业知识和经验体系的扩张和更新，所以产业升级是一个演进的过程。

工业的知识和经验体系是以累积的方式变动——新的技术和能力产生于已有的基础，然后才能逐步代替旧的技术和能力。对待产业升级的政策思维不应该存在"一招鲜"的幻想，否则就会采取事实上的"休克疗法"，以为只要有市场机制就能凭空产生必须靠能力成长才能有收获的成果。

中国经济在世纪之交前后进入一个罕见的高速增长期，中国工业的一个结构性特征是低端部门和高端部门的同时存在。在其背后，是中国不同于一般发展中国家的结构特征：在人均收入水平和劳动成本较低的同时，劳动者、企业家和技术人员具有较高的素质和技能。形成这种特征的原因是中国农业人口比重较高，所以人均收入水平较低；而技能水平较高，则是因为中国在20世纪50年代的工业化和随后的自力更生年代建立起一个相当整齐的工业基础。没有这个基础，改革开放后的经济发展将完全是另一个样子。

高增长阶段暴露出中国经济的许多问题。一些工业部门出现了严重的产能过剩；一些外向型的加工组装工业处于全球价值链的低端，在全球金融危机之后遭遇外部需求下降以及劳动力成本上升的冲击，等等。但与此同时，中国每年进口2000多亿美元的集成电路，中国汽车产销量世界第一却以加工组装外国品牌为主，民航干线飞机、机床数控系统等高新技术产品全部或大部分依靠进口。这些情况说明，生产率增长较低（粗放增长）的原因是中国工业主要生产低附加值的产品或从事低附加值的生产环节。因此，目前的经济增长失速、某些行业产能过剩、劳动力成本上升等问题，其实质是依赖技术引进、依赖外资、依赖廉价劳动力、忽视自主研发的经济发展模式已经走到尽头。

反过来说，生产率水平的落后，也恰恰说明中国经济仍然具有巨大的发展潜力，而实现这些潜力需要中国工业的普遍技术进步，尤其是需要在高生产率的技术和资本密集型部门或领域取得明显进展。这样的产业升级，首先需要中国工业体系向高生产率和高附加值活动转向，继而需要企业的技术突破和能力成长。这个过程需要一定的时间，更不能中断；但其效果，也将是巨大的和深远的。

把产业升级置于中心地位

近年来中国的经济政策，似转向以西方教科书为蓝本的、以抽象的自由市场模型为基础的思维框架。在这个框架下，中国经济的根本问题被定义为"失衡"，而失衡的原因被认为是强政府导致的投资驱动和粗放增长。投资成了万恶之源，而中国经济出现的所有问题都是因为市场化改革不到位。这种逻辑反映在经济政策上，就是要通过进一步释放市场机制，让中国经济实现平衡和自动升级。

上述逻辑不是从中国经济发展的实践中总结而来的，其最大的问题是使中国经济发展失去了方向感。在改革开放以来的 30 多年里，中国经济经历过多次危机，政府都以实事求是的处理方式加以化解：每一次危机都是通过政治领导层为经济发展提供新的方向和新的推动力而化解的。也正是在这个过程中，中国经济越来越市场化和全球化。中国 30 多年的经验证明，改革与发展是互为因果的：产业升级是经济发展的继续，改革则内生于升级与发展的过程。

但是这一次中国经济遭遇危机却没有人提供方向感——因为希望被寄托在市场机制的自发力量上。实践证明，市场机制的奇迹没有出现，反而是中国经济增长率一路下滑，甚至出现通缩现象。究其原因在于，这种经济政策没有为市场提供中国经济增长的新方向和新途径，反而让越发感到茫然的市场（企业群体）丧失了投资信心。

中国经济发展的方向，在于继续完成未竟的事业。有人以中国的工业就业比重已经达到较高水平为理由，认为中国已经完成或接近完成工业化的任务，这是一个错误的判断。中国完成工业化任务的标志只有一个：在工业生产率上接近或达到发达国家的水平（2010 年，中国的劳动生产率水平不到美国的 1/5）。如果中国在此之前就放缓工业发展并转向服务经济，一定会导致工业化过程的早衰,在发达国家保持技术进步的情况下中国却产生倒退,被迫在远离发达国家生产率水平的阶段就开始"去工业化"。

很明显,中国需要经历一个以产业升级为主要内容的发展阶段才能跻身发达国家行列。要真正完成工业化任务,中国就必须在已有成就的基础上继续经历一个工业生产率高增长的阶段,其内容就是以高强度投资和自主创新为手段,以竞争性企业为主体,实现在技术和资本密集型工业领域的广泛突破,从而带动基础广泛的产业升级。

从中国产业基础寻找发展"新动能"

产业升级需要发展新知识、新技术和新能力,但它们主要是通过企业的创新从现有的产业基础上产生。但是,这几年的经济政策似乎却是从中国的产业基础之外去寻找"新动能"。这事实上就是把中国工业看作是落后的、产能过剩的"旧动能"——这是产业升级重要性被忽视的重要原因。

这种思维与对待投资的态度直接相关。由于把中国经济出现问题的根源认定为是"投资驱动"造成的,所以主流经济学家提出的转型定义是:把经济增长的动力从依靠投资驱动转向依靠全要素生产率的提高。这个说法隐含的逻辑是把投资与生产率提高的关系对立起来——要推动经济转型,就应该实行不投资或少投资的紧缩政策。这一说法明显站不住脚。事实上,如果要推动经济增长向依靠生产率提高的方式转变,就应该加大、加快对带来更高生产率和更高附加值的新生产能力的投资。用于短期刺激的投资和用于长期结构调整的投资在政策上是可以区别的，也存在可以区别实施的手段。如果不加区别地不投资或少投资，就会阻碍中国工业的技术进步和创新。

那么，经济发展能不能从中国工业之外找到新动能？答案很肯定：不能，因为新动能只能在旧动能的基础上产生——围绕创新的活动必须依托现有的工业经验基础。

正是由于经济发展的新动能只能产生于中国已有的产业基础，所以产业升级才对未来的中国发展具有关键意义。如果我们真的重视产业升级，那么经济政策的重点就应该从做减法——如去产能和淘汰"僵尸企业"等，然后等待市场机制发生作用，转向做加法——引导、鼓励和支持中国工业沿着更高生产率和更高附加值的升级方向进行突破。

产业升级需要政治层次的领导力

中国的产业升级需要政治领导，即中国经济发展的方向应该由政府而不是市场提供。

关于中国经济的讨论，流行的思维方式是把政府与市场对立起来，市场是万能的，政府的作用必须被限制在最低程度。这种信仰来自西方教科书：在私有制的条件下，自由市场竞争与价格机制将导致市场均衡（市场出清），均衡代表社会效率的最优状态。于是，政府（通过干预价格机制和国有制）就成了对市场均衡力量的最大威胁。

但均衡理论不能解释进步是怎么发生的。事实上，从第二次世界大战结束到 20 世纪 90 年代中期的 50 年间，美国联邦政府的投入占美国全部研发（R&D）支出的 1/2~2/3。在美国研发投入的资源配置上，发挥决定性作用的不是市场，而是联邦政府。

重要的是，如果我们把经济活动的本质看作是人类社会通过自己的知识和能力利用自然资源以获得福利的过程，把知识进步和能力成长看作是经济发展的基本驱动力，那么政府和市场就同属于知识生产机制和经济协调机制的组成部分，二者的关系就不再是对立的，而是互补的。一方面，在经济发展过程中，由于产生新知识、新技术和新技能的机制是通过市场竞争的分工和专业化实现的，所以有用知识存量的增长及其应用的扩展主要是由企业承担的。但另一方面，任何单个企业都缺乏关于宏观经济、关于经济体系的发展趋势、关于基本社会矛盾（如能源、环境等）及有关调整政策的知识——所有这些知识都掌握在政府的手里。特定技术和工业领域的具体知识主要由企业所掌握，这说明政府不应该干预企业具体经营，应把精力集中于领导工业体系的演进。

在世界经济不仅存在市场竞争，而且还存在国家之间政治和战略竞争的条件下，中国经济发展的方向只能在政治层面上决定——中国是向消费和服务经济转型，还是向更高生产率的工业经济转型，决定着世界格局的演变方向和"中国梦"实现的可能性。也只有以政治决策为前提，才能产生连续一贯的政策。政治领导的作用不会阻碍市场机制的作用——因为它允许来自基层的创造性，而且也要通过竞争检验结果、奖优罚劣。这种框架关系的有效性其实已经为中国改革开放 30 多年的历史所证明：只要政策的大方向正确（政府的作用），人民自会创造奇迹（市场的作用）。

新经济新就业,激活居民增收动力

中国社会科学院人口与劳动经济研究所所长　张车伟

中央经济工作会议对当前我国经济形势做了权威判断:经济形势总的特点是缓中趋稳、稳中向好,经济运行保持在合理区间,质量和效益提高。这一判断无疑为我们实现全面建成小康社会的战略目标,确保到2020年城乡居民人均收入比2010年翻一番,增添了更强的信心。

新的发展阶段需要有新的理论指导。党的十八大以来,党中央初步确立了适应经济发展新常态的经济政策框架,做出了经济发展进入新常态的重大判断,形成了以新发展理念为指导、以供给侧结构性改革为主线的政策体系,引导经济朝着更高质量、更有效率、更加公平、更可持续的方向发展。当前和今后一个时期,促进城乡居民收入稳定增长,需要不断破解发展难题、增强发展动力、厚植发展优势,将创新作为发展的第一动力,以新理论引领新常态,推进供给侧结构性改革,坚持就业优先战略,将就业创业作为共享发展的重要内容，依托新经济、新就业激发城乡居民收入增长的内在动力，推动全面建成小康社会目标顺利实现。

激活收入增长的内生动力

居民收入增长归根到底是经济发展和就业增长的结果，实现城乡居民收入可持续增长离不开平稳较快的经济增长和就业增长。要围绕加快实施创新驱动发展战略，推动"大众创业、万众创新"，通过加快发展新经济，培育壮大新动能，推动新技术、新产业、新业态加速成长，着力振兴实体经济，创造新的就业岗位，确保居民收入稳定增长；不断激发全体劳动者的积极性、主动性和创造性，切实将收入提高建立在经济发展质量效益提升、劳动生产率提高的基础上，实现经济增长与居民增收互促共进。

依托新经济、新就业创造收入增长点。新经济、新产业、新业态在创造新就业、挖掘增收新渠道中可发挥重要作用。深入推进农业供给侧结构性改革，广辟农民增收致富门路，大力发展农产品电子商务，探索农业新型业态，鼓励农民共享一、二、三产业融合发展的增值收益，引导和支持贫困青年通过发展电子商务增收致富。鼓励龙头企业与小微企业创业者探索分享创业成果新模式，支持有实力的企业承担技术服务、信息服务等公共平台功能。

通过深化改革释放增收红利。改革是最大的红利，深化供给侧结构性改革成为降成本、提效益、增收入的重要途径，特别要在减税、降费、降低要素成本上加大工作力度,降低各类交易成本特别是制度性交易成本,提高劳动力市场灵活性,推动企业降本增效。通过改革激发创业动力和经营活力,降低创业成本,优化审批流程,及时为创业失败人员提供就业服务。加快消除各种隐性壁垒,鼓励民营企业家参与国有企业改革,减少对企业点对点的直接资助,增加普惠性政策,营造公平的竞争环境,降低劳动用工成本以及阻碍劳动力流动的制度成本。细化和落实承包土地"三权分置"办法,培育新型农业经营主体和服务主体,大力支持返乡创业,推进土地经营权入股发展农业产业化经营试点,赋予农民更加充分的财产权利。

打破关键群体的增收瓶颈

不同群体的人力资本水平差异较大,就业方式和收入来源结构不尽相同,收入增长的关键问题必然有所差别,激励方式和政策着力点也需要差别对待。明确以群体为对象、分群体施策的政策路径,尤其要重点抓住技能人才、新型职业农民、科研人员、小微创业者、企业经营管理人员、基层干部队伍、有劳动能力的困难群体等关键群体。

准确把握不同群体收入增长面临的主要矛盾和障碍,提出有针对性的应对策略和措施。比如,有些群体面临的增收困境是技能不足问题,尤其是难以适应全球化和经济转型升级的技能需求;有些群体自身属于高技能、高素质人才,但面临体制机制约束,难以发挥其潜在的生产率;有些群体具备良好的创新潜力,但受制于市场经营环境不健全。对此,应遵循"对症下药"的原则,针对每个群体找准政策切入点。如,对技能人才关键要完善多劳多得、技高者多得的技能人才收入分配政策;对新型职业农民关键要加大培育支持力度、加快职业化进程;对小微创业者关键要进一步降低创业成本;对科研人员关键要实现工资性收入、项目激励、成果转化奖励一体化激励;对企业家关键要完善产权保护制度、保护企业家精神、支持企业家专心创新创业;对基层干部队伍关键要完善工资制度;对困难群体关键要提升人力资本。通过"量身定做"的政策措施,既补硬短板也补软短板,既补发展短板也补制度短板,突破关键群体的增收瓶颈,在充分发挥他们带动能力和引领能力基础上,实现全体居民收入增长。

建立居民增收的支撑体系

促进居民收入增长需要全体劳动者的投入和经济的发展,但创造有利条件、促进居民增收离不开有效的政策和有为的政府。各级政府要深入贯彻治国理政新理念新思想新战略,把稳中求进工作总基调贯彻到促进城乡居民增收工作中,做到稳定大局、不断进取、奋发有为,要创新和完善宏观调控,推进政策协同配套,提高政策精准性和有效性,扎实地把各项决策部署落到实处,全面加强城乡居民增收的各类支撑条件。

从城乡居民增收的支撑条件来看,第一要强化基础支撑,通过促进就业从根本上解决收入之源;第二要加强能力支撑,通过强化技能培训提升劳动者人力资本;第三要加强托底支撑,通过建立社会保障安全网保障困难群体基本生活；第四要增加居民财产性收入，合理平衡劳动和资本的分配关系；第五要加强环境支撑，通过规范收入分配秩序营造公平的竞争环境；第六，还要加强技术支撑，通过完善收入统计监测系统为收入分配政策制定提供依据。

第五章
跨越中等收入陷阱

未来十年，从数量追赶到质量追赶

国务院发展研究中心"中长期增长"课题组

近年来，党中央、国务院推进供给侧结构性改革，抓好"三去一降一补"任务，加大了稳增长、调结构、促改革、惠民生、防风险的政策力度，经济增长总体平稳，新旧动力转换和结构调整步伐加快。同时，我们必须正视所面临的挑战和风险。

重大转折性变化集中出现

一些重大转折性变化集中出现或得到确认，这对于判断中国经济转型再平衡进程，展望中长期发展趋势具有重要意义。

一是2013年城镇户均住房已超过一套，新竣工面积出现峰值，2015年为负增长（–0.7%）。

二是主要工业产品产需临近历史峰值。2015年，钢铁消费同比下降0.7%，水泥产量下降4.9%，发电量下降0.2%，均为1978年以来罕见。千人汽车保有量超过110辆,汽车发展进入相对低增长期。

三是劳动力供给峰值确认。15~59岁劳动年龄人口,2012—2014年每年降幅超过300万人,15~64岁年龄段人口在2013年达到10.06亿的高点。

经济结构深度调整

第三产业占比2015年首次达到50.47%(其中金融业比重上升明显);第二产业占比2015年降至40.53%,其中重化工业降幅较大,与消费升级密切相关的部门效益较稳定(如通信设备制造、信息及金融等服务业)。

由于总体需求回落,特别是重化工业"加速原理"的作用,出现严重产能过剩问题。估计钢铁、煤炭等行业的过剩产能在30%以上。这直接导致两个后果:一是PPI持续负增长,二是工业企业利润自2014年下半年后持续下降。

随着主要工业产品需求临近或达到峰值,行业竞争格局进入存量调整阶段,兼并重组案例大幅增加。但总体看,重化工业去产能并不顺利。

随着劳动力等要素成本的变化,以及能源和制造业技术的不断进步,全球制造业布局正在调整,中国的劳动密集型生产环节加快向外转移,加工贸易订单不断流失。目前新兴部门的成长尚不足以对冲传统部门的下降。

地区间经济增长态势明显分化

一些地区新兴产业发展壮大,对人才和资金的吸引力加强。

如广东和浙江 2015 年增长率为 8% 左右，而辽宁和山西经济增速仅为 3% 左右。

互联网、高速公路和高铁网络等基础设施的完善，密切了区域间联系，有助于促进创新资源的集聚，提升专业化水平，实现城市和地区间协同发展。

财政收入增速放缓，债务违约事件增多

全国公共财政收入，2015 年为 15.22 万亿元，增速放缓至 8.4%，同口径比上年仅增长 5.8%；地方土地出让收入 3.25 万亿元，同比下降 21.4%。同期全国公共财政支出同比增长 15.8%（较上年增长率增加 7.6%）。

伴随经济回落和结构调整，债务违约事件增多，银行不良率上升，债务风险显露。企业债务占 GDP 比重，2015 年已超过 120%。由于有刚性兑付和隐性担保，债务化解没有取得实质性进展，其中钢铁、煤炭、房地产等行业可能成为重灾区。银行放贷将更加谨慎，加大经济下行压力。

消费类贷款增幅 2015 年超过 20%，2016 年家庭负债占 GDP 比重约升至 39% 左右，政府部门总债务占 GDP 比重接近 60%。

因实体投资回报率下降，2013 年以来杠杆资金先后涌入影子银行、股市和债市，2015 年两融等杠杆资金入市推动股价快速上涨，形成自我反馈放大机制。2015 年 7 月股市大幅震荡之后，大量资金为避险进入债市，并出现所谓"资产荒"。为了追求较高回报，不少投资机构提高了杠杆倍数，债券市场也出现了一定的泡沫迹象。

人民币进入贬值通道

受美联储加息和国内货币政策宽松预期的影响，人民币进入贬值通道。"8·11汇改"后，人民币大幅贬值（美元对人民币汇率2015年初为6.2左右，年末为6.55），外汇资金持续大幅外流。当年金融机构的外汇资产累计减少2.8万亿元，货币当局外汇占款累计减少2.2万亿元。资本账户逆差规模不断扩大。2015年结售汇逆差累计4600多亿美元，外汇储备余额减少5126亿美元。因人民币汇率形成机制不灵活，货币政策独立性不够，资本短期内过快流出，增加了国内金融管理的难度，加大了国内资本市场和房地产市场波动的风险。

中国经济对国际经济的影响力和互动效应明显增大

由中国发起的亚洲基础设施投资银行2015年正式成立，金砖国家新开发银行在上海开业，人民币纳入特别提款权货币篮子（人民币占10.92%权重，仅次于美元和欧元）。中国经济对国际经济的影响力和互动效应都明显增大。现我国每年对外投资超过1000亿美元，海外资产存量超过6万亿美元。宏观经济政策的制定，必须充分考虑和应对我国不断增大的外溢效应的正反两面因素。

全球经济2016年仍维持"低增长、低通胀、低利率"态势。主要经济体的宏观政策取向分化。中国对大宗商品的需求已达到高峰，美元处在上升通道，继续对大宗商品价格上涨起到抑制作用。

经济由高速增长平衡转向中速增长平衡

当前中国经济依然面临着大的下行压力。底在何处，从高速增长降落后前景如何，是"十三五"直接面对的关键问题。

增长阶段转换的条件

经济增速回落的背后，是经济结构、增长动力和体制政策体系的系统转换，也是增长阶段的转换。能否实现由高速增长的平衡转向中速增长的平衡，取决于三个条件。

一、高投资触底。从需求角度看，以往的高增长主要依托于高投资，其中基础设施、房地产和制造业投资可以解释总投资的 85% 左右。制造业投资又直接依赖于基础设施、房地产和出口。基础设施投资增速已回落，出口从以往 20% 以上的增长转为 2015 年的负增长。房地产 2014 年触到历史需求峰值后快速回落，2015 年增长趋近于零。房地产投资增长触底，将意味着全部投资，乃至整个经济增速探明底部。

二、去产能到位。随着高投资增速回落，供给侧开始调整，但部分行业（主要是重化工业）调整较慢。相比之下，出口行业增速由 20% 以上降为负增长，也遇到订单减少、负担加重等问题，部分工厂关闭破产，有些移至外地。但该行业以民营和外资企业为主，用工制度灵活，调整较快，有的干脆"一跑了之"。对国有企业而言，人、债、资产重组等均为难题，这在很大程度上是一个深化改革的问题。

三、新动力形成。这是指那些新成长起来的增长领域，主要有以下三类：一是新成长产业，主要是信息服务、物流、医疗、文体等生产和消费性服务业，以及新技术产业；二是产业转型升级，如机器替代人工、绿色发展等；三是创新产生的新增长点，如网购及其所带动的相关行业。

这些"新经济"的增长，可能出现挤压原有增长空间的情况（如网购发展将伴随传统商业放缓，机器人上岗将伴随人员下岗），难免会引起利益关系的冲突和重组。但有效运用新技术、新机制、新商业模式，提高生产率的趋势，终究是不可阻挡的。

新旧动力的不对称性值得关注

新动力的另一个来源是"老经济"加新机制。一个经济体要提高竞争力，必须解决国内原有相对封闭领域的市场开放问题，纠正资源错配、提升效率大有文章可做。

需要关注的一个问题是新旧动力的不对称性。尽管还有新产业涌现，但像房地产、钢铁、汽车等能够将经济推向高速增长的大型支柱产业，基本上找不到了。所谓"战略性新兴产业"占工业的比重，2015年尚不足10%，其中有的也已出现严重产能过剩，如光伏发电行业。概括地说，结构调整正处于转型期，新动力能够提高效率、提升增长水平，但远不足以抵消原有动力的下降，更重要的体现于发展模式、效率和质量的转换。

上述三个转换条件逐步形成后，中国经济这一轮大调整将可能呈现双重底部：一个是"需求底"，随着房地产以及全部投资增速趋稳，这一底部可能在最近一两年出现；另一个是"效益底"，即供给侧调整到位，主要指标是PPI止跌回升，工业企业

表 5-1 中国未来 10 年经济展望

	2015 年	2016 年	2017 年	2018 年	2019 年	2020 年	2025 年
GDP（现价人民币，亿元）	676 708	720 666	789 707	865 441	947 841	1 036 198	1 549 637
GDP（现价美元，亿元）	108 649	110 872	123 392	137 372	150 451	167 129	267 179
GDP 增长率	6.9%	6.5%	6.6%	6.6%	6.5%	6.3%	5.1%
就业增长率	0.3%	−0.2%	−0.2%	−0.2%	−0.2%	−0.1%	−0.3%
人均 GDP（现价人民币，亿元）	49 351	52 360	57 185	62 420	68 111	74 211	109 815
第一产业	9.0%	8.7%	8.3%	7.9%	7.5%	7.0%	4.7%
第二产业	40.5%	39.2%	38.1%	37.2%	36.3%	35.4%	31.3%
服务业	50.5%	52.1%	53.6%	54.9%	56.2%	57.6%	64.0%

盈利增速由负转正，并保持在适当水平，这取决于去产能的力度和进度，有一定的不确定性。如果"效益底"明显滞后于"需求底"，经济有可能进入"低效益、高风险"的陷阱。避免这种不利局面，短期内关键是加快供给侧结构性改革，促使 PPI 和工业企业利润止跌回升。

由数量追赶到质量追赶

从长期发展看，目前中国经济正处于高速增长期（历史需求峰值期）结束，与成熟增长期（发达经济体所处阶段）到来之前的中速增长阶段。这一阶段的特征是：通过提升增长质量，实现中速增长，缩短与先行者的距离。与此相适应的发展条件、体制和政策环境将会发生很大变化。

发达经济体已实现需求的更新支出，如现有基础设施的维护等成为需求的主要部分。与此相比，中国目前至少还多出两方面需求：一是高收入阶层已经实现，但中低收入阶层尚未实现的需求；二是消费结构升级，重点是服务性需求比重上升。这两种需求，加上存量更新需求，构成了中速增长期的主导性需求。

所谓质量提升，主要还是追赶型的，要把主要精力放在学习、吸收和上台阶上。应当采取更为开放且选择性更强的政策，鼓励支持那些有助于质量提升的"引进来""走出去"活动。能拿过来还是要先拿过来，以降低成本、缩短周期。

在现有的情况下，需要有针对性地解决好以下几个突出问题。

一是纠正资源错配。目前行业之间依然存在着较大的生产率差异，这表明要素流动不畅、配置欠佳，通过深化改革纠正资源错配，仍可释放出有利于提高效率的投资需求。

二是激励产业升级。包括发展新兴产业，在已有产业中采用新装备、新技术，由低端制造转到高端制造，加大设计、研发、品牌等元素的比重，推进专业化分工协作关系的深化、产业集中度的适当提高，全面提升人力资本质量，从行业标准到工匠精神，全面推动精致生产的制度和文化建设。

三是营造创新环境。让更多的人参与创新，提高创新试错过程中的成功概率，形成有利于市场发挥作用、能够吸引到更多创新要素的体制和政策条件。

需求要点

房地产投资

2011年是城镇住宅新开工的高点（14.6亿平方米），此后负增长态势持续至今。2015年房地产投资规模6.46万亿元，投资增速回落至零附近。当年新开工10.7亿平方米，施工51.3亿平方米，竣工7.4亿平方米，分别比上年下降14.6%、0.7%和8.8%；商品房销售11.2亿平方米，较上年增加6.9%。

2015年商品住宅可售面积同比增长11.2%，增速较上年下降14.4%。其中北上广深等重点城市去库存速度较快，其他地方的库存同比增长接近14%，高库存压力仍然突出。

2015年，我国城镇化率接近56%，城镇常住人口约7.7亿人，2.7亿个家庭（按户均2.85人）；城镇住宅总面积约225亿平方米，2.6亿套（套均86平方米），每户城镇常住家庭已拥有近1套住宅。

预测2024年，全国人口总数达14.2亿。未来10年，城镇常住人口年均增加1700万，2025年城镇常住人口约9.4亿，3.4亿个家庭（按户均2.75人），城镇化率66%；按每户1.05套和套均面积92平方米推算，大致需要3.5亿套住宅，320亿平方米。届时人均住宅建筑面积超过34平方米。

按此需求推算，未来10年，住宅净增数量不足1亿套。再考虑到折旧拆迁、城镇规划扩围带来的住宅增加等因素，预计需要建设1.15亿套住宅。已在建城镇住宅面积50.3亿平方米、4500万套（按套均105平方米，扣除6%不可销售数），未来10年每年所需住宅新开工水平不足1000万套，住宅投资平均增速可能为负。

从短期看，金融条件变化对住宅需求扰动较为明显。"十三五"期间，住房政策需要从总量和结构着手，提高新增城镇常住人口的居住质量，同时要防范房地产泡沫风险。

基础设施投资

2011年，基础设施建设量已达到峰值，尤其是东部沿海城市的基础设施建设已经或接近饱和，投资回报率下降较快。

2015年，我国基础设施投资13.13万亿元，名义增幅17.29%，增速比上年低3个百分点。其中，铁路公路水路固定资产投资共 2.67 万亿元,同比增长 5.5%。铁路投资 0.82 万亿元,投产新线 9531 公里（含高速铁路 3306 公里）；公路建设投资 1.65 万亿元（高速公路 0.79 万亿），同比增长 6.8%。

因公共财政收入增速放缓，地方财力萎缩，限制了一些重大项目的及时开工和运行。

表 5-2 中国交通和通信基础设施实物量及预测

	2010 年	2015 年	2025 年（预测）
铁路营运公里数（万公里）	9.12	12	14.93
公路营运公里数（万公里）	400.82	450	520.73
每百人手机拥有量	55.39	69.42	82.23
每百人电话主线拥有量	28.95	37.01	41.73
基础设施投资占比	0.17	0.14	0.14
基础设施资本存量占比	0.15	0.13	0.11

表 5-3 中国铁路和公路密度　　（单位：公里/万平方公里）

年份	铁路密度	公路密度	年份	铁路密度	公路密度
1950	23.13	103.75	1990	60.31	1071.15
1960	35.31	531.25	2000	71.56	1749.79
1970	45.52	663.23	2010	94.98	4175.21
1980	55.52	925.31	2015	125.13	4768.42

根据 2014 年国办（43）号文，取消了地方政府融资平台，PPP 等新的投融资模式刚刚起步。居高不下的地方债务需要尽快化解。中央财政向地方下达置换债券额度以偿还到期地方政府债务本金等措施，短期还难以替代地方融资平台的作用。

地方基础设施投资过度依赖土地出让收入和抵押贷款。由于各类成本性支出增幅提高,地方政府可支配的土地出让净收益占本级财政收入的比重,从 2010 年的 35% 下降到 2014 年的 17%。土地出让支出中,用于基础设施支出的比重也不断下降。

2000—2012 年,地方政府基础设施银行贷款中,国家开发银行的政策性贷款约占 30%。商业银行对基础设施的贷款周期平均只有 3~5 年,但基础设施项目还款期限一般设定在 8~10 年,这样银行短期内很难收回贷款,容易产生流动性风险。

基础设施投资达到峰值后,庞大的资本存量将进入更新和换代阶段,届时用于维护更新原有存量的费用,将超过新增投资水平。东部地区的传统基础设施(基础交通、传统能源和通信)水平已接近或部分超过了发达国家水平。整体看,我国传统基础设施新增投资需求空间,没有想象的那么大。

"十三五"期间,新兴基础设施将成为重点投资领域,包括新能源、信息、节能环保以及公共服务等行业,这将是基础设施建设的着力点和新重点。

出口

发达国家经济在 2008 年金融危机后,已连续多年在零增长左右徘徊。中国的出口增速在 2010—2011 年报复性反弹(20%以上)后大幅下滑,2012—2014 年分别降至 7.9%、7.8% 和 6%。2015 年,中国以美元计价的货物出口下降 2.8%(其中加工贸易出口降 9.6%,一般贸易微增 1.5%),是 2008 年以来第一次负增长。其中对欧盟出口降 3.9%,对日本出口降 9.2%,对东盟、韩国分别增长 2.6% 和 1.1%，对俄罗斯和巴西分别降低 35% 和 22%。

2015 年，受大宗商品价格大幅下跌和主要经济体汇率贬值的影响，全球贸易大幅萎缩，这是中国出口负增长的直接诱因。当年全球货物进口同比下跌 13%，为 2009 年以来首次（2009 年下跌 24%）。欧元和日元对美元大幅贬值，导致欧元区和日本以美元计价的进口额下降，从而相应减少了从中国的进口。

比较 2013 年中美两国的制造业利润可知，中国制造业相比美国，规模更大，但效率较低。两国制造业总的利润率分别是 6.1% 和 7.4%，但在 22 个可比的行业中，中国在 16 个行业的利润率都低于美国同行。在钢铁及有色金属、机械、电器设备、服装行业，中国的利润率分别相当于美国的 60%、77%、80%、72%。在利润率高于美国的 6 个行业中，只有汽车是典型的资本技术密集行业，其他为家具、食品、纺织和非金属矿产品。中国汽车零部件进出口贸易为顺差，但整车为逆差，所以说中国汽车行业有较强的国际竞争力、美国的制造业已经衰落，还为时尚早。中国制造业在技术含量和生产效率的提升方面还有很大的追赶空间，货物出口结构仍然存在巨大的升级潜力。

供给要点

就业

2012—2015 年，尽管经济增速下降，每年新增就业人数均在 1300 万人左右。2015 年就业形势总体平稳，部分地区和行业就业压力加大。在重化工业部门和资源型产业集中的地区，一些重点企业经营困难，靠贷款维系日常营运，员工轮岗、待岗和工资拖欠现象突出。加工贸易、房地产和基础建设部门就业岗位减少，对农民工群体造成较大冲击。2016年企业用工更趋谨慎。据抽样调查，表示要减少用工的企业达27.8%，隐性失业可能显性化。

就业岗位需求减少的部门有：制造业（–13.5%），建筑业（–23%），批发零售、住宿餐饮业（–9.0%），房地产（–15.3%）。由于电子商务和物流行业的快速增长，交通运输仓储和邮政业的岗位需求增长20.8%，信息传输计算机服务和软件业的岗位需求增长5.9%。

就业人员素质逐步提高。2015年城镇新增就业人员中，大学毕业生占57.1%，比2012年提高3.4个百分点。57.5%的市场求职者具有一定的技术等级或技术职称（2015年第4季度数据）。

2012—2014年，15~59岁劳动年龄人口分别比上年减少345万、227万、518万。预计劳动年龄人口，将从2015年的9.33亿，下降到2020年的9.23亿，平均每年减少约200万人。从业人员中45岁及以上劳动力，1990年占21.1%，2000年29.2%，2010年35.0%，2014年已接近40%。中老年劳动力所占比重明显增加。

近几年就业形势能够稳定，主要是因为劳动力总体供需形势发生了较大变化：一是经济增长的绝对规模和就业需求总量仍然不低；二是我国劳动年龄人口从2012年起逐年减少，未来10年这一趋势仍将继续。由于产业结构调整和自动化扩大的趋势，部分制造业的就业机会将会减少，但只要经济保持稳定增长，就业形势仍可保持基本稳定。

科学技术与创新驱动

金融危机以来,美、德等国提出"重振制造业",促进制造业回流,加大支持创新,这对我国是个重大挑战。

我国创新驱动战略正在全面推行。2012年全社会研发投入突破1万亿元,2015年达1.4万亿元,研发投入强度达到2.1%。根据经济合作与发展组织按不变价格和购买力平价折算(2013),我国全社会研发投入总额已达到美国的73%,规模以上工业企业的研发投入强度持续提高,研发效率和创新回报率进入上升通道。近年来我国创新发明专利有效数和高技术产业利润总额逐年增加。

表5-4 危机前后工业企业创新能力比较:规模指标

大类	指标	2000年	2008年	2013年
资金	规模以上工业企业研发经费(亿元)	489.7	3 073.1	8 318.4
	技术改造经费支出(亿元)	1 291.5	4 672.4	4 072.1
专利	发明专利申请数(件)	7 970	59 254	205 146
	发明专利有效数(件)	15 333	80 252	335 404
新产品	新产品研发支出(亿元)	529.5	3 676	9 246.7
	新产品销售收入(亿元)	9 369.5	57 027.1	128 460.7
高技术	高技术企业数量(家)	9 758	25 817	26 894
	高技术主营业务收入(亿元)	10 333.7	55 728.9	116 048.9
	高技术产业出口(亿元)	2 388.4	31 503.9	49 285.1
	高技术产业利润(亿元)	673.5	2 725.1	7 253.7
	高技术产业研发经费(亿元)	111	655.2	1 734.4

资料来源:《中国科技统计年鉴》(2001,2009,2014)

在具有引领作用的若干重大领域，国家将进一步加大创新投入，以局部技术突破带动全局发展。2006年以来我国相继实施了16个国家科技重大专项，"十三五"将全面完成。2014年年底，国家成立了1300亿元的集成电路产业投资基金，2015年支持紫光等国内龙头企业兼并重组，依托华为的手机终端业务，海思从2012年开始已成为国内最大的集成电路设计企业。2016年中国航空发动机集团有限公司正式组建，整合研发制造资源，推动航空发动机的技术追赶。

创新激励政策渐成体系，鼓励创新将成为各类公共政策的重要目标。产业政策的着力点，应放在鼓励高端产业和淘汰低端落后产能。创新性行业将面临更广阔的增长空间。

产业

农业

目前我国农业面临的主要问题是，大宗农产品国内国际价格严重倒挂，农业生产成本上升且效益低，农产品库存压顶，国家收储代价巨大。

近几年，粮、棉、油、糖、肉等大宗农产品的国内国际价差，一直保持在较高水平。

玉米：国内国际价差长期在1000元/吨左右，2015年降低临时收储价，现货价降至2062.19元/吨（2015.10.16），同期玉米进口到岸完税价为1601.97元/吨，差价460元/吨。

小麦：国内国际价差 800~1300 元/吨，2015 年 10 月国内价下降，比国际价高 900 元/吨以上。

稻谷：2012 年以来国际国内价差 2800 元/吨左右，2015 下半年后价差 1300 元/吨左右。

猪肉：2011—2015 年国内价在 24 元/千克上下波动，同期进口价 12 元/千克左右。国内猪粮比价长期低于 6.0 保本点。能繁母猪快速减少，导致生猪供给减少。

棉花：2014 年实施临时收储政策后，国内棉价从 2 万元/吨降至 1.2 万元/吨，同期进口棉花从 1.3 万元/吨降到 1 万元/吨，价差 2000 元/吨左右。

大豆：大豆进口早已放开，关税为 3%，国内外价差在合理水平，2014 年进口大豆 7140 万吨，2015 年进口 8169 万吨。

白糖：2015 年 10 月，国内白糖价格比进口价高 3050.29 元/吨，是进口价格的 2.45 倍。

农业人工成本、物资费用逐步上升。2014 年三大主粮生产净利润为：稻谷 204.83 元/亩，小麦 87.83 元/亩，玉米 81.82 元/亩（2015 年玉米亩收入为 –19 元/亩）。同年除粮食之外的大宗农产品生产几乎全亏损。

农产品库存压顶。2015—2016 年度，三大主粮库存合计 2.54 亿吨，创历史最高纪录。小麦、玉米库存消费比分别为 52.5%、87.09%。按粮食安全标准，合理的库存消费比是 17%。

粮价支持政策推动粮食产量增长。2010 年以来，三大主粮总产量从 4.25 亿吨提高到 5.01 亿吨。因国内外高价差，进口逐年增加。2010 年三大主粮进口合计 331.39 万吨，2015 年小麦玉米两项进口共 770 万吨。

2010—2015 年，三大主粮产量和进口量合计，从 4.29 亿吨提高到 5.14 亿吨。同期三大主粮消费量从 4.53 亿吨上涨到 4.74 亿吨，保守估计，粮食库存增加量或将超过 1.4 亿吨。

棉花自 2011 年实施临时收储政策，国内外棉价差距拉开，棉花、棉纱大量进口。2010—2014 年进口棉花分别为：283.7 万吨、336.3 万吨、513.5 万吨、414.7 万吨、243.9 万吨。实行棉花进口配额后，棉纱进口从 2011 年的 90.5 万吨增至 2015 年的 234.5 万吨。2015 年末棉花库存 1196 万吨，库存消费比达 163%（世界平均 51%）。

这些年，我国实际上是以举国之力为世界农产品市场托底。我国农业生产处于两难困境。如降低农产品支持价格以减轻收储压力，将打击农民种粮积极性，影响粮食安全。如保持或提高农产品支持价格，则收储补贴成本巨大，土地和水资源透支，不利于农业可持续发展。

表 5-5　2016—2025 粮食和部分农产品消费量和产量预测　（单位：万吨）

年份	粮食 消费量	粮食 产量	肉类 消费量	肉类 产量	禽蛋 消费量	禽蛋 产量	水产品 消费量	水产品 产量	棉花	油料
2016	61 549	61 508	9 806	9 379	3 118	3 087	7 183	6 989	528	3 665
2020	63 852	58 193	10 653	10 092	3 429	3 389	8 633	8 372	574	3 840
2025	65 697	61 702	11 208	10 842	3 680	3 712	9 835	9 804	693	3 981

注：作者根据 Wind 资讯数据进行预测

制造业

2015年，规模以上制造业企业增加值同比增长7.0%（按可比价），增速较上年下降2.4个百分点；其中有色、化纤、计算机通信及电子设备制造等行业增速保持两位数，石油化工、医药、食品等行业的增速高于平均增速。纺织、家具、汽车等运输设备为6%~7%，通用及专用设备、服装等在5%以下。企业实现利润5.56万亿元，同比增长3.48%，增速较上年下降2.51个百分点；主营业务收入利润率为5.63%，低于其他行业。煤炭、铁矿石、油气开采、建材、钢铁、有色六大行业利润总额累积同比下降超过40%（一个重要原因是全球大宗原材料价格持续三年下降）。

制造业当年完成固定资产投资1.8万亿元，名义同比增长8.1%，增速较上年下降4.9个百分点。

自2012年以来，我国制造业发展进入下降通道，企业面临较大困难。至2015年年底，PPI已连续46个月负增长，主要工业品实际价格已跌至20世纪90年代中期水平；其中煤炭、钢铁、铁矿石、石油、石化五大行业的出厂价负增长幅度达20%左右，对全部工业PPI负增长的影响达到80%左右。加之工资收入增幅持续高于工业品出厂价格，企业效益下滑，亏损面扩大，债务负担加重。企业缺乏投资意愿，隐性失业显性化风险突出。

2015年去产能步伐迟缓的因素：地方政府出于保增长、税收和就业的考虑，希望别人减产能，自己不减；银行不希望不良贷款显性化；企业资产重组、债务处理、员工安置、企业办社会等问题涉及复杂关系。但问题久拖不决，将拖累企业盈利增长，还要不断增加信贷和财政资源维系亏损企业的日常经营，给全局带来不利影响。存量调整的重要性日益突出。要冲破不利于行业兼并重组和区域调整的体制机制障碍。

当前全球产业正经历重大变革。我国重化工业已越过发展高峰，随着工资上涨和资源环境限制日趋严峻，如何重塑我国制造业的竞争优势，这是关系国民经济长远健康发展的重中之重。

能源

2015年，我国能源消费总量43.0亿吨标煤，比上年增长0.9%。其中煤炭下降3.7%，石油增长5.6%，天然气增长3.3%，电力增长0.5%。能源需求增速大幅下降的原因，一是用能效率提升，二是重化工业大幅下降。

2015年能源生产总量为35.8亿吨标煤，同比下降0.5%。其中，煤炭产量36.8亿吨，降3.5%；原油21 331万吨，增长1.8%；天然气1350亿立方米，增长5.6%；电力装机达14.7亿千瓦，增长7.5%。能源进口7亿吨标煤，其中石油3.3亿吨，天然气614亿立方米。石油对外依存度超过60%，天然气对外依存度超过30%。我国能源供应安全形势值得注意。

"十三五"期间，能源需求增速预计在3%左右，比"十一五"（8.4%）和"十二五"（4%）的增速进一步下降。同时结构优化步伐加快，预计2020年煤炭消耗占比将下降到60%以下，而天然气、非化石能源上升至10%和15%。

服务业

2015年，服务业实现增加值34.16万亿元，同比增长8.3%，增速比第二产业高2.3个百分点，占GDP比重达50.5%，预计2016年服务业增加值比重在52%以上。

随着生活水平的提高，人们的消费更多地转向服务消费，互联网起到显著的助推作用。从线上推广到消费者反馈的闭环正在形成，终端设备商、通信运营商、内容服务商之间的跨界互动活跃，移动支付应用场景的拓展，以及与社交平台、金融业务的融合发展，激发出巨大的消费能量。

国内旅游突破40亿人次、旅游收入3.4万亿元；出境旅游近1.3亿人次、境外消费1.5万亿元，规模名列世界第一。文教娱乐消费规模持续扩大。预约打车、餐饮外卖、远程医疗等消费增长迅猛。

我国服务贸易规模已居世界第二。2015年服务出口2881.9亿美元、进口4248.1亿美元（同比分别增长9.2%和18.6%），其中市场采购贸易、跨境电商等新业态蓬勃发展。全年服务进出口总额占对外贸易总额的15.4%。

我国低端、同质化服务明显过剩，生产性服务、流通性服务明显不足，部分知识和技术密集型服务严重依赖进口，逆差逐年增加。发达国家物流业正在向多样化和专业化方向发展，运输中介、设施运营等新兴物流业快速发展，我国在这方面发展还不充分。2014年，旅游、运输、保险服务和专有权利使用费和特许费的逆差，分别是1079亿、579亿、179亿、220亿美元。由于精细、高品质的服务供给短缺,致使很多服务消费流失到境外。

金融监管

随着金融管制放松,金融跨业和跨界融合日趋丰富,大量金融创新和金融业务游离于传统金融领域之外。

(1)随着直接融资市场的发展,微观主体金融需求的多元化,以及金融创新、放松管制和金融业竞争的加剧,金融业逐步从以产品为中心转向以客户为中心,金融综合化经营具有深刻的宏微观基础。

(2)互联网金融大发展,改变了金融的实现形式,丰富了金融市场,降低了信息成本和交易成本。互联网、大数据和复杂计算技术实现了金融的精确营销,改变了市场信任基础。互联网的去中心、去中介和跨界特点,规避了原有的金融监管,同时也实现了跨市场融合。

第三方支付与网络货币,实现了从传统金融向互联网金融转换,是互联网金融体系的基础,成为实现电子交易中资金流与信息流高效匹配的中介服务机构,并在网络社会与央行法定货币竞争。

互联网金融的基本业务模式是P2P(点对点)网络借贷和股权众筹。前者是指(个人)利用网络平台实现资金借入和借出的撮合、资金转移以及记录;后者是指项目筹资者借助众筹融资平台发布项目信息,寻找并获得项目出资者的出资。

随着互联网金融参与者增多,专业分工不断深化,延伸出多类业务。出借方出现专门的互联网理财和各类搜索引擎网站,需求方则出现互联网征信等业务，市场上还出现了提供各类交易软件的服务提供商。

（3）银行脱媒与表外、"表表外"业务的快速发展。我国直接融资市场快速发展，以银行为主的间接融资在整个金融体系中的占比不断下降。2015年，人民币贷款余额占社会融资总量余额稳定在67%左右。当年底，股票市场流通市值41.79万亿元，债券市值36.76万亿元。

2015年底，银行表外融资业务（信托贷款、委托贷款和未贴现银行承兑汇票）余额21.17万亿元。截至2015年9月，各类资产管理余额32.69万亿元，比上年底增长64%。

（4）非法集资案件频发，尤其在互联网金融领域。2015年11月份，P2P平台公司数量达3769家，累计交易量8485.57亿元，待还金额4005亿元，但问题平台已达到1157个。以负债支撑金融扩张的"庞氏骗局"广泛存在。

目前我国金融监管体制的问题，集中体现在监管"空白、重叠和错位"上。由于监管部门职责划分不清，导致"三不管"地带和监管重叠区域大量存在，这是金融综合经营和金融创新发展的结果。缺乏风险管理，带来系统性金融风险；监管标准的不统一，加重了金融机构的负担，也可能导致无序发展。监管资源和能力不足，也影响了我国金融监管机构的执行力。

中国经济：新常态，新举措，新希望

中国人民大学校长、著名经济学家　刘伟

中国经济增长面临新的挑战

中国宏观经济变化正在呈现的最主要特点，可以用"新常态"来总体表述。宏观是总量，经济总量如果发生问题，突出的矛盾就是经济总量失衡，失衡主要有两种表现：一种是总需求大于总供给，过多的货币追逐供给不足的商品，由此带来通货膨胀；另一种失衡是总需求小于总供给，过多的商品追逐供给不足的货币，由此产生销路不畅，经济萧条，并带来就业问题。宏观经济失衡最典型的表现，一是高通胀，二是高失业。

（一）新常态下的新失衡

改革开放 30 多年来，中国的宏观经济失衡大致经历了三个阶段：

第一个阶段，从 1978 年到 1998 年上半年，宏观经济失衡特点为"需求膨胀，供给不足"。当时长期处于经济短缺状况。因此宏观经济政策的主要问题就是防止通货膨胀。改革开放以来，中国发生了三次大的通胀，都是发生在 1998 年以前。尽管原因各不相同，但是根本原因就是一个，那是一个短缺的年代，需求膨胀，供给不足，稍有风吹草动就发生抢购，造成需求拉动的通货膨胀。

第二个阶段，从 1998 年下半年到 2010 年年底，宏观经济失衡的特点是"需求疲软，产能过剩"。1998 年那一轮产能过剩集中在工业消费品方面，短缺经济时期，乡镇企业生产的大量传统工业消费品面临产能过剩和淘汰，需要有新的结构升级。2008 年金融危机，出口大幅下滑，内需不足，很多工业投资品产能过剩，增长动力不足，失业问题凸显。1998 年之后的几年，总计 3600 多万国有企业职工下岗，1/3 乡镇企业倒闭，大量农民工被迫返乡，实际原因是增长动力不够。2008 年以来，受全球金融危机影响，经济下行。中国采取了和此前不同的宏观经济政策，不再是紧缩，而是扩张，特别是扩大内需。

1998 年，中国提出"积极的财政政策，稳健的货币政策"，应对经济衰退。2008 年，中国提出"更加积极的财政政策，和适度宽松的货币政策"，更强有力地刺激经济，寻求经济增长的新动力。

第三个阶段，2010 年以来，中国宏观经济失衡特点为"既通货膨胀，又经济下行"。在这个新常态下，中国宏观经济失衡出现了新的现象，既有通货膨胀的压力，又有经济下行的威胁，呈现出双重风险并存。

前两个阶段，虽然经济增长失衡很严重，但是方向清楚。第一个阶段的应对之道是"紧缩"；第二个阶段的应对之道是"扩张"，政策方向和目标也很清晰。而现在双重风险同时发生，宏观政策既不敢扩张，也不敢紧缩。若是扩张，全面刺激经济，有利于遏制经济下行，但有可能把潜在的通货膨胀激活。若是紧缩，有利于遏制通货膨胀，可是加剧了经济下行。

我们是发展中国家，确实遇到了发达国家一直到现在都还没有解决好的问题。虽然我们用"双重风险"来表述，但是和"滞胀"的内涵是一样的，表明我们在新常态下遇到新的失衡，应对系统性风险将是我们面对的新的挑战。

（二）产生双重风险的根源

从 20 世纪 60 年代以来，西方国家普遍出现了滞胀，虽然从 20 世纪 70 年代以来，这些国家采取了多种措施进行治理，但仅在短期上有一定缓解，长期累积的弊端非常严重。2008 年爆发了全球性金融危机，导致 2009 年全球首次出现负增长。过去多次发生周期性危机也没有出现这种情况，这应该是历次全球性危机中最为严重的。这就说明，西方经济学并未给发达国家找到有效的发展和治理的药方。

全球性金融危机后，我们也出现了较为严重的双重风险问题。

第一重风险：潜在的通胀压力，根源是投入产出结构失衡。

表面上看，这是总量问题，是一个经济速度快慢的问题，是经济下行与通货膨胀的问题，但深层次却是一系列矛盾导致的结构性失衡。从 PPI 来看已经 45 个月为负，这是典型的通货紧缩。从 CPI 看，2013 年以来一直稳定在 3% 以下，很多时候降到 2% 以下。一个国家的 CPI 如果降到 2% 以下，货币政策不应再是治通胀，而是防通缩。但是我们的货币政策对于治理通缩非常谨慎，因为中国经济存在潜在的通胀压力非常大。通货膨胀的两个主要原因——需求拉动，成本推动，我们都存在。

从成本推动来看。我们做过一个测算，中国通胀大概 50% 多来自需求拉动，其余来自成本推动。当中国进入中等收入阶段之后，国民经济收入的总成本大幅度提高，各种要素成本价格接连大幅度上升，严重影响竞争力，过去的投入产出结构、经济增长方式已经难以为继。效率的改变是以创新为动力的，而创新是长期的事。结构改变滞后，对应不上新的需求，造成产能过剩，库存难以消化。这些成本进入价格，价格的提升自然推动产生通胀。

从需求拉动来看。我国 M2 货币存量现在达到 130 多万亿元，2015 年年底 GDP 为 67.7 万亿元，这个比例很成问题。我国外汇储备约 30 多万亿元，是金砖国家外汇第一大国。我们实行定期结汇制度，但是我们的外汇不能流通，央行结汇即从商业银行买进外汇时现汇结，是增发货币。付给商业银行结汇量越大，货币发行就越多，形成通货膨胀的压力。央行控制货币投放量，就要控制结汇量。我国在国际收支领域中长期是收大于支，结构失衡。

实现再平衡最简单的办法是限制出口，这是不现实的。在争夺国际市场竞争中，不仅不能限制出口，还要扶持和保护出口企业。理想的办法是将外汇用来增大进口，但在实际运作中却很困难。

从2013年开始，中国的工业制造规模成为世界第一，我们不可能再大量引进制造产品了。我们需要购买高科技产品，买能源、油田、矿山，但是我们却受到这些国家的限制买不进来。国际收支结构失衡，形成了需求拉动的另一种威胁。

第二重风险：经济下行，根源是国民收入分配结构不合理。

经济下行的另一面是需求动力不足。需求包括投资和消费。

从投资看，投资需求疲软不是因为银行没有钱或者说流通中货币供应量不够，而是结构性的问题。在实体经济，特别是制造业中缺少投资机会，尤其是国有大型、特大型企业的融资问题不太大，在境内外都有上市渠道，要贷款国有银行也是支持，甚至是追捧的。但如果在企业生产结构不变、技术不变、产品不变的情况下，扩大投资就是低水平重复，加剧产能过剩，也不可能产生投资效益。

消费需求疲软，表现在社会消费零售品总额增速下降，深层次的问题是居民收入分配结构不合理。中国国民收入分配在宏观层面、中观层面、微观层面三个层面出了问题。

宏观层面。国民收入初次分配包括政府、企业、劳动者。中国长期以来在这三个部分分配中，政府税收增长最快，平均18%以上，而劳动者工资增长最慢，而且比重还在下降，由此导致消费上不去。

中观层面。中国经济发展不均衡，地区之间收入水平差距大，发达地区和贫困地区差距非常大。我们分析，收入差距形成的主要原因是城乡差距。城乡差距，主要来自农业劳动生产率和非农业劳动生产率的差距。2014年我国GDP为63.7万亿元，其中农业占了9%多一点，剩下60%多的非农业劳动力分享了90%以上的GDP。

微观层面。居民之间的收入差距也在扩大。国家统计局从2002年开始公布基尼系数，到2014年的12年中，基尼系数每年都在0.4以上，大部分年份甚至在0.45以上。也就是说20%最富的人分享了40%甚至45%以上的国民收入，剩下80%的人分享了不到60%的国民收入。这使得全社会消费倾向下降。收入分配差距不仅影响公平，同时影响效率、影响经济增长动力。所以经济增长动力很重要的一条，就是要调整国民收入分配结构扭曲、不公平现象，这包括宏观、中观、微观三个层面。

中国经济增长出现了双重风险并存的新失衡，根源是结构性失衡，因此，政策的着力点应聚焦于结构性改革上面。

中国进入"上中等收入"国家遇到的新问题

中国经济增长取得了举世瞩目的成就，而且创造了持续高速增长的奇迹。从20世纪50年代到70年代，日本保持了20年的高速增长。随后中国台湾地区以26年的持续高速增长打破了纪录，韩国又以30年高速增长再创新纪录。中国大陆从改革开放到2014年，平均每年GDP增长9.7%，连续36年持续高速增长。目前中国GDP总量位居世界第二位，成为世界第二大经济体，仅次于美国。2014年人均GDP将近5万元人民币，也就是人均7500美元。按照世界银行最新的划分方法，人均GDP在4056~12 476美元之间属于"上中等收入"国家，中国已成为"上中等收入"的发展中国家。

（一）中国还需要经历三个阶段性跨越

要达到"高收入"的历史穿越，中国还需经历三个阶段的跨越：

2020年正是中国实现发展的第一个百年目标——我们要全面建设小康社会。有两个具体衡量数字：（1）到2020年，中国GDP总量比2010年41万亿元翻一番，就是80万亿元，即17.6万亿美元（按2010年美元），美国2014年为17.4万亿美元，届时，中国经济总量将达到美国现在的水平。（2）到2020年，中国人均国民收入翻一番达到68 000多人民币，也就是12 600多美元。世行划定的高收入的起点线是12 476美元，实现从"上中等收入"到高收入的跨越。

这样，到2030年之前，我国经济总量可能超过美国。在19世纪初叶，中国经济规模是世界老大，GDP曾经占到世界30%以上，而美国占比最高的2010年是32%。1840年后，古老的中华文明与西方文明相撞，中国沦为半殖民地半封建社会。从1913年到现在，美国在世界第一大经济体的位置上已经一个世纪了，中国如果能够重新回到第一大经济体的位置，这在我们民族发展历史上有重大意义，而且重拾了中华民族的自信心。

现代化是一个历史的范畴，也是一个国际范畴，不同时期"现代化"的内涵不同。在国际上领先发展才叫现代化。2050年，我们要实现社会主义现代化。这个目标是当年邓小平提出的中国经济分三步走战略的具体实施：

第一步，20世纪80年代起，用10年左右的时间基本解决温饱，达到按世行标准的"下中等收入"的起点。

第二步，到20世纪末，实现初步小康。当时是按工农业生产总值指标达到1000美元。十三大报告改为GDP达到和接近1000美元，基本实现初步小康。

第三步，到21世纪中叶，赶上"中等发达国家"的平均水平。也就是跻身"发达国家"的行列。

我们经过多少代人的努力，距离现代化的目标从来没有像现在这样近。再给中国5年时间，中国将实现向高收入阶段的跨越；再给中国15年左右时间，中国有可能重返世界第一大经济体的位置；再给中国35年的时间，中国将赶上西方列强，实现现代化。

（二）跨越"中等收入陷阱"遭遇系统性挑战

有机会就有挑战。挑战概括起来就一句话，如何跨越"中等收入陷阱"。到了"上中等收入"阶段，国民经济发展的基本条件已经发生了变化，这种变化归结为，供给和需求都发生了系统性变化。

供给方面的变化就是人工成本、自然资源成本、环境成本和技术进步成本都在大幅度上升，使得国民经济生产的总成本全面地大幅度提高。从以往主要靠要素投入量、规模扩张带动增长，转变为主要依靠效率带动增长。如果再不进行这种转变，效率滞后，成本难以消化，就会推动通货膨胀。国民经济将没有竞争力，难以持续，经济就会出现严重衰退。这就需要经济增长方式的转变。

需求的变化是投资需求疲软和消费需求疲软并存。目前，银行有钱贷不出去，很多投资机构在市场上找不到有利可图的投资机会。投资增长的一个重要条件是国家的自主研发和创新能力很强，不具备这些条件，就会形成投资需求疲软。从消费看，居民收入提高会带动消费能力提高，但是如果分配不合理，两极分化，就会造成消费需求疲软。投资和消费两个因素加在一起，将形成总需求不足。市场不活跃，购买力不强，大量企业的资金循环周转不灵，企业破产增加，将带来高失业风险。

2006年，世界银行的一个报告中提出"中等收入陷阱"这个概念。全球目前有70个"高收入"国家，绝大部分是发达国家。世界上有116个发展中国家，真正向"高收入"阶段跨越的只有15个国家和地区，这些发展中国家和地区从贫困出发，一个一个阶段完整跨越，最后走到高收入的目前只有两个经济体，一个是韩国，另一个是中国台湾。大部分国家没有实现成功跨越。最典型的就是我们常提的"三波"，"拉美旋涡""东亚泡沫""西亚北非危机"，各自情况不同，但是就经济发展的背景而言，它们都遇到相同的问题，在上中等收入阶段，一系列条件发生了变化，没能跟进。如果不能适应这种变化，增长方式和发展模式没有转变，就会停滞不前。

我们国家也已到了上中等收入阶段，在新常态下，我们所遇到的挑战，以及构成中等收入陷阱的所有因素，在我们国民经济发展当中可以说基本都存在，某些方面还非常典型。我们应该正视这个问题，习近平总书记的讲话中也提出：我们的问题是如何跨越中等收入陷阱。那么，在中国，防止跌入中等收入陷阱是一个非常现实的问题。

进入这个阶段之后，各种原来的发展条件相继发生变化，尤其是社会财富的增加，收入分配问题成为重要社会问题，解决公平、公正和效率问题，也成为发展的核心问题。没有公平调动不了社会积极性，没有效率就没有持续发展的能力，解决不了这些问题，社会矛盾必然凸显。

习近平总书记多次讲到"五大发展理念"：创新、协调、绿色、开放和共享，正是破除中等收入陷阱的一个要领。这五大理念要解决的核心问题就是公正、公平和效率的问题。

针对效率而言，首先需要有创新等一系列因素来驱动，所以创新理念尤为关键。创新大致分为技术创新和制度创新，制度重于技术。权力寻租从根本上否定了效率，在这种情况下资源不是按照效率原则进行配置，而是依照腐败指数运作，打破了公平、否定了效率。把权力关进"制度"的笼子，就要大力推进制度创新，市场的私权一定要保障，政府的公权一定要规范。最终，应该让市场在资源配置的微观领域起决定作用，让政府在社会长期发展的宏观领域起主导作用。

供给侧改革是解决道路问题的新希望

（一）新常态下的新举措

针对经济发展中遇到种种新问题，我们可以从三个层次上来关注和讨论：第一，政策控制和增长目标；第二，潜在的增长力，及自然增长率；第三，预计实际的经济增长情况。对这几方面因素的综合考虑，可能会使得我们对经济增长以及它未来的变化有比较客观的把握。

提出政策控制和增长目标是基于中国现在的一些客观上的条件约束，一是承受能力，二是需求。现在经济增长目标定为6.5%左右，这不仅是年目标，大体上也是"十三五"期间一个总体目标。这个政策目标有三方面考虑因素：

首先，经济增长目标要考虑就业，这是"奥肯定律"在中国现阶段具体经验的体现。据统计中国这两年失业率在4.5%左右，如果不超过这个数据，要求年经济增长速度达到6.5%以上。每年要增加约2000万个就业机会。中国现在每年实际需要新增就业大概1100万。当然还要考虑原有的劳动力工资水平不下降，不是要降低原有的工资水平来腾出就业机会。满足这两个前提条件，实际失业率就没有上升。就业率目标是制定经济增长速度要考虑的一个基本约束条件。

其次，经济增长目标的选择要考虑通货膨胀因素。2011年之后，经济增长率如果不超过7%，就有把握将CPI控制在3%左右。奥肯定律在不同国家不同发展时期所反映的具体数据不一样，但这个趋势是客观存在的，即经济增速和就业率之间存在一定的稳定联系。这是政策目标控制经济增长率的约束条件的一个下限，而人们往往把通胀政策目标的要求视为相对应的经济增长的上限。上下区间大体可以根据就业目标和通胀目标加以分析和衡量。

再次，所谓经济增长目标的选择，它还要考虑将短期增长目标和中长期目标相互衔接。从 2010 年到 2020 年要实现翻一番，要求年经济增速 7.2% 左右。从 2016 年算起，"十三五"期间，平均增长率如果不低于 6.5%，2020 年就可实现翻一番的目标。

中国仍处在强劲的经济增长期，潜在增长率并无大幅下滑的趋势。重装备、重化工、高科技的投资需求相当强劲。中国经济处在城镇化加速期，受城市基础设施投资，以及城市聚集效应带来的消费方式和消费水平的提高等推动作用。中国地区之间发展水平差距还很大，当发达地区经济度过快速成长期之后，相对落后地区可能刚进入高速增长期，这也是大国经济的特点。所以现阶段，中国的潜在经济增长率不会出现大幅度长期下滑。

支持潜在增长最主要有三个方面，劳动力的增量、资本的增量、全要素效率的提高。除了劳动力增速开始下降之外，全要素效率和资本的增长量不仅没有下降，而且还在提高。而中国劳动力的增量在 GDP 增长的贡献中占比很低。

（二）需求侧无解需要从供给侧找原因

在当前经济出现新失衡、双重风险并行的情况下，宏观调控既不能"双紧"，也不能"双松"，于是形成"松紧搭配"的组合，就是"积极的财政政策，稳健的货币政策"。一方面财政政策是积极扩张的，它的首要目的是保增长、稳定就业。后者说明总体方向从紧，首要目标是遏制通货膨胀。二者的宏观政策方向不同。现在宁愿损失一部分政策的有效性，也要确保政策风险的可控性，体现"稳中求进"的基本指导思想。

目前中国经济失衡表面是总量问题,深层次是结构失衡问题,松紧搭配的方式能为解决问题赢得时间,但本身不能根本解决问题。松紧搭配政策会出现"按下葫芦浮起瓢"的现象,它可以缓解矛盾,而不是解决背后的原因。根本的是解决一系列的结构失衡问题,这要靠经济发展方式的转变。

我们此时面临全面、深刻的挑战,从总需求方面入手可能作用不大,因为无论是扩张还是紧缩都是相互矛盾的。由此引入了供给侧结构性改革。

(三)供给侧结构改革也需要需求管理

运用供给侧结构性改革,很重要的一个问题是管好需求,这才能真正推动有效的供给侧管理,要做好协调。一方面,供给侧结构性改革需要一定的有效需求作为前提,经济增长还是要靠需求拉动,但不能是无效需求。要靠创新来驱动形成有效的需求。另一方面,需求和供给侧之间要结合好。需求在短期内恐怕要适度扩张,但过度扩张又将从根本上瓦解供给侧结构性改革的效果,加剧产能过剩,不能够淘汰那些缺乏竞争力的产业。因此,我们要有高质量的需求来支持供给侧增长,同时也要适度把经济增长控制好。

供给侧和需求侧的政策有一个很大的不同,就是供给侧的政策直接影响的是生产者,而需求侧政策更多影响的是消费者。供给侧结构性改革的政策直接影响企业,而企业作为市场主体的权利在经济和法律制度上得不到充分的保障和尊重,就可能导致政府对市场主体行为的直接干预。比如关停并转,计划经济时采用行政干预去做，现在要通过市场来实现而不是以行政干预去实现，所以要特别注意处理好政府和市场的关系。

（四）供给侧改革考验地方政府的责任心

需求管理带有一定的短期性，供给侧结构性改革一定是长期的，我们要把短期目标和长期目标结合和贯通起来。中国和西方管理的不同不仅在经济理论方面，根本点还在政治制度上。西方政府只做任期内有限的事。但是供给侧结构性改革所要解决的问题需要长期持续的努力，所以一定要有对社会长期负责的责任心，不仅仅是在任期内负责，更是在制度建设方面。西方政治制度就没有体制病吗？中国共产党有"前人栽树后人乘凉"的传统，西方政府有没有这种胸怀？不仅需要有这种胸怀，还取决于有没有制度保障。

另外，地方政府在供给侧结构性改革当中的政策空间会更大，需求管理对地方政府来说有限，因为货币和赤字不归地方管。但是供给侧结构性改革就不同了，调结构的范围很大，包括地方资本投入结构、教育结构等。但这同样不能仅考虑短期效应，要求地方政府官员同样要对此长期负责。

千万不要低估中国经济的承受力

（一）把失衡控制在可承受范围内

各国经济复苏缓慢，很多人担忧中国经济会进一步下滑，担忧我们的经济承受能力。任何事物都有事先的不确定性，不确定性就会带来风险。人们的估计可能有一定根据，但是也有信息不对称之处，它会影响到我们判断的准确性。更重要的是，千万不要低估了中国经济走到今天，对经济出现波动的承受能力。信心同样是承受能力的重要因素。

经济增速放缓，或者通胀压力增大，国民经济能否承受？我们分析总量结构、讲供求均衡是理论假设，在现实中失衡是常态。我们现在所关注的是政策能否控制得住，对各方面潜在的风险能否有准确把握。对中国客观上承受失衡的能力的判断，非常重要。如果还把中国经济假定为早先的情况，当出现经济波动就可能出问题了。比如过去所有制结构中以国有经济占优，一旦出现大量失业，风险都集中在国有部门和政府身上。现在分散在各种经济成分上，承受力就不一样了。三大产业的关系和当年也不一样，特别是服务业占比已经超过50%，对失业的承受力也不一样。很多新的变化，使中国经济的承受能力可能有所提高。我不认为短期内中国经济会出现大崩溃或者大萧条。我同意中国经济走势呈L形，但这是至少持续三五年，在一定范围内不断波动的L形。

中国的体制和目前发展阶段，政策的作用能力很强。这次反危机中，西方给中国政策优势排序，认为中国为什么反危机举措比较有效，第一位原因就是政府在动员投资方面比西方有更强的能力。特别是应对短期出现的危机事件冲击的能力很强。我们应通过一定的政策，把失衡的严重性加以调控，控制在一定的范围之内。

(二)处理好政府和市场的关系

结构调整其实涉及产业调整,而且是一个中长期的大问题。20世纪50年代法国人提出产业政策理论,日本在本国大力推广。但是直到现在,西方主流经济学不予承认,认为产业结构调整应当是通过市场竞争自发形成的,不应当是政府制定的政策。当时美国主流经济学也持这种观点,但现在美国出台了系统的产业政策,包括战略技术发展等。这说明,西方开始意识到,仅靠需求总量政策不够,要有结构性政策,首先是产业结构政策的政府战略。

几百年的西方经济思想史,主要就是经济自由主义和国家干预主义的争论从来没有统一过。但是供给侧结构性改革一旦提出来,就需要处理好这两方面的关系。简单地靠市场调节做不到影响全局,必须要政府发挥作用。但是政府的作用又容易影响生产者,容易和市场规则发生冲突。需要在实践中摸索,也需要进行制度创新、理论创新。

供给侧结构性改革核心是政府和市场的关系,中国现阶段在实践中,如果能将政府和市场更好地统一,就可以同时兼顾需求侧的管理和供给侧结构性改革,同时进一步完善经济制度基础。供给侧结构性改革很可能形成中国特色社会主义政治经济学的体系。中国理论工作者的幸运就是我们参与了这场伟大的改革实践,并面对着寄予希望的增长点。

中国能成功尝试将全社会整体的计划性和市场竞争的有效性结合,我们有这样的自信,在这场伟大的实践过程中有可能走出有别于其他国家的道路。

新一轮动力转换与路径选择

国务院发展研究中心副主任　王一鸣

中国经济发展进入新常态，经济增长的约束条件发生明显变化，宏观经济失衡从以往的总量性失衡为主转向结构性失衡为主，主要表现为实体经济供需结构错配和金融业、房地产业与实体经济的失衡。宏观经济失衡的新特点，要求从供给侧、结构性改革入手来推动经济增长动力转换。从短期看，要突出问题导向，推进"三去一降一补"取得实质性进展。从中长期看，要着力在科技创新、人力资本投资、产业转型升级、推进新型城镇化和基础设施网络建设、构建全球化生产运营体系等方面培育经济增长新动力，并围绕这些领域深化改革，以实现供需在更高水平再平衡，重塑中国经济增长新动力。

经济增长阶段和动力转换

对经济增长的动力，一直没有一个标准的学术定义。从一般意义上讲，我们可以从需求和供给两个方面去讨论。虽然在主流经济学的认知框架里假设了供给环境，且更为强调从需求侧进行分析[①]，但我们仍可以依据经济增长的约束条件，将经济增长分为需求拉动型增长和供给推动型增长。从需求方面考察经济增长动力，主要包括消费、投资和出口3个方面的拉动力，也就是通常所说的"三驾马车"。从供给方面考察经济增长动力，主要包括资本、土地、劳动力等要素供给，以及决定要素使用和配置的技术供给和制度供给等方面的推动力。

在经济增长的不同阶段，经济增长的约束条件往往是不同的，有的阶段集中表现在需求方面，有的阶段突出体现在供给方面；有的阶段总量性失衡占据主导地位，有的阶段结构性矛盾成为主要矛盾，因而突破瓶颈约束从而实现动力转换的方式和路径都会有所不同。在有效需求不足成为经济增长的主要约束时，扩张需求就成为拉动经济增长的主动力；而在有效供给不足成为经济增长的主要约束时，增加或改善供给就成为推动经济增长的主动力。在总量性失衡占据主导地位的情况下，主要应通过需求侧管理和调节，促进总需求和总供给平衡，实现经济稳定增长；而当结构性矛盾成为主要矛盾时，就要通过推进供给侧调整和改革，促进资源优化配置，提高潜在经济增长率，为实现可持续增长创造条件。正因为如此，随着增长阶段的转换，就要根据经济

[①] 贾康，苏京春：《论供给侧改革》，载于《管理世界》，2016年第3期。

增长约束条件的变化,适时推进新旧动力系统的调整和转换,以保持经济持续平稳发展。

在经历了30多年高速增长后,2010年以来中国经济增长阶段性变化的特征日趋明显,进入经济新常态。这一轮变化和调整有国际金融危机后全球经济深度调整的背景,但更重要的是经济增长内在约束条件发生系统性变化。

进入新常态的中国经济,首先表现为增速换挡。自2010年以来,中国经济在波动中下行已持续六年多,GDP增速从2010年10.6%逐步回落到2016年6.7%,下降3.9个百分点。从国际比较看,中国经济增速变化的特征与"二战"后同样经历过高速增长的日本、韩国在增长阶段转换时的表现大体相近。2015年,按现价计算,中国人均GDP达到7920美元左右,按购买力平价计算,约为11 000国际元,大体相当于日本和韩国高速增长阶段结束时的人均GDP水平。2011—2015年,中国经济年均增长7.8%,比日本、韩国高速增长阶段结束前5年的增速略高。日本经济的高速增长在1974年结束,之前的1969—1973年,经济年均增长6.5%。韩国经济的高速增长大体上在1998年结束,1993—1997年,经济年均增长7.4%。通过比较可以看到,中国经济增速回落是一个相对缓和的过程。

中国经济增速回落有总量性、周期性因素,但更主要的是受到供需结构变化的影响。从需求端看,2013年中国城镇居民户均住房超过1套,2014年每千人拥有汽车超过100辆。按照可比的国际经验,"住""行"的市场需求发生明显变化,房地产开发投资和汽车消费已经从过去两位数高速增长回落到个位数增长,房地产开发投资甚至一度接近零增长,与"住""行"关联的钢铁、水泥等工业部门产量已出现负增长,需求结构正在向高端化、多样化、服务化转换。从供给端看,2012—2015年中国16~59岁的劳动年龄人口累计减少约1300万人,人口数量红利快速消失,土地、资源和环境的硬约束进一步强化,综合生产成本明显提高。可以说,经济增速放缓正是供需结构变化的反映。

供需结构变化对经济增长的影响,主要体现在经济增长的动力系统上,长期以来支撑中国经济高速增长的动力,如投资需求拉动、工业产能扩张和要素大规模高强度投入推动,受到供需两端结构性变化的约束而趋于减弱,主要表现在:

第一,依靠扩大投资拉动经济增长的空间明显收窄。在应对1998年亚洲金融危机和2008年国际金融危机冲击时,更多是通过扩大投资需求拉动经济增长,这在当时传统产业产能市场需求还有空缺的情况下是有效的。随着传统产业产能接近或达到上限规模,再简单沿用老办法化解供需矛盾,越来越受到投资效率下降和债务杠杆攀升的约束。2015年我国增量资本产出比(ICOR),也就是每新增1元GDP所需的投资达到6.7元,比2010年4.2元提高近60%;2010—2015年,我国非金融部门负债总规模年均增长16.6%,比同期名义GDP年均增速快约6个百分点。可见,再用老办法稳增长,不仅投资效率会继续下降,债务杠杆会继续攀升,还将增大金融风险发生的概率,也难以从根本上扭转经济短暂回升后继续下行的态势。

第二,依靠"铺摊子"扩大产能推动经济增长受到产能过剩的约束。进入新常态,经济结构从增量扩能为主转向调整存量、做优增量并举。2010年以来,随着传统产业市场需求趋于饱和,工业增速持续回落,服务业比重逐年上升,2015年服务业占GDP的比重达到50.5%,首次突破50%。在工业内部,钢铁、煤炭、建材、有色、石化、电力等行业渐次达到或超过峰值。2015年,我国粗钢产能已达11.3亿吨,但产量为8.04亿吨,产能利用率仅为71.1%,考虑到未统计的产能,实际产能利用率可能更低;我国煤炭实有产能42亿吨,在建产能15亿吨,合计总规模约57亿吨,而2015年消费量仅为39.2亿吨,产能过剩情况十分突出。由此可见,再像过去那样,依靠"铺摊子"扩大制造业产能推动经济增长,将加剧重复生产和产能过剩,扭曲资源配置,已经越来越走不下去了。

第三,资源和生产要素大规模高强度投入的条件发生变化。进入新常态,支撑经济高速增长的生产要素供求关系发生明显变化。劳动年龄人口逐年减少,矿产资源人均占有量大幅下降,土地供给日趋紧张,生态环境硬约束强化,原有的低成本竞争优势开始减弱,继续依靠大规模增加要素投入支撑经济增长已经越来越困难。在市场的倒逼下,越来越多的企业通过增加研发投入,培育新的增长点,新技术、新产品、新业态、新模式不断兴起,但技术创新对经济增长的贡献仍然偏小,劳动生产率和全要素生产率增长仍在下降,经济增长还难以完全摆脱对要素投入的依赖,需要加快推动增长动力从主要依靠资源和低成本劳动力等要素驱动为主转向创新驱动为主。

综上所述,我国进入新常态后经济增长的约束条件明显变化,传统增长动力受到供需结构性变化的深刻影响而日趋减弱,推进新一轮动力转换已势在必行。

新一轮动力转换的内外环境和主要特征

新一轮动力转换，受到外部环境和内在条件变化的交互作用和影响，与改革开放以来我国已经经历的两轮动力转换过程相比，也表现出不同的特征。

（一）外部环境：金融危机后全球经济的深刻变化

2008年金融危机以来，世界经济经历了从美国金融危机到欧洲债务危机，再向新兴市场产能过剩危机演化的过程。当前，世界经济呈现缓慢复苏态势，但复苏进程仍面临多方面不确定性。从中长期看，金融危机不会改变世界经济增长趋势，但全球经济要进入新一轮繁荣，不仅取决于增长动力由外生的政策刺激向内生的自主驱动转变，也取决于结构性改革和创新能否成为经济增长的源泉。

1. 全球经济陷入"低增长困境"。金融危机后，世界经济呈现"低增长、低通胀和多风险"的"新平庸"态势。发达经济体延续缓慢和不均衡的复苏进程，增长率略有回升，这主要得益于美国、英国等经济体的经济回暖，以及石油价格下跌和宽松的货币政策。美国就业增长和物价相对稳定，但经济增速回升的持续性低于预期，对全球经济的带动力减弱。美国特朗普上台后政策的不确定性，也将影响到全球贸易投资和资本市场的稳定性。欧元区核心国家经济有所改善，但经济增速仍然疲弱，德、法等主要国家进入大选周期，结构性改革难有推进，加之难民事件和英国脱欧的后续发酵，增加了复苏进程的不确定性。日本经济增长持续低迷，仅靠货币政策刺激，难以摆脱通缩和低增长困境。石油等大宗商品价格小幅温和回升，有助于部分新兴经济体摆脱困境，缓解国际收支缺口和货币贬值压力，但受结构性改革迟滞影响，经济明显转好仍面临诸多挑战。

全球经济陷入"低增长困境"的症结在于结构性改革迟缓。2008年国际金融危机爆发以后，美国、欧盟、日本等主要经济体都采取了史无前例的量化宽松政策，通过直接购买资产和债券、降低利率甚至实行零利率或负利率等方式，大规模增加市场流动性，提振市场信心。但从实际效果看，市场需求持续低迷，大宗商品价格不振，主要经济体劳动生产率增速放缓。过度宽松的货币政策，使国债利率水平大幅回落。而历史上从未有过的超低利率一旦逆向调整，将带来全球资产重新定价和债务条件恶化，引发国际金融市场动荡和大规模跨境资本流动。可见，过度依靠需求刺激并没有取得预期效果。短期的需求管理政策虽在抵御危机冲击上发挥了一定作用，但中长期结构性问题并没有得到根本解决，增强经济增长动力还需要推进结构性改革。

2. 国际分工格局加快重构。金融危机前，国际分工呈现"欧美消费、东亚生产、中东拉美提供能源资源"的大三角关系[①]，欧美国家是主要的产成品消费市场，东亚国家是主要的生产基地，中东、拉美等地区是主要的能源原材料输出地。国际金融危机

---

① 刘鹤：《"十二五"规划〈建议〉的基本逻辑》，载于《中国经济时报》，2011年3月20日。

后，这种"大三角"分工格局悄然发生变化。欧美等发达国家被迫改变负债和过度消费的模式，推动部分高端制造业回流，试图扩大投资和出口拉动经济增长；新兴市场国家转向通过扩大内需拉动经济，特别是人力资源丰富的东南亚国家凭借劳动力低成本优势，抢占劳动密集型产品国际市场，但短期内还难以成为拉动全球经济增长的主导力量；能源生产国迫于新能源技术快速发展和新能源快速发展对传统能源市场的挤压，调整单纯依赖传统能源资源出口的发展模式，谋求依托资源优势延伸产业链，提高产品附加值，但实现产业多元化仍然任重道远。

全球分工格局加快调整，跨境资本重新配置，各主要经济体都力求通过结构调整提升分工位势，争取更有利的分工地位，抢占国际竞争新制高点。主要发达国家纷纷加快发展新兴产业，推动数字技术和制造业的结合，推进智能制造基础上的"再工业化"，力图抢占未来科技和产业发展制高点。新兴市场国家也加快发展具有比较优势的产业和技术，谋求实现跨越式发展。可以预见，未来国际产业和技术竞争将日趋激烈，围绕新一代信息技术、生物技术、新材料、新能源、机器人和智能制造、空间和海洋开发的技术创新更加密集，新技术、新产品、新服务、新业态将蓬勃兴起，并将加快催生新的科技革命和产业变革。

3. 全球贸易增速持续低于经济增速。"二战"以后，全球货物贸易增速通常都明显高于经济增速。而 2012 年以来，随着全球产能过剩，资本品贸易大幅收缩，以及全球价值链分工调整和转移，对全球货物贸易尤其是与制造业相关的贸易造成了持续冲击，全球货物贸易增速已连续 4 年低于经济增速。虽然我国在全球货物贸易中的份额仍有所提高,但受全球贸易收缩影响,出口增速也持续下降,2015年进出口总额的预期增长目标为6%左右,但实际下降7%(按人民币计价)。从大多数国际组织的预测来看,未来3~5年,全球经济增速仍将处于低位,货物贸易增速难有大幅回升。受国际大环境影响,今后一个时期我国进出口贸易仍难有明显改善。

全球贸易放缓与经济活动疲软、投资不振导致的资本品贸易萎缩密切相关。根据国际货币基金组织测算,全球贸易低迷的原因75%左右可以用投资不振来解释①。反过来,贸易持续低迷抑制企业扩大投资的意愿,进一步加剧全球经济不景气。20世纪70年代以来,全球贸易和资本支出实际增速的相关性超过0.92。当前,利率水平处于相对低位,扩大基础设施、新兴产业、人力资本投资对贸易和经济复苏至关重要。但由于发达经济体债务高企,财政扩张政策受限,新兴市场受制于经济治理机制不完善和企业债务水平高企,扩大投资面临诸多瓶颈。当前,全球价值链贸易增长仍在放缓,可大规模产业化的新技术尚未形成,新技术对设备投资拉动力不足,都对全球投资增长形成抑制。

(二)内在条件:中国经济发展进入新常态

经济发展进入新常态,支撑我国经济高速增长的主要变量关系深刻调整,结构性矛盾的制约明显增大。

1.劳动力成本趋于上升。随着我国人口结构变化,劳动年龄

---

① 国际货币基金组织:《世界经济展望》,2015年10月。

人口出现负增长。2012年我国16~59岁劳动年龄人口数量首次出现下降，当年净减少205万人，2013年、2014年、2015年又分别减少244万人、371万人、487万人，人口扶养比呈现逐年上升趋势。同时，我国劳动参与率也呈现下降趋势，今后一个时期劳动力供给总量将进入下降通道，农村可供转移的年轻劳动力已较为有限。劳动力供需条件变化推动劳动力成本加速上升，低成本要素比较优势将明显弱化，保持经济持续较快增长必须更多依靠劳动生产率提高和创新驱动。

2. 储蓄率投资率趋于下降。过去30多年我国储蓄率持续提高与扶养比不断下降是分不开的，但这种情况随着人口结构变化和老龄化进程加快而发生改变。实证分析表明，储蓄率与人口扶养比呈逆向变化关系，扶养比每上升1个百分点，储蓄率约下降0.8个百分点[①]。随着人口扶养比提高，高储蓄率向下调整，并直接引致投资率下降，投资率已经从2010年的47.2%下降到2015年的44.1%，加之投资的边际报酬递减，依靠投资高增长支撑经济高速增长的局面发生变化，保持经济持续较快增长必须着力提高投资效率。

3. 劳动力再配置和技术引进的外溢效应减弱。过去一个时期，我国全要素生产率提高的主要因素，是劳动力由生产率较低的农业部门向生产率较高的制造业和服务业部门转移。通常情况下，制造业和服务业的平均劳动生产率分别为农业的5~6倍和4~5倍，只要这种转移过程持续进行，全社会的劳动生产率就会

---

① 孙学工、刘雪燕.《中国经济潜在增长率分析》，载于《经济日报》，2011年12月12日。

不断提高。但我国农业劳动力转移已近尾声,今后一个时期转移规模和速度将继续下降。与此同时,我国与发达国家技术水平的差距缩小,技术引进的"外溢效应"减弱,而自主研发能力受到人力资本和体制条件制约,短期内难有大幅提升,提升劳动生产率和全要素生产率的难度增大。

4. 制造业大规模扩张的阶段基本结束。制造业规模扩张是推动我国经济高速增长的重要因素。在经历了过去一个时期制造业产能井喷式扩张后,近年来主要制造业部门都面临严重的产能过剩。2015年,钢铁消费出现2000年以来首次负增长;水泥产量同比下降4.9%,为1990年以来的首次负增长;发电量同比下降0.2%,为1978年以来增速最低的年份。我国钢铁、水泥等大宗产品以及汽车等耐用品的需求总量已跃居世界第一,受经济结构调整和资源环境约束影响,诸多产品需求规模将逐步接近历史峰值并进入见顶下降的阶段。总体上看,制造业发展"铺摊子"阶段基本结束,支撑产业发展的主要因素已经由生产能力大规模扩张转向提升产业价值链和产品附加值。

5. 生态环境硬约束持续强化。如果说,在过去高速增长常态下,资源环境的回旋余地还比较大的话,那么进入新常态,经济规模继续扩大和能源资源消耗增加,资源环境的硬约束和刚性压力日趋强化。从环境库兹涅茨曲线看,我国主要污染物排放总量陆续接近峰值,并呈现污染源多样化、污染类型复合化、污染范围扩大化特征,对生态环境的刚性压力进一步增大。产业无序转移还将加剧对部分生态脆弱地区的生态破坏。在这个阶段,受到环境容量的明显制约,经济增长的空间在很大程度上取决于能否转向绿色、低碳的增长方式。

6.潜在风险显性化压力增大。在速度效益型的增长模式下，经济增速放缓后，财政收入、企业利润增幅随之大幅回落。与此同时，过去一个时期扩大债务和信用规模，在促进经济增长的同时，也增大了潜在风险。房地产和金融系统的风险逐步聚集，地方政府融资平台大规模贷款形成潜在债务风险，在增速放缓后，各种潜在风险有可能"水落石出"，挑战明显增多，要求把防风险放在更加突出的位置，处理好稳增长与防风险的关系。

（三）新一轮动力转换的主要特征

改革开放以来我国经历了两次增长动力转换过程，黄泰岩曾对这两次动力转换过程进行了梳理[①]，刘伟讨论了两次动力转换过程中宏观经济失衡的特点[②]。如果说前两次动力转换的特征主要是总量再平衡调整的话，新一轮动力转换结构再平衡调整的特征更加明显。

第一次动力转换（1979—1998年）起始于改革开放初期，持续到亚洲金融危机前的1998年上半年。宏观经济失衡的主要特征是需求膨胀、供给不足，经济增长的约束条件主要是供给短缺，国民经济表现为严重的短缺经济，除了少数年份外，总量失衡表现为较为严重的通货膨胀。经济增长的动力转换主要来自通过改革开放，释放供给潜力，实现供需的总量再平衡。这个阶段动力转换的主要路径是从农业农村改革起步，再向国有企业和城

---

① 黄泰岩：《中国经济的第二次动力转型》，载于《经济学动态》，2014年第2期。
② 刘伟：《经济新常态与供给侧结构性改革》，载于《管理世界》，2016年第7期。

市改革延伸，通过改革重建激励机制，让市场起作用，将供给潜力释放出来。20世纪80年代推行农村土地家庭联产承包责任制，激发了蕴藏在几亿农民中发展经济、摆脱贫穷的巨大潜能，农业劳动生产率和土地产出率大幅提高。同时，通过国有企业改革和发展乡镇企业，释放工业生产潜力，满足市场需求，解决了工业消费品极度匮乏的状况，初步摆脱了困扰我国几十年的短缺经济。随后，1992年党的十四大提出了建立社会主义市场经济的改革目标，十四届三中全会做出了具体规划，通过改革有效组合和优化配置各种要素，极大地提高全社会生产效率，使我国供给能力得到极大释放，实现了经济增长动力的第一次转换。

第二轮动力转换（1998—2010年）发生在亚洲金融危机后1998年下半年，延续到国际金融危机后的2010年。宏观经济失衡的特点主要是需求疲弱，供给相对过剩，需求不足成为经济增长的主要约束条件。从1998年起，我国经济运行发生新的变化，从供给短缺逐步转向相对过剩，出现了通货紧缩现象，加之亚洲金融危机的冲击，外部需求大幅收缩，有效需求不足的矛盾趋于突出。为促进经济持续较快增长，我国提出了扩大内需的战略对策，通过发行长期建设债券，主要用于基础设施建设，保持了经济稳定增长。2008年国际金融危机后，继续通过财政、货币政策扩大基础设施和战略性新兴产业投资，资本形成占GDP的比重不断提高。总体上看，这一轮动力转换主要来自挖掘需求潜力，通过扩大内需特别是投资需求，有效改善我国基础设施条件和水平，不仅释放了闲置的钢铁、建材等部门的生产能力，促进了就业目标实现，而且基础设施条件明显改善，保持了经济持续较快增长，高速公路、高速铁路的通车里程均跃居世界第一位，经济总量从全球第七位上升到第二位。

2010年以来，随着结构性矛盾的不断积累，宏观经济失衡表现出新的特点。如果说，前两次失衡主要是总量性失衡，结构性矛盾尚未占据主导地位的话，那么，2010年后，虽然仍存在总量性失衡问题，但经济运行主要矛盾已经转化为结构性失衡，并成为经济增长的主要约束条件。供需结构性失衡主要表现为：

1. 实体经济结构性失衡。实体经济结构性失衡主要表现为供需结构错配，供给结构调整跟不上需求结构变化，无效供给过多，有效供给不足；低端供给过多，中高端供给不足。随着居民收入水平提高和中等收入群体扩大，需求结构加快转型升级，居民对产品品质、质量和性能的要求明显提高，多样化、个性化、高端化需求与日俱增，服务需求在消费需求中的占比明显提高，旅游、养老、教育、医疗等服务需求快速增长，加之产业价值链提升和向中高端迈进，对研发、设计、标准、供应链管理、营销网络、物流配送等生产性服务提出了更高要求。与此同时，供给结构调整明显滞后于需求结构升级，居民对高品质商品和服务的需求难以得到满足，出现到境外大量采购电饭锅、马桶盖、奶粉、药品、牙膏等日常用品的现象，造成国内消费需求外流。与之对应，传统产业产能利用率偏低，产能严重过剩。实体经济供需结构性矛盾，主要是受传统体制机制束缚，供给侧调整表现出明显的黏性和迟滞，生产要素难以从无效需求领域向有效需求领域、低端领域向中高端领域转移，因而矛盾的主要方面在供给侧。2010年以来经济在波动中下行的态势表明，再采取简单扩大投资需求化解供求矛盾的办法，不仅投资的边际作用明显递减，对经济增长的拉动作用减弱，而且还会使矛盾和问题后延，使潜在风险进一步积累。宏观调控必须在适度扩大总需求的同时，着力推进供给侧结构性改革，矫正供需结构错配和要素配置扭曲，推动中国经济增长的动力转换。

2. 金融和实体经济失衡。供需结构错配，造成实体经济效益下滑。过去几年，规模以上工业企业利润明显回落，2015年下半年一度出现负增长。在实体经济收益下降的情况下，金融资源大量流入虚拟经济领域，或者在金融领域通过加杠杆套取收益。新增信贷和金融资源用于支持实体经济投资的比例明显下降，资金"脱实向虚"现象凸显。与此同时，随着杠杆率持续攀升，商业银行不良率达到近年来高点。截至2016年三季度末，商业银行不良贷款率1.76%，连续13个季度上升；关注类贷款占比达到了4.10%，为近年来高点。随着市场利率水平和债务成本上升，金融风险有可能进一步聚集。宏观调控必须更加注重打通资金流向实体经济的渠道，有效防控和化解金融风险，回归金融服务实体经济的本质。

3. 房地产和实体经济失衡。过去一个时期，金融资源大量流入房地产领域。2016年前11个月，居民抵押贷款占银行新增贷款的比重达到42%，远超历史同期水平。金融资源过度向房地产领域集中，挤压了实体经济发展空间，抑制了创业创新活力，也进一步加剧了房地产资产泡沫。随着房地产调控力度加大，按揭贷款受到抑制，房地产开发企业资金回笼速度放缓，债务条件有可能恶化。宏观调控既要注重抑制房地产泡沫，又要防止市场大幅调整，促进房地产市场平稳健康发展。

总之，随着经济发展进入新常态，消费结构升级并向高端化、多样化、服务化需求转换，传统产能接近或达到上限规模，原有的供给结构已经越来越不适应市场需求结构变化，约束经济增长的主要矛盾已经从总量性矛盾转化为结构性失衡。宏观调控必须在保持总需求基本稳定的同时，转向以供给侧调整和结构性改革为主，着力提高供给体系质量和效率，改造提升传统发展动力，加快培育新的发展动力。在这个阶段，需求管理的作用主要是保持总需求的相对稳定和适度扩张，防止经济出现短期过快下滑，为结构性改革创造良好的宏观环境。

（四）通过动力转换实现供需结构再平衡

供需结构再平衡，关键要加大供给侧改革力度，建立有利于供给侧结构调整的体制机制。一方面，要加大资产重组力度，建立市场出清机制，促进要素自由流动，增强市场资源配置功能，实现资源优化再配置；另一方面，要充分激发企业家精神，增强创新和技术进步对经济增长的推动力，提高全要素生产率，重塑经济持续健康发展的内生动力。

1. 化解过剩产能是动力转换的重要条件。过去一个时期，伴随经济增速持续下行和内外需求不足，产能绝对过剩和周期性过剩同时显现，PPI 持续 54 个月负增长，生产领域一度出现比较严重的通缩，企业赢利状况恶化。严重的产能过剩表明，必须痛下决心对过剩产能施行"外科手术"。化解过剩产能涉及既有利益格局调整，面临多方面掣肘。地方政府出于就业、社会稳定、

GDP考核等方面考虑，对化解过剩产能既缺乏内在动力又缺少有效手段，往往采取临时性措施帮助企业艰难维系。国有银行激励约束机制不健全，迫于控制不良率和责任追究的压力，不希望企业破产导致隐性坏账显性化。地方法院系统也不具备独立处理大量企业破产案件的能力和专业人才储备。产能过剩行业的一些国有企业，面临企业维稳、任期责任、国有资产流失的各种压力，退出过剩产能也面临重重困难。

下决心化解过剩产能、消灭"僵尸企业"是实现新旧动力转换的重要条件。产能过剩使劳动力、土地、资金、厂房、设备等大量生产要素被"僵尸企业"所占用，无法有效进入新兴产业领域，造成严重的资源沉淀和浪费。"僵尸企业"的大量存在，造成市场价格形成机制扭曲和资源错配，还使潜在风险不断积累，延误有效化解风险的时机。应下决心清除过剩产能，停止向"僵尸企业"输血，使局部性风险得以暴露和释放，而不至于积累和酿成系统性风险。

2.重塑新动力的核心是提高全要素生产率。旧动力逐步衰竭的根源在于生产要素供给发生趋势性变化。劳动力、土地、环境等要素成本上升、约束持续强化，迫切要求从优化资源配置效率、提高全要素生产率中挖掘新动力。工业化先行国家的经验表明，全要素生产率对经济增长的贡献，随着经济发展水平提高而提升。发达国家全要素生产率对经济增长的贡献通常要达到70%~80%，而我国改革开放以来平均水平仅略高于30%。这既是差距，也是挖掘发展新动力的巨大潜力所在。

我国提高生产要素质量和效率仍有很大空间。在劳动力数量红利逐步消失的同时，培育和释放劳动力质量红利的潜力很大。我国有 2.6 亿左右农民工，大多数在制造业和出口部门就业，其中受过高中以上教育的仅为 10.9%，小学及以下文化程度占到 42.1%，通过多种形式的继续教育和职业培训，可以大幅提高劳动力的技能和素质。提升土地、资金等要素生产率的空间也很大。过去一个时期，地方政府多采用压低地价的方式招商引资，土地利用效率较低，而农村建设性经营用地和宅基地受到体制的约束，难以实现市场化配置，通过深化农村土地改革和提高城市建设用地投资强度，可以大幅提高土地利用效率。我国货币供应量较大，但大量资金仍被低效部门和"僵尸企业"占用，通过深化金融体制改革，可以大幅提升资金使用效率。

提升全要素生产率的主要途径，已经由要素部门间转移为主向部门内和企业间转移为主转换。过去一个时期，劳动力等生产要素从农业部门向非农部门、从国有部门向民营部门转移，是提升要素生产率的主要途径。进入新阶段，部门间资源再配置的空间缩小，但通过部门内行业间要素转移、企业间兼并重组提升效率的空间还很大。反映制造业内部不同行业资本产出效率差别的变异系数，中国为 1.3，而美国仅为 0.3，表明我国通过行业间要素转移提升效率的空间较大。通过深化改革、放宽准入、打破垄断、引入竞争等手段，将更多的资源从低效率行业转移到高效率行业，从低产出企业转移到高产出企业，补齐行业和企业效率的短板，可以大幅度提高全社会生产效率，从而为经济发展注入新动力。

（五）新旧动力转换是一个长期过程

新旧动力的接续，从根本上说是结构调整、发展方式转变和经济提质增效的过程，这将是一个艰难复杂的过程，也将是一个长期过程。

培育经济发展新动力，需要提高科技创新和人力资本对经济增长的贡献，发展形成对传统产业有替代作用的先进制造业和高端服务业，这是一个长期性、系统性的工程。科技创新需要坚实的基础研究作为支撑，提升人力资本需要持续加大教育投入，发展先进制造业和高端服务业需要大批专业化人才和相应的产业基础。近年来，新兴产业领域成长较快，但体量较小，占比较低，对经济增长的带动作用还不强，不足以弥补旧动力减弱形成的缺口。2016年，高技术制造业增加值增长10.8%，但占规模以上工业增加值的比重仅为12.4%；网上商品零售额增长25.6%，但在全社会消费品零售总额中的占比仅为12.6%，考虑到其对传统零售业的替代，对消费的实际拉动作用较为有限。

新旧动力长期并存将是经济新常态的一个基本特征。虽然我国旧动力高速扩张期已经过去，但在相当长一段时间内仍将是经济增长的重要动力源。发挥传统比较优势，用好旧动力，为旧动力引入新技术、新模式、新机制，不仅可以让旧动力焕发青春，还可以为培育新动力创造条件、赢得时间。动力转换的关键在于如何在发挥旧动力作用的同时，加快培育发展新动力；如何将高增长时期积累的市场、资金、供应链等优势转化为新动力成长的条件；如何推进科技创新和体制改革的新突破，为新动力发展壮大营造良好的条件和环境。

以供给侧结构性改革推动新一轮动力转换

中国经济增长的主要约束条件已从总量性失衡转化为结构性失衡,核心是供需结构错配,新一轮动力转换需要从供给侧入手,推进供给侧结构性改革,推动经济增长动力转换。

(一)推进供给侧结构性改革要立足当前着眼长远

供给侧改革要从化解当前突出矛盾入手,着力于防控和化解风险,重塑中长期经济增长动力。

1. 供给侧改革要从化解当前突出矛盾入手。由于产能过剩矛盾十分突出,部分行业出现周期性过剩和绝对性过剩的相互叠加,产品供给远大于需求,一度使得工业品价格持续回落,企业利润大幅下降,企业亏损面不断扩大。与此同时,商品房库存规模偏大,特别是三四线城市和部分二线城市尤为突出,需要较长的消化周期。通过"去产能",逐步化解工业领域的过剩产能,促进企业优胜劣汰,有利于工业品价格合理回归,扭转企业整体利润下滑的局面。通过"去库存",减少资金无效占用,降低债务违约风险,保持房地产市场健康稳定发展,可以发挥房地产业体量大、关联度高、带动力强的作用,增强对经济增长的支撑力。

2. 供给侧改革要着力于防控和化解风险。当前,我国企业的债务水平相对较高,非金融类企业债务规模已达到GDP的170%

左右，特别是重化工和房地产领域债务高企，资金链紧张，违约风险上升。供给侧改革，一方面可以通过处置"僵尸企业"和不良债务，加快资产重组，提高资产收益率，改善资产质量，避免潜在风险的积累和拖延；另一方面可以通过"降成本"，减轻企业负担，改善企业财务状况和偿债能力，降低银行不良率上升的压力，引导资金更好地支持实体经济发展，增强实体企业的活力，提高国民经济整体效益。

3. 供给侧改革要重塑中长期增长动力。供给侧改革不仅要做"减法"，"去产能、去库存、去杠杆"，还要做好"加法""乘法"和"除法"，提升资源配置效率和全要素生产率，提高经济增长的质量和效益。做加法就是要促进产业转型升级，培育新一代信息技术、新能源、生物医药、高端装备、智能制造和机器人等新兴产业领域，使新的增长点汇聚成强大的增长动力。做乘法就是要转向创新驱动，加大研发投入力度，加强知识产权保护，完善科技成果转化的激励机制，提高技术进步对经济增长的贡献率。做除法就是要提高单位要素投入的产出率，通过加大人力资本投资、加强职业技术教育，增强劳动者技能和在劳动力市场的竞争能力，提高劳动生产率；通过能源资源价格形成机制改革，引入市场化交易机制，提高能源资源利用效率，增强经济的可持续发展动力。

（二）推进供给侧改革仍需做好需求管理

推进供给侧结构性改革并不意味着需求管理和需求政策的退出，两者应相互配合，互为促进。需求管理主要是稳定总需求，保持经济运行在合理区间，为供给侧改革营造良好的宏观环境。而供给侧改革则要提高有效供给能力，创造新供给，提高供给质量，扩大消费需求，增强经济内生动力和活力，为经济稳定健康发展创造条件。

1. 供给和需求是宏观经济管理的两个方面。供给和需求是对立统一的，保持总供给和总需求的动态平衡是经济增长的重要条件。供需不平衡、不匹配就会导致资源错配和结构扭曲，影响经济增长的可持续性。供给侧改革并不意味着放弃需求管理。需求管理重在短期调控，重在引导市场预期。在全球经济持续低迷，国内仍面临经济下行压力的情况下，保持总需求基本稳定可以改善市场预期，增强对中国经济的信心，避免经济下行与市场预期形成相互循环的放大效应。

2. 供给侧改革需要需求管理有效配合。供给侧改革可能会在短期内形成一定的收缩效应，债务风险和隐性失业压力有可能集中释放，需要充分发挥需求管理的"稳定器"作用，避免经济增速短期快速下行激化各种矛盾和潜在风险，进而增大改革的难度和成本。当前，要根据供给侧改革的总体部署、时序安排和推进节奏，把握好需求管理的尺度，营造稳定的宏观经济环境，为供给侧改革有序推进创造条件。

3. 供给侧改革也能发挥提振需求的作用。近期，供给侧结构性改革的主要任务是"三去一降一补"，最终落脚点在于实现供需在更高水平上再平衡。比如，房地产"去库存"政策中的保障房货币化，在棚户区改造过程中以货币化形式鼓励搬迁住户购买存量房等，在消化库存的同时，也将拉动家电、家居、家装等相关消费。"补短板"可以通过对贫困地区和农村地区增加投入，改善基础设施和公共服务，带动投资和消费需求增长。供给侧改革还可以通过产品和服务创新，提升产品品质和质量，吸引和创造更多的国内外需求。

（三）供给侧结构性改革的主要任务

当前，我国经济运行存在的重大结构性失衡，虽然有阶段性政策性因素，但根本原因是体制机制性问题，必须从供给侧、结构性改革上找出路想办法。2016年以来，供给侧结构性改革逐步推开，重点推进"三去一降一补"五大任务，取得积极成效。但也要看到，供给侧结构性改革进展还不平衡，总体上看，对去库存、补短板等不触及既有利益格局调整的改革领域，各方面积极性较高，而去产能、降成本等领域面临掣肘较多，推进难度较大，去杠杆加快形成共识，但仍需要有战略性安排和具体举措。深化推进供给侧改革要进一步突出重点，把"三去一降一补"与相关领域改革有机结合起来，增强系统性、整体性和协同性，力求取得实质性进展。

1.去产能：与深化国有企业改革相结合。2016年，去产能进度逐步加快，全年钢铁去产能4500万吨、煤炭去产能2.5亿吨的年度任务提前完成。受去产能政策信号作用和影响，国内大宗商品价格出现明显回升，PPI同比增幅由负转正，企业利润明显好转。但去产能触及深层次利益调整，加之国有企业改革进展滞后，"人往哪里去、钱从哪里来、债务如何处置"在操作中仍面临诸多难题。今后一个时期，去产能要与深化国有企业改革结合起来，以市场为导向，区别不同情况，通过重组、部分退出或改制的方式，在消化过剩产能的同时推进企业市场化改革。坚持国有资产监管从管企业为主转向管资本为主，增强国有资本流动性，发展混合所有制经济。按照市场化法治化原则，以处置僵尸企业和空壳企业为突破口，推动企业兼并重组，通过严格执行环保、能耗、质量、安全等相关法律法规标准，去除落后产能，盘活沉淀的土地、厂房、设备等各种资源。建立过剩产能的有效出清机制，防止已经化解的过剩产能死灰复燃。在继续推动钢铁、煤炭行业化解过剩产能的同时，做好其他产能严重过剩行业的去产能工作。

2.去库存：以化解三、四线城市房地产库存为重点。2016年，随着房地产市场转暖，房地产销售速度加快，去库存取得初步成效，商品房待售面积有所下降。特别是一、二线城市库存量明显下降。但不同地区进展明显分化，一线和二线热点城市供求偏紧，三、四线城市库存仍然高企。过度宽松的货币信贷条件，放大了居民购房能力，居民杠杆率迅速攀升，加之土地供给偏紧，推动一线城市和部分热点二线城市商品住宅价格高位过快上涨，加快了房地产泡沫积累，对由此可能带来的风险要引起重视。今后一个时期，去库存要以化解三、四线城市房地产库存为重点，坚持分类调控，因城施策，在房价上涨压力大的一线和二线热点城市要合理增加土地供应，提高住宅用地比例，盘活城市闲置和低效用地，在人口净流出的三、四线城市要控制房地产用地供给量，抑制房地产存量规模过快增长。继续提高棚改货币化安置比例，鼓励农业转移人口购买城市商品房，通过推进人的城镇化减少房地产库存。

3.去杠杆：把降低企业杠杆率作为重中之重。近年来，我国企业杠杆率快速上升，已引起各方面广泛关注。根据国际清算银行测算，2010年到2015年期间，我国非金融企业部门债务总规模与GDP比值约为170%，过去5年上升46个百分点，是国际清算银行报告所列43个经济体中增速最快的。对高杠杆的负面影响，各方面共识度在提高，2016年去杠杆开始启动，出台了降低企业杠杆率和市场化债转股等政策举措。但也要看到，去杠杆需要分阶段有序推进，先控制杠杆率增速，再稳定杠杆率水平并优化杠杆结构，最后才能达到降杠杆的目的。要在控制总杠杆率的前提下，把降低企业杠杆率作为重中之重。按照市场化法治化原则，有序推进资产重组和债务处置，开展市场化债转股，更多发挥国家和地方资产管理公司作用，推进不良资产证券化试点，建立全国性不良资产交易平台，设立快速清算通道，提高资产处置效率。

4.降成本：着力降低制度性交易成本。2016年，中央和地方政府都推出了一系列降成本的举措，利率、电价、部分税费、五险一金、铁路运费都有所下调。特别是营改增之后，抵扣链条进一步理顺，各行业名义税负有所下降。与此同时，制度性交易成本高企的问题并没有根本解决。今后一个时期，要深入推进放管服改革，减少审批事项，削减政府性收费，优化政府服务，提高办事效率。在降低显性门槛后，进一步减少隐性障碍，放开中介服务市场，清理各类"红顶中介"，降低各类中介评估费用和服务收费。

5. 补短板：重在补"软件"短板。总体上看，各级政府对补硬件短板都高度重视，农业农村、水利、脱贫攻坚、生态环保等投入明显加大。但与此同时，影响制度供给的"软件"短板仍然突出。今后一个时期，补短板重在补"软件"短板，要增加创新能力建设、人力资本投资、社会保障体系建设的投入，加快建立覆盖全社会的征信体系，推进统一的政府信息平台建设和共享，加强市场监管和服务能力建设。特别是要增加社会民生和生态环境投入，更有力地扎实推进脱贫攻坚，增强人民群众的获得感。

在深入推进"三去一降一补"基础上，供给侧结构性改革还要拓展新领域。针对粮食产量持续增长，库存压力不断增大，绿色优质农产品供给不足，农民增收难度增大等矛盾和问题，要推进农业供给侧结构性改革，把增加绿色优质农产品供给放在突出位置，积极稳妥推进粮食等重要农产品价格形成机制和收储制度改革，深化玉米收储制度改革，完善稻谷小麦最低收购价政策。针对生产要素成本快速上升和国内外市场需求变化，传统产业盈利水平下降和资金"脱实向虚"现象，要大力振兴实体经济，推动实体经济适应市场需求变化，加快产品更新换代，提高产品质量和工艺水平，增强创新能力和核心竞争力，做实做优做强实体经济。针对金融资源过度向房地产集中和房地产泡沫等问题，要把促进房地产市场平稳健康发展作为重要任务，加快研究建立符合国情、适应市场规律的基础性制度和长效机制，限制信贷资金流向投资投机性购房。落实"人地挂钩"政策，根据人口流动情况分配建设用地指标，提高住宅用地比例。加快研究房地产税立法并适时推进改革。

着力培育经济增长新动力

我国经济发展进入新常态，一个重要的趋势性变化就是要素的规模驱动力减弱，经济增长将更多依靠要素质量和效率的提升。随着传统动力减弱，必须加大结构性改革力度，着力在科技创新、人力资本投资、产业转型升级、推进新型城镇化和基础设施网络建设、构建全球化生产运营体系等方面培育经济增长新动力。

（一）增强科技创新的驱动力

近年来，我国科技投入大幅增长，自主创新能力不断提升，科技进步对经济增长的驱动作用增强。2015年，全国研究与试验发展（R&D）经费支出14 169.9亿元，按汇率折算，我国研发经费继2010年超过德国之后，2013年又超过日本，目前已成为仅次于美国的世界第二大研发经费投入大国。研究与试验发展经费投入强度（与GDP之比）达到2.07%，已达到中等发达国家水平，居发展中国家前列。这些都为迎接新一轮科技革命和产业变革、加快向创新驱动转换奠定了良好基础。要推动新一轮动力转换，就必须加快形成创新驱动发展的体制机制，积极营造创新生态、培植创新土壤、释放创新活力，使科技创新与经济发展深度融合。

1.推进市场导向的科技创新。创新需要市场充分竞争，需要千千万万市场主体在试错中找到方向，这就要求发挥市场在资源配置中的决定性作用，主要靠市场发现和培育新的增长点。引导资金、人才、技术等创新要素按市场导向优化配置，引导创新资源向企业集聚，完善科研院所和高校的技术成果向企业转移机制，加大对中小企业、微型企业创新的扶持力度，促使企业摆脱对资源和要素消耗较多的加工制造环节的过度依赖，更多地依靠研发、设计、标准、供应链管理、品牌建设和无形资产投资，满足差异化和个性化需求，推进传统制造向以研发为基础的新型制造转型。

2. 把科技创新与产业转型升级结合起来。创新是科技成果的产业化过程，必须落实到创造新的经济增长点上。依靠科技创新，掌握核心技术，培育发展新一代信息技术、生物医药、高端装备制造、新能源等新兴产业，推动高新技术产业由组装为主向自主研发制造为主转变；加快传统重化工业现代化改造，增加高附加值环节的比重；推动劳动密集型产业向劳动、知识、技能密集相结合的方向发展，提高产品的知识、技术和人力资本含量。

3. 调动全社会创新创业的积极性。营造有利于全社会创新创业的政策制度环境，采取更有效的措施，加快政府职能转变，促进市场公平竞争、强化激励创新机制。落实和完善企业研发费用加计扣除、高新技术企业扶持等普惠性政策，鼓励企业增加创新投入。加快科技成果使用处置和收益管理改革，扩大股权和分红激励政策实施范围，完善科技成果转化、职务发明法律制度，使创新人才分享成果收益。

（二）加大人力资本投资

加大人力资本投资，加强中高端技能培训和中高等教育体系建设，释放人口质量红利，是适应我国劳动力供求关系变化，培育增长新动力的基础条件。

1. 建立现代教育体系。创新教学内容和方式，将科学精神、创新思维、创造能力贯穿于教育全过程，大力培养创新型人才。推进高等教育内涵式发展，以创新人才培养为中心，提高教育质量，增强高等学校的创新能力建设，支持高等学校参与国家创新体系建设。加快发展现代职业教育，增强职业教育的实用性，培养大批技术技能人才，加强农民工职业技能培训和岗位技能培训。强化基础教育的普惠性和公平性，巩固提高义务教育，加快普及学前教育和高中阶段教育，提升基础教育质量，缩小城乡教育差距。

2. 更加注重提升人力资本质量。深化教育体制改革，积极探索创新型人才培养和成长机制，完善人才评价、流动和配置机制，把发现、培养和用好人才放在优先位置，使各类人才的创新智慧和潜能竞相迸发，打造高素质人才队伍。在充分用好国内人才资源的同时，积极引进国外高质量人才和智力资源。

3. 激发人力资本潜能。重构企业家精神的激励机制，尊重和保护企业家个人财产权利，稳定有产者预期和信心。加快推进农民工特别是第二代农民工市民化，让进城农民工变成无差别的城市人，激发其投入经济建设和创业的激情。

（三）推进产业提质增效升级

进入经济新常态，增强中国经济增长动力，根本出路在于振兴实体经济，核心是推动产业提质增效升级，提升产业价值链和产品附加值。

1. 加快培育新的经济增长点。适应国际产业竞争格局的新变化，加快培育工业机器人、信息网络、集成电路、新能源、新材料、生物医药等新兴产业领域，推动智能制造、分布式能源等新型制造和网购、平台经济、互联网金融等新兴服务业态发展，促使企业向研发、设计、标准、品牌和供应链管理等环节提升。推动实施"中国制造2025"，充分利用信息技术革命的最新成果和先进智能制造技术，力争到2025年，制造业整体进入世界制造强国前列，建成全球领先的技术体系和产业体系。

2. 加快传统产业转型升级。传统产业仍是经济发展的主战场，要推进结构性减税，实施普惠性税收政策，努力减轻企业负担。进一步推进制造业与互联网深度融合，加快技术创新步伐，增强企业的价值创造力和市场竞争力。加快传统重化工业技术进步、管理创新、产业重组和优化布局，鼓励重化工业发展跨国经营。加快提高劳动者素质，推进传统劳动密集型产业和加工贸易转型升级。

3. 加快发展生产性服务业。生产性服务业已经成为提高制造业附加值和服务业生产效率的关键环节，要重点鼓励发展金融保险、商务服务、科技服务、信息服务和创意等生产性服务业，加快发展研发、设计、标准、物流、营销、品牌、供应链管理等生产性服务环节，提升制造业价值链和产品附加值。积极稳妥地扩大服务业对外开放，承接软件、电信服务、金融服务、管理咨询等国际服务业转移和服务外包。

4. 建设以低碳为特征的工业、建筑和交通体系。加强重点行业低碳技术研发应用,逐步建立行业排放标准,推进电力、钢铁、建材、有色、化工等工业节能技术改造,推广强制性能效标识,扩大节能产品认证范围,推行合同能源管理和能源审计;强化城市低碳化建设和管理,发展低碳建筑,对城市现有建筑实行节能改造,新建筑实行节能标准。加快发展轨道交通等低碳交通方式,健全低碳交通法规和标准,提高交通运输能效。

(四)推进新型城镇化和基础设施网络建设

推进城镇化特别是加快农村转移人口市民化,有利于消纳过剩生产能力,释放潜在消费需求,并继续创造基础设施和住宅等投资需求。

1. 积极发展城市群和大都市圈。进一步优化发展长三角、京津冀和珠三角三大城市群,促进形成以上海、北京、广州等一批国际大都市为核心的开放型国际化城市体系,积极培育长江中游、成渝地区、中原地区、关中地区、北部湾等一批基础条件较好、发展潜力较大的新兴城市群,建设连接主要中心城市的综合立体快速通道。增强这些城市群吸纳农村转移人口的能力,使越来越多有能力和符合条件的转移人口就地落户并实现市民化,在转变生活方式中释放消费潜能。

2. 加快中小城市和小城镇发展。增强中小城市和小城镇产业发展、吸纳就业和人口集聚功能,提高对农业转移人口的吸引力。加大中小城市和小城镇基础设施建设投入,释放对钢铁、建材等工业品的需求,完善教育、医疗、养老、文化、旅游等设施,建设各具特色的美丽宜居城镇,吸引外来人口居住,带动新兴服务业发展。

3. 加大重点经济带建设力度。以大江大河和陆路交通干线为纽带，积极谋划区域发展新棋局。实施京津冀协同发展战略，促进环渤海地区发展，辐射带动北方腹地发展。实施长江经济带发展战略，以长江黄金水道为依托，以长三角、长江中游、成渝城市群为支撑，建设以生态优先、绿色发展为先导的经济支撑带。以大珠三角城市群为平台，打造具有国际影响力和竞争力的湾区经济，辐射带动珠江—西江经济带发展，提升泛珠三角合作水平。

4. 增强基础设施网络支撑功能。加快完善国家铁路网，建设安全经济、高效通达的快速客运系统，以快速铁路、高速公路为骨干，以综合交通枢纽为支点，强化城市群内部和城市群之间的快速高效连接。加强物流基础设施网络建设，打造便捷可靠、优质专业的货运运输系统，优化客运枢纽集疏运功能，提高货物换装的便捷性、兼容性，促进各种运输方式的顺畅衔接和高效中转，提升物流效率，降低区域间物流成本。

（五）构建全球化生产运营体系

今后一个时期，我国与世界经济的关系将更加紧密，与主要经济体的互动关系将进一步增强，我国在坚持引进来的同时，将更加积极主动地走出去，在扩大开放中实现我国与世界各国互利共赢、共同发展。

1. 加快推进"一带一路"建设。深化与有关国家多层次经贸合作，建设利益共享的全球价值链。推进基础设施互联互通，优先推进骨干通道建设,加快形成国际大通道,构建联通内外、安全通畅的综合交通运输网络。深化与有关国家经贸合作,进一步创新贸易方式,不断提高贸易便利化水平,积极培育新的贸易增长点。加强与沿线国家的产业投资合作,共建一批经贸合作园区。深化能源资源合作,提升能源资源深加工能力,拓展合作的领域和空间。

2. 支持具有比较优势的企业"走出去"。鼓励钢铁、有色、石化、建材等原材料生产企业到海外建立生产基地,逐步将直接进口资源转变为进口原材料,推进我国制造业向精深加工化、服务化主导转变。拓展高铁、核电、通信、航空等大型成套设备的国际市场空间,形成一批具有国际竞争力的跨国企业,着力打造一批世界级品牌,培育竞争新优势。

3. 有序扩大服务业对外开放。分层次有重点放开服务业领域外资准入限制,推进金融、教育、文化、医疗等服务业领域有序开放,放开育幼养老、建筑设计、会计审计、商贸物流、电子商务等服务业领域外资准入限制。在完善审慎监管和有效管控风险的基础上,鼓励人民币向境外进行贷款和投资,培育建设人民币离岸市场,扩大人民币境外循环,稳步推进人民币国际化。对扩大开放条件比较成熟的服务业领域要大胆试验,推动对外开放迈出更大步伐。

围绕培育经济增长新动力深化改革

培育经济增长新动力,根本上取决于深化改革能否实现新突破，进而形成有利于新动力成长的体制机制，使经济发展的强大动力释放出来。要坚持问题导向，勇于突破创新，围绕培育新动力推进改革，形成深化改革和动力转换的良性互动。

（一）围绕创新驱动和人力资本投资深化改革

1. 加快形成创新驱动发展的体制机制。营造公平竞争的市场环境，矫正生产要素和资源性产品价格扭曲，增强企业创新发展动力。更加注重知识产权保护，深入实施知识产权战略行动计划，依法打击侵权行为，切实保护发明创造。以增量带动存量改革，在物联网、大数据、云计算、新能源汽车等新兴领域组建一批新型研发机构，取得一批原创性科研成果，推动体制内科研院所深化改革。

2. 加快教育制度改革。给予高校更大办学自主权，鼓励民间创办小型高层次研究型大学，放宽国外一流大学到国内合作办学的条件。推进一批地方本科院校向应用技术本科高校和职业教育转型。推进高等教育招生考试制度改革，推行初高中学业水平考试和综合素质评价，扭转应试教育倾向，建立健全多元招生录取机制。

3. 改革人才流动体制。改进人员岗位管理制度，破除人才流动的体制性障碍，促进科研人员在事业单位和企业间合理流动。破除体制内与体制外流动障碍，建立中国特色的"旋转门"机制，鼓励专业人才在学术机构、政府部门、企业和非营利组织间流动。健全人才向基层流动、向艰苦岗位流动、在一线创业的激励机制。分类推进人才评价机制和职称制度改革。

（二）围绕产业转型升级深化改革

1. 推动企业市场化兼并重组。制定企业破产法实施细则并付诸实施，停止财政资金、银行资金向僵尸企业输血，把沉淀闲置的资源解放出来。针对企业退出的各种制度性障碍，完善职工安置、债务处置、资产重组、企业改制等具体政策措施。积极探索市场化产能出清的新机制，如建立全国性的过剩产能交易市场，推动过剩产能指标跨区交易。

2. 深化国企国资改革。进一步推进国有企业混合所有制改革，在电力、石油、天然气、铁路、民航、电信、军工等领域加快迈出实质性步伐。完善现代企业制度，改革和健全企业经营者激励约束机制。多渠道解决企业办社会负担和历史遗留问题，保障职工合法权益。完善国有资产管理体制，加快国有资本投资公司、运营公司试点，打造市场化运作平台，提高国有资本运营效率。

3. 进一步放宽市场准入。大幅放宽石油天然气、电力、电信、铁路、金融、医疗、教育、文化、体育等基础产业和服务业领域民间投资市场准入，政府采取投资补助、资本金注入、设立基金等办法，引导社会资本投入重点项目。鼓励社会资本发起设立股权投资基金，鼓励投资项目引入非国有资本参股。在基础设施、公用事业等领域，积极推广政府和社会资本合作模式。

（三）围绕推进新型城镇化深化改革

1. 深化户籍制度改革。全面推行农业转移人口居住证制度，建立健全与居住年限等条件相挂钩的基本公共服务提供机制，实现城镇常住人口基本公共服务全覆盖。推进实施财政转移支付和城镇建设用地增加规模与吸纳农业转移人口落户数量挂钩。改革城乡有别的户籍制度，推进户口与各项公共服务脱钩。建立农业转移人口市民化成本分担机制。

2. 推进农村土地制度改革。在符合规划和用途管制前提下，允许农村集体经营性建设用地出让、租赁、入股，实行与国有土地同等入市、同权同价。保障农户宅基地用益物权，在试点基础上积极稳妥推进农民住房财产权抵押、担保、转让。探索宅基地自愿有偿退出机制。赋予农民对承包地占有、使用、收益、流转及承包经营权抵押、担保权能，鼓励承包经营权在公开市场上向专业大户、家庭农场、农民合作社、农业企业流转，发展多种形式的规模经营。

（四）围绕构建全球化生产运营体系深化改革

1. 建立贸易便利化体制机制。全面实施单一窗口和通关一体化，推行口岸管理部门"联合查验、一次放行"等协作机制，保持传统贸易方式竞争优势。加强国际协调，解决跨境电子商务在境内外的标准、支付、物流、通关、检验检疫、税收等方面的问题，建立便利跨境电子商务等新型贸易方式的体制机制。健全服务贸易促进体系，建立与服务贸易相适应的口岸管理和通关协作模式。

2. 创新外商投资管理体制。在总结现有自由贸易试验区探索试验的基础上，在更大范围内推广复制并全面实行准入前国民待遇加负面清单管理制度，促进内外资企业一视同仁、公平竞争。与此同时，建立健全与负面清单管理制度相适应的外商投资安全审查制度。

3. 完善境外投资管理体制。放宽境外投资限制，简化境外投资管理程序，除少数有特殊规定外，境外投资项目一律实行备案管理。清理取消束缚对外投资的各种不合理限制，完善对外投资合作国别指南和产业指引，为企业提供便利服务。推动中资金融机构海外网点建设，加强对境外企业的金融服务。

第六章
新治理改变中国

新阶段的中国经济，呼唤新治理

国务院发展研究中心资环所副所长　李佐军

与以往的五年规划相比，"十三五"规划具有很多独特的特点。

第一个特点，"十三五"规划弱化了总量规划，强化了质量规划。以往的五年规划主要强化了经济增长的速度、经济总量的增长。而"十三五"规划更多地强调了经济增长的质量和效益。第二个特点，"十三五"规划弱化了经济规划或者产业规划，强调了非经济的规划。以往的五年规划往往把产业发展放在很重要的位置，而且篇幅比较大，而"十三五"规划更多地强调了社会发展规划、生态规划、民生规划等非经济类规划。第三个特点，"十三五"规划弱化了需求侧的规划，强化了供给侧的规划。以往的五年规划对需求侧的"三驾马车"——投资、消费、出口内容强调较多，篇幅较重，而"十三五"规划更多地强调了供给侧的规划，供给侧也就是生产侧、企业侧、生产要素侧，"十三五"

规划这方面的内容非常多。第四个特点，"十三五"规划弱化了政府主导内容的规划，强化了市场主导内容的规划。以往的五年规划往往把重心放在政府要做的一系列事情上面，而"十三五"规划更多地强调了市场化的改革、市场建设本身以及市场发挥主导作用的一些领域。第五个特点，"十三五"规划弱化了项目规划，强化了行动规划。以往的五年规划主要针对各个产业以及基础设施建设提出了很多具体的项目规划，而"十三五"规划主要强调各个主体的行动规划，项目规划往往针对客体，行动规划则针对主体，这二者是有所不同的。

新阶段

"十三五"时期中国进入一个新的阶段，怎么来判断新的阶段呢？

第一个判断是中国经济已经由原来的高速增长转入中高速增长阶段。也就是说由改革开放30多年来的平均增速9.6%左右转变为6%~7%这样一个新的增长阶段。

第二个判断是"十三五"期间中国的产业发展进入转型升级的攻坚时期。产业发展要由原来低端、低附加值的产业（或者称为高消耗、高污染、高排放的产业）向高端、高附加值、知识技术密集型、绿色低碳、符合消费结构转型升级方向、具有国际竞争力的产业转型，我国的产业发展就要进入这样一个新的阶段。

第三个判断是"十三五"期间中国的工业化进入新阶段。工业化分为前期、中期和后期，"十三五"期间进入中后期阶段，也就是从中期向后期过渡的阶段，中后期阶段最主要的一个特征是重化工业阶段开始进入下半场。自 2000 年以来，中国进入重化工业阶段，过去十多年是资源能源密集型的重化工业快速发展时期，是重化工业阶段的上半场。近几年来，我们开始步入重化工业阶段的下半场，也就是说进入知识技术密集型重化工业与生产性服务业相交融发展的阶段。在"十三五"期间，这类产业将会得到更多、更快的发展。

第四个判断是中国的城镇化在"十三五"时期进入加速阶段的下半场。根据国际经验，当一个国家或者地区的城镇化水平达到 30%~70% 的时候，就进入加速阶段，其中 30%~50% 属于加速阶段的上半场，50%~70% 属于加速阶段的下半场。2015 年中国的城镇化率达到了 56.1%，说明我们的城镇化已经进入加速阶段的下半场。

第五个判断就是中国的区域经济一体化在"十三五"期间进入快速推进时期。区域经济一体化实际上意味着区域内部不同城市、不同地区分工协作的加深。区域经济一体化的快速推进可以极大地提高效率，实现区域之间的共赢发展。正因为如此，近几年来我们开始推进京津冀协同发展、长江经济带发展以及东北城市群、京津冀城市群、长江中游城市群、成渝经济带城市群等新老城市群的发展。

第六个判断是中国在"十三五"期间将进入全面改革的实施期。自党的十八届三中全会之后，中国进入全面改革的新时期，我们将要推进包括经济、政治、文化、社会、生态、党建、军队在内的"七位一体"的改革。这些改革已经进行了很多顶层设计,在"十三五"时期,这些改革必须要逐步落地,到2020年要取得决定性成果。

第七个判断是中国已经进入"中等收入陷阱"的敏感时期。2015年中国的人均GDP已经接近8000美元,相关研究和国际经验表明我们已经进入中等收入阶段。很多国家在中等收入阶段都遇到过"中等收入陷阱",中国在"十三五"时期也面临"中等收入陷阱"的挑战。我们在"十三五"期间必须努力避免陷入"中等收入陷阱"。

新机遇

第一个机遇是和平与发展的主题没有变。世界多极化、经济全球化、文化多样化、社会信息化正在深度发展,这"四化"对中国来说都会有新的机遇。比如说世界多极化意味着中国可以在未来的世界舞台上发挥它独特的作用;经济全球化意味着我们可以继续积极地参与经济的全球分工协作,分享全球分工协作的好处;文化多样化意味着中华文化还可以发挥它独特的作用;社会信息化意味着中国已经建立起来的信息技术、信息产业的相关优势还可以继续发挥它的作用。

第二个机遇是世界经济在深度调整中曲折复苏带来的机遇。尽管前面两个定语"深度调整、曲折"不是太好听,但最好的落脚点毕竟是在复苏上面。"十三五"期间与"十二五"期间相比,国际经济形势相对来说要好一些,因为"十二五"时期适逢2008年国际经济危机刚刚爆发不久,很多国家和地区仍然处于国际经济危机当中。而"十三五"时期以美国为代表的很多经济体已经逐步从上一轮国际经济危机中走了出来，开始走向复苏，所以"十三五"期间中国的对外出口、对外贸易总体来说面临着相对较好的国际环境。

第三个机遇是新一轮全球技术革命、产业革命蓄势待发带来新的机遇。这一轮新技术革命主要表现在信息技术、智能制造技术、新能源技术、新材料技术等方面，这些新技术也会促进与其相关的新产业的发展，这也为中国在"十三五"时期发展适应这类技术进步的相关产业带来机遇。

第四个机遇是全球治理体系深刻变革给我们带来新的机遇。在这一轮全球治理体系变革的过程中，中国作为发展中国家的主要代表，在世界经济政治格局中的地位总体是相对上升的。事实上，最近几年来中国在全球治理体系中正在发挥越来越重要的作用。比如说亚投行的成立，意味着我们已经积极地参与到全球金融治理体系之中；比如说2016年召开的巴黎气候大会上，中国也在发挥越来越重要的作用；比如说人民币已经加入了特别提款权货币篮子，意味着人民币将逐步成为很多国家的储备货币。这些都意味着中国在全球治理体系地位的提升。

第五个机遇是消费结构升级带来的新机遇。消费结构升级是有规律的，过去多年来主要满足了吃、穿、住、行、用五大基本需求。当前和今后还有新五大需求正在不断地形成、产生和提升。这新五大需求可以概括为学、乐、康、安、美，也就是学习的需求、快乐的需求、健康的需求、安全的需求、美丽的需求。随着人民生活水平的提高，新五大需求比重不断上升，而且发展潜力巨大。吃、穿、住、用、行五大传统需求尽管还有，但是相对比重在下降。消费结构向学、乐、康、安、美升级的趋势没有因为这次调整而中断，在"十三五"期间还将继续处于升级的过程中，这就为我们在"十三五"时期发展与这种消费结构相适应的相关产业和产品带来了新的机遇。

第六个机遇是工业化进入新阶段带来新机遇。中国的工业化已经进入中后期阶段，进入知识技术密集型重化工业与生产性服务业相交融发展的阶段。在"十三五"时期这个过程还要持续，这就为"十三五"时期发展与工业化进入这一阶段相适应的相关产业尤其是知识技术密集型产业与生产性服务业带来了新的机遇。

第七个机遇是城镇化进入新阶段带来新机遇。城镇化进入加速阶段的下半场，到加速阶段的结束点也就是70%左右，我们要达到这个点也还有十多年。因为2015年中国的城镇化率是56.1%，假设每年以一个百分点的速度向前推进，达到70%左右城镇化相对停滞下来的那个时间点，也还要有十多年。这意味着还要有几亿农民进城，还要有很多新的城市、新的城区产生，还要有很多新的基础设施要建设，还要有很多新的产业和消费空间要出现，所以它是一个机遇。

第八个机遇是区域经济一体化快速推进带来新机遇。区域经济一体化可以带来效率的提高，带来区域发展的共赢，正因如此，党的十八大以来，新一届中央领导班子特别强调推进大区域的一体化，包括"一带一路"、京津冀协同发展、长江经济带等重大战略的制定。事实上，在此之前全国各地有关区域经济一体化的战略已经蓬勃展开，比如哈长城市群，长吉图开发开放先导区，辽宁的"五点一线经济带"、沿海城市带、辽中城市群、沈阳经济圈，京津唐，京津冀，山东的半岛城市群、黄河三角洲，江苏的南京城市圈、沿海经济带，安徽的皖江经济带，福建的海西经济区，江西的昌九工业走廊，广东的珠三角，广西的北部湾经济区，云南的滇中城市群，湖南的长株潭城市群，湖北的武汉城市圈，成渝经济带，西咸一体化（西安、咸阳一体化），乌昌一体化（乌鲁木齐、昌吉一体化），宁夏的沿黄经济带，呼包鄂城市群，太原城市群，中原经济区等。总之，区域经济一体化正在中国大地上蓬勃展开，在"十三五"时期这个过程还将持续，在此过程中，也会带来很多新的机遇。

第九个机遇是全面改革深入推进带来新的机遇。十八届三中全会之后中国已经进入全面改革的新时期，在全面改革的过程中，意味着各个主体之间的责权利关系将出现大调整，在责权利关系调整的过程中，对于部分主体来说它会带来机遇。因为改革可以通过调动各个主体的积极性释放红利，改革可以通过优化资源的配置释放红利，改革可以通过促进技术进步提升人力资本释放红利，改革也可以通过改善投资者和消费者的预期来释放红利。

新挑战

第一个方面的挑战，全球经济和贸易复苏乏力带来挑战。尽管最近几年来以美国为代表的一些主要经济体的经济有所复苏，但是总体来看全球经济复苏仍然是比较乏力的。"十三五"期间，尤其是"十三五"前期世界经济和贸易增长乏力，会给中国的出口和对外投资带来一些不利的影响。

第二个方面的挑战，世界市场尤其是大宗商品市场相对比较低迷，这也带来一些挑战。比如说最近几年来石油、铁矿石、铜等这些大宗商品的价格相对来说增长速度比较慢，有的还下降比较多。世界大宗商品价格或者市场的相对低迷也会给"十三五"时期中国的经济发展带来一些不利的影响。

第三个方面的挑战，地缘政治关系复杂多变，世界竞争加剧也会带来挑战。随着中国经济总量超过日本成为世界第二之后，很多国家对中国开始有些戒惧。针对中国产品的反倾销贸易保护主义甚嚣尘上，甚至有些国家开始对中国进行全方位的围堵，这对我们未来的发展也会产生一些不利的影响。与此同时国际竞争还在加剧，尤其是产业竞争在加剧。2008年后，美国等一些国家在应对国际经济危机的过程中强调要推进再工业化、再制造业化，中国下一步也必须大力发展高端的、高附加值的产业，这就与美国推进再工业化、再制造业化形成正面的冲突和竞争。

第四个方面的挑战，中国经济增速换挡带来挑战。经济增速自2010年以来一直在下行，现在总体还处于经济下行的通道上。"十三五"期间，尤其是"十三五"前期经济增长还继续面临一些下行的压力，面临一个探底的过程，在这个过程中会遇到一些新的挑战。

第五个方面的挑战是经济结构调整阵痛带来的挑战。在经济下行的过程中，也会带来巨大的经济结构调整。结构调整主要是两个方面，一个方面是过剩的产能、落后的产能，还有一些"僵尸企业"面临被淘汰的命运；另一个方面，我们又必须要大力发展一些新兴产业、高附加值产业、具有国际竞争力的产业，这就是产业结构调整的主要表现。在这个过程中尤其是在淘汰落后产能、淘汰"僵尸企业"的过程中是有阵痛的。

第六个方面的挑战是经济增长动能转换带来的挑战。过去中国经济增长主要依靠投资、消费、出口"三驾马车"来拉动。现在这"三驾马车"的边际效应在递减。与此同时，它们带来的副作用和后遗症越来越明显，所以我们必须要从供给侧找新的动力。供给侧新的动力可以概括为"三大发动机"，所谓"三大发动机"是指制度变革、结构优化、要素升级。制度变革是指改革；结构优化是指工业化、城镇化、区域经济一体化、国际化等；要素升级是指技术进步、人力资本的增加、信息化、知识增长等。这"三大发动机"对应着中央领导强调的改革、转型、创新三个方面。在"十三五"时期我们必须要逐步摆脱对传统"三驾马车"的依赖，更多地依靠"三大发动机"来拉动经济增长。但是传统的"三驾马车"在退出的过程中，新的"三大发动机"不一定能够及时衔接上，在新旧增长动能转换的过程中，如果出现了衔接不上或者不协调的情况，会引发一些新的问题和挑战。

第七个方面的挑战是经济泡沫累积带来的挑战。过去我们主要依靠财政政策尤其是政府投资政策，还有货币政策尤其是释放流动性的政策，拉动投资、消费、出口"三驾马车"来稳增长，确实起到了稳增长的效果。但与此同时也带来了一些副作用和后遗症。比如说带来了实体经济的产能过剩，钢铁、煤炭、电解铝、玻璃、冶金、造船等行业的产能利用率只有70%左右，造成了比较大的资源浪费；比如说带来了高房价等资产价格的泡沫；也带来了地方政府、企业的债务率过高或者说杠杆率过高；也带来了影子银行的过度发展，银行不良资产率上升，现在有个别银行的不良资产率已经超过了警戒线；同时也带来了资源环境约束的加剧。这些新的经济矛盾问题在"十三五"时期还可能演化，在"十三五"时期我们必须痛下决心来面对这些问题，必须要解决这些泡沫问题，而解决的过程中也存在一些挑战。

第八个方面的挑战是人口红利消失带来的挑战。自2012年开始，16岁至60岁之间的生产性人口占总人口的比重开始下降，这说明人口红利开始消失。2008年前后"刘易斯拐点"也到了，无限供给的农村剩余劳动力没了。近两年来，我们开始应对人口红利消失的挑战，已经开始放开两胎。刚开始是放开单独二孩，但从这一两年的实际情况来看，没有完全达到预期效果。2015年16岁至60岁之间的生产性人口总体下降了487万，2015年60岁以上的老人占总人口的比重达到了16.1%，65岁以上老人占总人口的比重达到了10.5%，本来我们期望2015年新增加婴儿100万左右，实际情况是下降32万，所以人口形势总体还是比较严峻的，也将给"十三五"时期的经济社会发展带来一些挑战。

第九个方面的挑战是资源环境约束加剧带来挑战。随着中国经济持续高速发展，资源、能源越来越短缺，资源、能源的对外依存度也在逐步提高，2014年我国石油的对外依存度已经提升到60.39%。与此同时环境污染的压力也在加大，雾霾已经成为不可承受之重。2014年74个大中城市中空气污染达标的城市只有不到10个，劣五类水的比重超过10%。这种比较严峻的资源环境压力在"十三五"时期还会存在，有些方面甚至还会加重，这也会给"十三五"中国经济社会的发展带来挑战。

新理念

在2015年召开的十八届五中全会上，《中共中央关于制定国民经济和社会发展第十三个五年规划的建议》明确提出"十三五"规划必须要遵循"五大发展理念"。"五大发展理念"可以说是"十三五"规划的灵魂。

第一大理念就是创新发展。为什么要强调创新发展？中国经过30多年的高速发展之后，粗放也就是大规模投入资源能源的发展模式已经走到了尽头，已经遇到了"天花板"。下一步必须要寻找新的增长动力、新的增长点，必须要通过提高效率来拉动经济增长，而要提高效率又依赖于创新。所以我们必须要有创新发展的理念。

第二大理念是协调发展。协调发展是包括城乡协调发展、区域协调发展，精神文明和物质文明协调发展，经济建设和国防建设协调发展等各个方面的协调发展。为什么要强调协调发展？因为现在我们在应该协调的领域还没有很好地协调起来，如果不能协调发展，那就会导致社会不公，导致经济社会发展的不可持续。所以"十三五"规划特别强调要协调发展。

第三大理念是绿色发展。绿色发展强调的是既要绿色又要发展，也就是说"既要金山银山，又要绿水青山"。中国在经过多年的高速发展之后，资源环境的约束加剧、压力加大，同时我们也向国际社会承诺，要积极参与应对全球气候变暖这个人类的共同任务。所以必须要通过绿色发展来实现可持续发展。

第四大理念是开放发展。开放发展也就是要继续扩大开放，通过开放来促进改革，通过开放来促进发展，通过开放来分享全球分工协作的好处。

第五大理念是共享发展。共享发展要解决的就是要让老百姓共享改革开放的成果，要解决收入差距、贫富差距、城乡差距过大的问题，要让更多的人来分享社会的公平与正义。

新目标

"十三五"规划提出的新目标可以概括为六个"双"：

第一个目标是"双中高"。第一个"中高"是指"十三五"期间要实现经济增长由高速增长向中高速增长转变。具体来说，GDP的年均增速要达到6.5%以上。到2020年GDP的总量达到92.7万亿元。为什么我们要定这样一个底线目标？为什么不能把目标定得过高？因为要考虑到"十三五"时期中国面临人口的约束、人口红利消失的约束、资源环境约束加剧的影响，还有中国工业化进入新阶段对GDP增长的影响，国际环境相对恶化对GDP增长的影响，极速效应对GDP增长的影响，所以定的目标不能太高，但另一个方面又要相对比较积极，那是考虑到中国仍然还处于工业化、城镇化快速推进的过程中，还有发展潜力，还有很大的回旋空间，经济增长的韧性也比较强。同时也考虑到我们已经制定的到 2020 年全面建成小康社会的宏伟目标。要根据全面建成小康社会的目标，到 2020 年人均 GDP 和城乡居民的收入要比 2010 年翻一番，根据这样一个目标倒推，在"十三五"时期 GDP 的增长也必须要达到 6.5% 以上，才能完成我们制定的宏伟目标。第二个"中高"是中高端产业，就是要实现由现在的相对比较低端的产业向未来中高端产业的升级。具体来说，一方面要提高服务业或者第三产业的占比，明确的目标是"十三五"时期要将第三产业占 GDP 的比重从 2015 年的 50.5% 提高到 2020 年的 56% 左右，高新技术产业的增加值对 GDP 的贡献要提高到 15% 以上，全员劳动生产力要由 2015 年的人均 8.7 万元提升到 2020 年的人均 12 万元以上。

第二个目标是"双创"——大众创业、万众创新。"十三五"时期我们要通过创新驱动来拉动经济增长，要通过创新驱动提高生产力，实现可持续发展。"十三五"规划纲要明确了两个主要的有数字的目标。比如说全社会的研发费用占 GDP 比重要由 2015 年的 2.1% 提升到 2020 年的 2.6% 左右。科技对经济增长的贡献率 2020 年也要提高到 60% 以上。

第三个目标是"双协调"。"双协调"也就是城乡协调、区域协调。从城乡协调来看，在"十三五"时期要进一步推进城乡一体化，缩小城乡差距，缓解城乡二元结构的矛盾。具体来说就是要加快推进新型城镇化，要将户籍人口的城镇化率从 2014 年的 35.9% 提高到 2020 年的 45%。也就是说在这六七年时间里户籍人口的城镇化水平平均每年要提高 1.3 个百分点，平均每年要让 1600 万农民变成市民。另一个方面就是常住人口的城镇化率也要由 2015 年的 56.1% 提高到 2020 年的 60%。第二个方面的协调就是区域协调。区域协调就是要解决好中国相对发达地区和相对落后地区的公平发展、均衡发展问题。为了促进区域均衡协调发展，要解决好交通网络建设问题，所以"十三五"规划纲要对两类重要的交通提出了非常明确的目标。到 2020 年高铁里程要超过 3 万公里，新建、改建的公路里程也要超过 3 万公里。

第四个目标是"双方式"。所谓"双方式"是指要形成绿色的生产方式和绿色的生活方式。要促进绿色发展、低碳发展、循环发展，要建设生态文明，要积极应对全球气候的变化。"十三五"规划纲要提出了以下明确的目标：比如单位 GDP 的用水量、单位 GDP 的能耗、单位 GDP 的二氧化碳减排量，从 2015 年开始到 2020 年分别要下降 23%、15%、18%，森林覆盖率到 2020 年要上升到 23.04%。地级以上城市优良空气质量天数要超过 80%。新能源（非化石能源）占一次能源消耗的比重要达到 15% 以上。

第五个目标是"双轮驱动"。所谓"双轮"，一轮是改革，另一轮是开放。在"十三五"时期，从改革这一轮来说，要逐步建立健全基本经济制度，建立现代产权制度，建立现代法治政府。要充分发挥市场在资源配置中的决定性作用，同时更好地发挥政府的作用，要建立引领经济新常态的体制机制。从开放这一轮来说，"十三五"时期要进一步深化对外开放，扩大对外开放，要进一步提高对外开放的水平和质量，要进一步建立、完善对外开放的体制机制，要完善对外开放的布局，要推进"一带一路"建设，要积极主动地参与全球治理体系，要创新对外贸易和对外投资的方式等。

第六个目标是"双补"。所谓"双补",一方面是要补扶贫的短板,另一方面是要补公共服务的短板。从扶贫的短板来看,在"十三五"时期我们必须要全部解决脱贫的问题,因为到 2020 年我们要完成全面建成小康社会的目标。要全面建成小康社会就必须让所有人口都脱贫,如果仍然还有贫困人口,就说明我们还没有完成全面建成小康社会的目标。按照目前国内的扶贫标准,如果以 2010 年的不变价来算,就是年均收入低于 2300 元,如果以 2014 年的可变价来算,就是年均收入低于 2800 元,如果以 2020 年来算,那就是年均收入低于 4000 元。按照这样一个水平,2014 年中国的贫困人口仍然还有 7017 万。如果按照联合国的贫困标准来计算的话,也就是人均每天的收入低于 2 美元,就属于贫困人口,按照这个标准来算,我们的贫困人口仍然还有 2 亿多,这个任务对我们来说有点偏艰巨,按照国内的标准来说,现在有 7017 万贫困人口,到"十三五"末,也就是 2020 年必须要让 7017 万贫困人口全部脱贫,让现有的 592 个贫困县全部摘帽,让 14 个集中贫困连片区的贫困问题全部解决。另一个短板就是公共服务的短板。这里面包括社会事业方面的短板,"十三五"时期要使人均受教育年限从目前的 10.23 年提高到 10.8 年,新增的城镇就业人口要增加 5000 万,棚户区改造的房子要新增加 2000 万套,人均寿命提高 1 岁。

新制度

新制度也是"五大发展理念"中创新发展理念的内容之一,

在"十三五"规划纲要里就"十三五"期间要建立的制度主要强调了以下几个方面。

第一个方面的制度是要建立完善基本经济制度。要进一步加快发展、重视发展公有制经济,同时也要引导重视发展非公有制经济。要解决好这两类经济的共同发展、协调发展、公平发展的问题,要建立与之相适应的一整套新的基本经济制度。

第二个方面的制度是要建立现代产权制度。这是一项相对比较新的内容,因为现代市场经济的基石实际上是产权。过去我们的产权已经形成了一定的基础,但是它与我们要建立的现代市场经济还有一定的距离。所以"十三五"期间我们要加快建立完善现代产权制度,包括企业的产权制度,包括自然资源资产的产权制度,包括农村土地的产权制度,包括知识产权制度等。

第三个方面的制度是要建立并完善现代市场体系。现代市场体系主要包括两类市场,一类是产品市场,另一类是要素市场。在过去30多年的改革中,产品市场已经基本建立起来,当然还有待于进一步完善。在"十三五"期间我们要重点突破、完善的是现代要素市场,包括资金市场、土地市场、科技市场、人才市场等。与此同时,现代市场体系还有一个很重要的内容,那就是价格形成机制或者说市场价格体系。在"十三五"期间要逐步建立完善价格形成机制,使价格能够及时地反映供求关系,反映资源能源的稀缺性。

第四个方面的制度是要推进行政管理体制改革。行政管理体制改革是一个难点也是一个重点,近几年已经有所推进,但还没有完成任务。所以"十三五"时期还要进一步深化行政管理体制改革，主要包括审批制度改革、商事制度改革，还有政府"三单制度"的建立，所谓"三单制度"就是权力制度、责任制度、负面清单制度。通过这一系列的与政府有关的制度的建立，逐步转变政府职能，界定政府的职责，解决政府的越位、缺位、错位问题，通过政府改革为市场为企业提供更大的空间。

第五个方面的制度是要深化财税制度、金融制度改革。财税制度最主要的是要解决好中央政府与地方政府、政府与企业之间的利益分配关系。从中央政府与地方政府的关系来看，最主要的是要解决好各级政府的财权与事权的对称问题，也就是责权利的对称问题。

通过财权事权对称方面的改革，进一步激发地方政府的积极性。与此同时，还要推进金融体制改革，最主要的是现代金融监管体制改革、银行体系改革、资本市场改革、利率汇率市场化改革等。在"十三五"期间这一类金融改革是要重点推进的。

新动力

"十三五"期间要形成新的动力，这也是"五大发展理念"中创新发展所要求的内容之一，它属于创新发展的核心范畴。新动力主要表现在以下几个方面。

（一）主体创新

所谓主体创新就是各种行为主体本身要变成创新型的主体。具体来说包括以下几类创新型的主体。第一类主体是创新型企业，尤其是创新型领军企业。要使企业由原来以模仿为主变成以创新为主，通过创新来形成竞争力，来促进经济的健康可持续发展。第二类主体是创新型个人。具体表现为创客，还有各种专业技术人才等。第三类主体是创新区域。也就是要建立创新型的城市、区域创新中心、创新型园区等。第四类主体是创新型科研院所和高等院校。因为科研院所和高等院校是社会创新不可或缺的、主要依靠的一支重要力量。第五类主体是要培育国家创新平台。比如说"十三五"规划纲要提到的国家实验室、国家创新中心、国家技术中心等。第六类主体是要培育创新型政府。政府本身也有一个创新的问题，比如说政府的公共服务委托外包给企业或社会，这就是一种创新。

（二）人才创新

"十三五"规划纲要提到的与人才创新相关的内容主要体现在人才战略这一部分。具体来说包括以下三个方面的核心内容，第一个方面是要培育、凝聚人才，而且是要培育、凝聚各类人才，包括各种专业人才、经营管理人才、党政人才等。第二个方面是要配置人才，也就是说要让培育、凝聚的那些人才各得其所，让他们发挥应有的作用。为此就必须推进人才的流动，让人才在全国各地各行业之间自由流动，同时还要加强人才交流。第三个方面是要留住人才。留住人才主要是通过待遇留人、岗位留人和感情留人。所谓待遇留人就是要通过解决人才所关心的工资、奖金、福利、股权等待遇来留住他们；岗位留人就是要给人才发挥重要作用的舞台；感情留人即通过文化、荣誉、精神激励等方式来留住人才。

（三）科技创新

在"十三五"规划纲要里面特别强调了四类技术的创新。第一类是基础技术、前沿性技术、颠覆性技术的研究以及相关技术的开发与创造。第二类是共性技术，重大的共性技术也要加快研究应用。第三类是一些重点领域、重点行业的技术，要重点攻关。第四类是核心技术和战略性技术。

（四）产业创新

产业创新，包括产品创新。也就是说在"十三五"期间我们要把新技术所对应的一些新的产业、相关的产品开发出来，推进产业整体创新。包括产业组织创新、产业集群也都是产业创新的具体形式。每一个产业里面又涉及很多具体产品的创新。

（五）信息创新

在"十三五"规划纲要里面专门有一章是信息网络建设，在这部分也有非常丰富的内容，比如说要做好与信息创新相关的一系列信息基础建设，如母机、宽带、网络等。同时要解决好相关信息产业尤其是互联网产业的信息安全保障问题等。

（六）模式创新

模式创新可以理解为"四众"：众筹、众包、众扶、众创。这在"十三五"规划纲要里面也被特别予以强调。

（七）体制机制创新

体制机制创新最主要的是针对科技的体制机制创新。科技管理体制要创新，科技经费的管理体制也要创新。要通过体制创新增加科研院所、高等院校和各类科研人才的自主权，激发他们创新的积极性和创造性，挖掘他们的潜能。当然，科技体制机制创新还包括分配机制创新，要解决好广大科研人员所关切的问题，要形成比较合理的分配制度，要让研究人员愿意去做课题，有积极性去做课题。

（八）需求动力创新

在整个经济增长的动力中有需求侧的动力，也有供给侧的动力。以往的五年规划中，对需求侧的动力是有很多丰富的内容来描述的，"十三五"规划对需求侧动力的描述相对弱化了，但也没有忽视，放在新的动力这一个体系。需求侧动力创新主要包括三个方面的内容：第一个方面是推进消费升级，最具体的、最主要的表现为消费品品质的升级，也就是要解决好现在大家关切的问题，比如说为什么中国人要到国外去买马桶盖？那是因为我们的消费品品质不好，所以在"十三五"规划中，我们要解决好消费品品质的问题，对那些不能保证质量的要进行惩戒。第二个方面是要增加有效投资，最重要的是基础设施投资和公共设施投资。所谓有效投资就是有效率、有回报的投资。2015年的政府工作报告中对2016年的有效投资是有明确部署的，比如说要完成铁路投资8000亿元以上，公路投资1.65万亿元。第三个方面的需求侧动力创新就是出口，要培育出口的新优势。通过促进出口产品的转型升级，通过"一带一路"开拓全球的新市场，来推进出口的扩大，来培育中国出口的竞争新优势。

新产业

"十三五"规划纲要提出要发展新产业，关于发展新产业，可以概括为以下四个方面。

第一个方面是要发展现代农业。"十三五"规划纲要就如何发展现代农业做了比较详细的部署。比如说要提高农产品的品质，要优化种养的结构，要优化农产品的结构，要推进农业与工业和服务业的融合发展，还包括要建立现代农业的经营体系，最主要的是要搞规模经营，要建立更多的符合现代市场经济需要的现代农场等新的组织形式，要进一步鼓励城市的工商资本下乡等。要建立现代农业服务体系，发展现代农业，要推进农业装备水平的提高，还要推进农业现代化水平的提高。建立现代农业还要解决农业的支持体系问题，包括要增加对农业的投入。要解决好农业发展中所需要的融资问题、人才问题等。

第二个方面是要发展现代制造业。"十三五"规划纲要对如何发展现代制造业也做了比较具体的部署。比如说强调工业强基，也就是说要强化现代工业的基础。比如说提到了要发展新兴制造业，新兴制造业最主要的是绿色制造业、职能制造业等，强调要推进传统制造业的优化升级、转型升级，还强调要提高制造业的品质，要塑造制造业的品牌，也强调要解决好制造业发展过程中已经形成的比较严重的产能过剩问题。这也是我们当下特别强调的供给侧结构性改革的重要任务之一，因为产能过剩在制造业方面表现得尤为突出。制造业就是实体经济的主要表现形式，要解决好制造业发展过程中实体经济企业成本降低的问题，就要降低实体经济企业的制度性交易成本、税费成本、财务成本、电力成本和物流成本。制度性交易成本是指企业与政府打交道过程中的各种隐性成本，财税成本包括税收还有各种费乃至一些社保方面的费用。企业与金融机构打交道过程中，存在比较多的财务成本，因为很多企业好不容易挣点钱，还必须把利息交给银行，所以我们要降低这方面的成本。电力成本就是解决电力机构、电力企业电费过高的问题。物流成本就是解决企业所关切的必须留下买路钱的问题。

第三个方面是要发展战略性新兴产业。"十三五"规划纲要对战略新兴产业也给予了特别强调，具体来说，在"十三五"时期，我们要重点发展一些新兴产业。比如说IT产业、新材料产业、新能源产业、生物产业等。同时还要发展培育战略性产业，比如说深海、深空、航天航空这样一些战略性产业。此外，还有与核有关的产业。

第四个方面的内容是要发展现代服务业。"十三五"规划纲要就现代服务业特别强调要推进生产性服务业的专业化，强调要提高生活性服务业的品质，强调要为生产性服务业和生活性服务业创造良好的体制机制环境。

新支撑

新的支撑也属于创新发展的内容之一,新的支撑主要是指基础设施建设,"十三五"规划纲要对新的支撑主要强调了三个方面的内容。

第一个方面是要建立完善现代综合交通运输体系。在"十三五"时期,要建立完善连通国内国际的综合交通运输网络体系。要发展城市和城际交通,要建设更好的重点交通枢纽,要推进交通向绿色低碳、智能和安全方面深化发展。

第二个方面是要建立完善现代能源体系。具体来说,要优化能源的结构,提高能源的效率。优化能源结构最主要的是要发展太阳能、生物智能、一部分核能、水能等新能源、清洁能源。

第三个方面要建立完善现代能源的储运体系。要解决好能源的储藏运输问题,同时还要高度重视发展现代智能能源或智慧能源,要将能源的发展与物联网、互联网有机结合起来。

新布局

新的空间布局对应着"五大发展理念"中的协调发展。形成新的格局,主要包括两方面的内容。

第一个方面是城乡协调发展。城乡协调发展最主要的是要缩小城乡差距,缓解城乡二元结构矛盾,具体路径是推进新型城镇化,推进新型城镇化主要按照以下几个特点去推进。

第一个特点,它是人本的城镇化。也就是说是以人为本的城镇化，以解决农民问题为主要目的的城镇化，以推进农民市民化为主要抓手的城镇化。

第二个特点，它是市场的城镇化。在城镇化过程中，一方面要发挥好政府的引导作用，另一方面要发挥企业和市场的作用，也就是说要推进市场的城镇化。

第三个特点，它是协调的城镇化。在推进城镇化的过程中，要推进大中小城市和小城镇的协调发展。要将城镇化建设与产业发展协调起来，避免出现城镇建起来后因产业没配套而造成空城、鬼城等问题，同时也要解决好城镇化与新农村建设的协调问题。

第四个特点，它是特色品牌的城镇化。每个城市都要形成特色定位、特色产业、特色品牌，而不能千城一面，走到哪里都一样。

第五个特点，它是集群的城镇化。产业要集群，城镇也要集群，要按照集群的规律去发展城市群、城市带、城市圈。

第六个特点，它是绿色低碳的城镇化。也就是说在城镇化建设的过程中，要节约资源、保护环境，要符合生态文明建设的要求。尤其是城镇基础设施建设、建筑材料都要符合绿色低碳的标准和条件。

第七个特点，它是智慧的城镇化。要建设智慧城市，发展物联网，发展互联网。要通过智慧城市建设降低信息成本，提升城市的竞争力。

第八个特点，它是品质的城镇化。要从两个方面提高品质，一方面是要提高城市居民的素质，包括新进来的新市民的素质。

另一方面，在城市建设的过程中要高度重视城市地下的建设，我们有很多城市地上建得很漂亮，但是地下比较差，一旦遭遇恶劣天气比如大暴雨，导致很多人员伤亡。所以从2013年开始，国务院强调今后的城镇建设，要先地下后地上。

第九个特点，它是人文的城镇化。也就是说在城镇化建设的过程中，要传承历史文化，要让大家记得起乡愁。

第二个方面的内容是区域协调。区域协调也就是在中国960万平方公里的土地上，东南西北中各个方面的协调发展问题。"十三五"规划纲要特别强调要制定、完善各个区的区域总体发展战略，包括东中西部协调发展问题、南北协调发展问题、先进地区和相对落后地区协调发展问题。还有就是要高度重视一些重点地区的发展，比如说中央已经提出来的京津冀协同发展、长江经济带以及一些重点的城市群，像东北城市群、京津冀城市群、中原城市群、长江中游城市群、成渝地带城市群等的发展。同时还要高度重视一些特殊地区的发展，主要是一些老少边穷地区，还有资源枯竭型或者资源型地区发展所面临的特殊问题也要高度重视。再有，海洋经济也是特殊地区，也要高度重视。

新模式

新的模式对应着"十三五"规划的"五大发展理念"中的绿色发展理念。新的模式也就是要形成绿色发展模式，又要绿色，又要发展，既要金山银山，又要绿水青山这样一种发展模式。"十三五"规划纲要主要强调了以下几个方面的内容。

第一个方面是要搞好主体功能区的规划。四大主体功能区都要做好规划，尤其是生态保护地区的规划。要通过生态红线制度、生态修复制度、生态补偿制度做好生态脆弱地区的保护工作。

第二个方面是要推进资源能源的集约节约利用。一方面是要优化资源能源的结构，要发展各种新的资源、能源。另一方面要通过采取各种有效措施，提高资源能源的利用效率，减少浪费，发展循环经济。

第三个方面是要加强环境污染治理。最主要的是三大污染的治理，也就是空气污染、水污染和土壤污染的治理。同时还要解决二氧化碳排放的问题，还有各种新型污染治理的问题。

第四个方面是要做好生态的修复、保护，还有生态安全屏障的建设问题。还包括植树造林，解决好湿地的保护，生物多样性的保护等。

第五个方面是要大力发展节能环保产业。因为节能环保产业一方面能够达到节约资源、保护环境的效果，另一方面也能够促进经济发展，它是最符合绿色发展的内涵要求的。所以"十三五"时期我们要对节能环保产业或者说绿色低碳产业给予扶持。

第六个方面是要积极应对全球气候的变化。我国已经对国际社会承诺要积极地参与全球气候治理。通过自身的不断努力，对二氧化碳排放进行强有力的控制，甚至下一步还要进行总量控制以践行我们的承诺。

新开放

新的开放对应着"十三五"规划提到的"五大发展理念"中的开放发展理念，围绕这样一个发展目标，"十三五"规划纲要重点强调了以下几个方面的内容。

第一个方面就是要构建对外开放的格局。包括国内国际两个层面，我们要推进跨境开发开放和跨境经济合作，还有境外区域经济合作，要不断完善已经形成的对外开放的各种基地。

第二个方面是要完善对外开放的体制机制。具体来说，要完善出口退税制度，要解决好外商比较关切的负面清单制度建设问题，还有自贸区体制改革问题等。

第三个方面是要创新对外贸易、对外投资的方式。"十三五"规划纲要特别强调下一步要开展跨境电子商务的试点，鼓励跨境电子商务的发展。这都是具有创新意义的重要内容。

第四个方面是要推进"一带一路"建设。"一带一路"是我国已经确定的大战略。在"十三五"时期要将"一带一路"建设的一些重点项目落地，要让它产生实际效果。在推进"一带一路"建设过程中，要积极开展国际产能合作。有一部分新兴国家和发展中国家对中国很多产能有比较大的需求，我们可以利用"一带一路"战略积极开展与沿线国家的国际产能合作，使国内的部分产能能够在更大的国际舞台上得到充分利用，优化资源配置。

第五个方面是要积极参与全球治理，承担大国应有的职责。因为对外开放不仅是把我们的产品销出去，不仅仅是把外资和国外的人才、管理引进来,也不仅仅是让我们的投资"走出去",还要在制度层面、文化层面积极主动地参与全球治理,提高中国的国际地位。

新民生

民生对应着"十三五"规划的"五大发展理念"中的共享发展,这也是改革开放的最主要目的。要通过民生的改善,让广大老百姓分享或者共享改革开放的成果,"十三五"规划纲要强调了以下几个方面的民生。

第一个方面是要解决脱贫的问题。也就是说在"十三五"时期要推进精准扶贫,精准扶贫要具体到扶贫的对象、扶贫的主体、扶贫的手段、扶贫的政策,全部都要精准。

第二个方面是要推进教育公平。从幼儿园一直到大学,各个层次的学校都要推进教育公平,幼儿园阶段主要是要发展普惠式的幼儿教育。义务教育阶段的重点是要强调中小学的标准化建设,要解决广大老百姓关切的择校问题。高中教育和各种职业教育,要减轻学生的负担,高中阶段的教育下一步要免学杂费,中等职业技术教育也要免学杂费,还有中学教育阶段的困难学生补助要实现全覆盖。大学教育要重点提高一流高校吸纳贫困地区、边远地区、农村地区考生的比重。总之要实现教育公平。

第三个方面是加强健康中国建设。这部分内容最主要的是医疗、医药、卫生制度改革,要进一步提高相关补贴的标准。要完善或者要铺开大病保险,要进一步开展分诊治疗的试点。要落实全面放开两胎的政策，要解决好食品安全等问题。

第四个方面是要提供有效的公共服务。政府的主要职责就是为社会提供公共服务，公共服务的方式在"十三五"期间也要逐步创新。其中有一些公共服务可以通过政府与资本、社会、企业合作的方式来推进，要提高政府服务的效率。

第五个方面是推进就业和创业。各种不同主体的就业创业问题都要高度关注和重视。比如针对大学生，"十三五"期间要开展大学生创业就业和创业引领计划；针对农民工，要开展农民工培训计划或者行动；针对下岗职工，要解决下岗职工的再就业和素质提升问题；针对广大的复转军人，要解决他们的就业安置问题。同时还要鼓励大众创业、万众创新，为各个主体包括创客等创造良好的创业环境。

第六个方面是收入分配。收入分配主要针对当前或过去长期存在的城乡收入差距、行业收入差距、阶层收入差距等比较大的问题。在"十三五"期间，要加大力度缩小各个主体、各个阶层之间的收入差距，一些非正常的收入应受到限制，一些低收入阶层的收入要提高，要逐步扩大中等收入阶层的比重，要形成橄榄型的收入分配结构。

第七个方面是社会保障问题。重点是要解决好养老保障问题，还有社会低保问题。

第八个方面是人口老龄化问题，包括妇女儿童问题。中国已经进入老龄化社会，"十三五"规划纲要对老龄化问题琢磨比较多，对农村留守儿童、留守老人问题也琢磨比较多，特别强调要开展相关的关爱行动。

第九个方面是精神文明建设或者说文化事业发展问题。通过精神文明建设,通过文化发展进一步提高国民素质,进一步扩大文化产品服务,进一步推进文化的开放等。

第十个方面是要加强社会治理。社会治理本身也要创新,要调动各个方面的积极性来参与社会治理,在社会治理的过程中,要高度重视社会信用建设以及社会安全体系的构建等。

新治理

要把"十三五"规划提出的一系列重点任务落地,需要强有力的保障,这个保障最主要是要发挥好政府的作用,要明确各级政府在"十三五"规划实施中的职责。"十三五"规划纲要特别强调了以下几点。

一是要建设法治政府。也就是说要让政府在法治的轨道上运行,要让政府在阳光下运行,要建立完善政府的法律顾问制度等。

二是要建设廉洁政府。"十三五"期间我们还要继续开展反腐败、作风建设等,要使审计巡视全覆盖。

三是要建立创新型政府。政府本身也有创新的问题,尤其是政府的一些公共服务完全可以通过一些创新的方式来提供。当然在建立创新型政府的过程中,也要高度重视广大干部创新的积极性,所以"十三五"规划特别强调了要建立相应的激励机制,要建立容错纠错的机制,要鼓励地方进行差异化改革的实验。

四是要建立服务型政府。也就是说政府的主要职责是为企业和社会提供各种公共服务，要不断完善政府的服务功能，将权力型状态更多地转变为服务型状态。

五是要建立责任政府。建立责任政府最主要内容是要把"十三五"规划已经明确的各项重点任务，一级一级地落实到各个部门、各个主体，明确责任边界。对做得好的进行奖励，对做得不好或者没有完成任务的要明确相应的考核评价奖惩标准。

六是要建立效能政府。效能政府一方面是要提高政府的工作效率，另一方面还要提高政府以及政府公务员及相关人员的能力。

完善产权保护制度的行动纲领

国务院发展研究中心研究员　吴敬琏

中共中央、国务院发布了《关于完善产权保护制度依法保护产权的意见》，这是一个顺应时代潮流、呼应社会期盼的纲领性文件。能否认真执行和不折不扣地实现这一行动纲领，关乎中国经济能否成功应对当前面临的挑战和顺利实现经济发展模式的转型。因此，它的颁布和执行应当引起社会各界的充分关注，得到全力支持。

归属清晰、权责明确、保护严格、流转顺畅的产权制度，是市场经济和相关制度安排的基础。改革开放以来，我国从20世纪70年代末、80年代初在农村建立家庭承包制开始，到80年代中后期放开民营经济和90年代推进国有企业公司制改革，逐步打破计划经济条件下国有经济一统天下的僵化体制，建设多种所有制经济共同发展的产权制度。与此同时，依法保护各种所有制经济产权的需要也日益突出。2003年党的十六届三中全会提出

"要依法保护各类产权","保障所有市场主体的平等法律地位和发展权利",2004年将"公民的合法的私有财产不受侵犯"写入宪法,再到2007年出台物权法,标志着产权保护制度正在逐步形成,社会加强产权保护的呼声也不断增强。

但是也要看到,当前我国产权保护状况仍然存在很多值得担忧的问题,与建立统一开放、竞争有序的现代市场经济体系还有相当大的距离。特别是未能实现对不同所有制经济产权的平等保护,公权力侵害私有产权和民营企业资产等现象还时有发生;公有产权受到内部人侵犯和公有资产流失的情况依然在相当范围内存在;侵犯知识产权、严重损害技术创新积极性的行为也易发多发。这些都损害了人民大众的财产安全感,毁坏了社会信心和对未来的良性预期,消磨了企业家投资兴业的积极性,对经济社会发展造成了负面效应。

目前我国经济存在一个棘手的问题是相当一部分企业家对自己的财产财富缺乏安全感,对企业前途没有稳定的预期,因而投资兴业的意愿低落。企业家存在这种担忧,原因是多重的,其中的关键是我国产权保护制度存在的问题亟待解决。德国哲学家黑格尔说过,财产权是人的自由意志的定在。我国的古语也一语道破,"有恒产者有恒心,无恒产者无恒心"。财产权是中等收入群体对社会信心的主要来源,保护好产权,保障财富安全,才能让他们安心、有恒心,才能稳定他们的预期。

正是基于这样的现实和认识,党的十八大以来,党中央、国务院对加强产权保护提出了一系列新要求。十八届三中全会提出完善产权保护制度,保护各种所有制经济产权和合法利益;十八届四中全会提出健全以公平为核心原则的产权保护制度,加强对各种所有制经济组织和自然人财产权的保护;十八届五中全会提出推进产权保护法治化,依法保护各种所有制经济权益。这次出台的《关于完善产权保护制度依法保护产权的意见》(以下简称《意见》),是党的十八大以来完善产权保护制度、推进产权保护法治化精神和要求的具体落实,表明党中央、国务院依法保护各种经济组织和公民财产权利的庄严承诺。文件坚持党的十八大以来强调的"问题导向",找出出现问题的体制机制和政策上的原因,然后提出有效管用的改革举措来解决问题。《意见》提出,加强产权保护的根本之策是全面依法治国,进一步完善现代产权制度,推进产权保护法治化。强调要坚持五条原则,即坚持对不同所有制经济实行平等保护,公有制经济财产权不可侵犯,非公有制财产权同样不可侵犯;坚持全面保护;坚持依法保护;坚持共同参与,做到政府诚信与公众参与相结合;坚持标本兼治,着眼长远,着力当下。其中不少提法具有鲜明的特色,反映了对相关改革认识的深化。

受制于传统体制下把所有制分成黑白两类的观念,即使在20世纪中后期开始容许私有经济存在,但仍然把所有制分成三六九等,对不同所有制经济的产权也往往实行保护不同等的差别待遇,对非公有产权的保护弱于对公有特别是国有产权的保护。比如,《刑法》中规定的关于受贿罪、职务侵占罪、贪污罪、侵犯财产罪、破坏社会主义市场经济秩序罪等罪名,存在因所有制主体身份不同而同罪异罚或异罪异罚的现象,对侵占国有企业财产行为的惩罚重于对侵占非公有制企业财产行为的惩罚。十八届三中全会指出，公有制经济和非公有制经济都是社会主义市场经济的重要组成部分；国家保护各种所有制经济产权和合法权益，保证各种所有制经济同等受到法律保护。落实这个要求，相关立法应按照"平等保护"的基本原则调整完善。《意见》根据这个基本原则，要求健全以企业组织形式和出资人承担责任方式为主的市场主体法律制度，统筹研究清理、废止按照不同类型所有制制定的市场主体法律和行政法规，加大对非公有财产的刑法保护力度。这些都是解决现行法律保护不平等问题的重要举措。它的实现，将是我国市场交易构建市场经济所必需的平等竞争环境迈出的重要一步。

另外一件需要一定政治勇气和智慧来处理的事情，是甄别和纠正涉及产权的错案冤案。在改革开放的推动下，我国司法体制改革和司法对产权的保护都获得了新的动力，但司法不公、不规范导致产权受到侵害的现象仍然存在。比如，一些公检法机关滥用司法权力，党政领导干部干预司法活动，在没有充分证据和法律依据的情况下，违反司法程序，甚至以"莫须有"的罪名，通过限制人身自由、拘押、恐吓等方式接管民营企业家的资产，以明显低于市场公允的价格拍卖或变卖民营企业涉案财产。上述行为造成了一些侵害产权的错案冤案，严重损害了政府和司法机关的公信力，社会反映强烈。《意见》提出，要坚持有错必纠，对涉及重大财产处置的产权纠纷申诉案件、民营企业和投资人违法申诉案件依法甄别，确属事实不清、证据不足、适用法律错误的错案冤案，要依法予以纠正并赔偿当事人的损失。为了维护法律尊严和司法权威，经济案件中的错案冤案应该依法予以纠正，尤其是对社会反响较大、存在较多疑点的案件，甄别和纠正若干典型案例，有利于给社会以法治引导，唤起社会各界对保护产权的普遍认知，让大众感受到公平正义。

与此相联系，还有一个妥善处理在法治不健全的情况下民营企业经营不规范的问题。长期以来特别是在改革开放的早期阶段，各类企业特别是民营企业在成长过程中往往存在一些"灰色"经营甚至违法行为。一旦企业涉案，容易新账旧账一起算。对此，一些民营企业忧心忡忡，也造成一些人心思不定、投资意愿不强，向外转移财产。《意见》提出，要严格遵循法不溯及既往、罪刑法定、在新旧法之间从旧兼从轻等原则，以发展眼光客观看待和依法妥善处理改革开放以来各类企业特别是民营企业经营过程中存在的不规范问题。按照这样的方向性要求来处理既往问题，更有利于稳定社会预期和增强企业家的安全感。

《关于完善产权保护制度依法保护产权的意见》的出台，为建设现代产权制度、依法平等保护各类法人和自然人财产权利提供了一个良好的行动纲领。不过正如马克思所说，"一步实际行动要比一打纲领更为重要"。为了完成这一宏大的事业，仅仅有一个好的纲领是不够的，重要的是采取实际行动，把各项改革措施落到实处。在我看来，为了把《意见》落到实处，需要动员社会各方力量做好以下几件事：

第一，开展全民性的学习运动。我国历史上缺乏法治传统。人民大众特别是部分领导干部缺乏法治观念常常对建设法治国家形成障碍。因此，应当利用贯彻执行《意见》的机会，在全体人民特别是领导干部中开展一次普法学习和教育运动，形成尊重法律、捍卫法律、抵制一切违反法治和破坏产权行为的全民共识。

第二，根据《意见》要求完善有关的法律制度。在传统的崇尚"和尚打伞——无法（发）无天"思想的影响下，我国的法律制度是极不完备的。改革开放以来我国的法律制度逐渐完备起来。但是直到现在，与现代法治观念和现代产权制度不相吻合的地方还是所在多有，亟须加以完善。有了比较完备的法律，还需要制定法律的实施细则和执法活动的种种规程。

第三，大力推进法治政府和政务诚信建设。各级政府和政府工作人员必须守信践诺，在产权保护上起模范作用。保护产权是在社会主义市场经济条件下更好发挥政府作用的重要内容。但从实践来看，一些党政机关在保护产权的作用发挥上还很不够，甚至存在由于政府自身的不当行为造成企业和公民财产权受到侵害的现象。保护产权，政府必须带头做出表率。正如《意见》指出的，各级政府及有关部门要严格兑现向社会及行政相对人依法做出的政策承诺，认真履行在招商引资、政府与社会资本合作等活动中与投资主体依法签订的各类合同，不得以政府换届、领导人员更替等理由违约毁约。确因公共利益或者其他法定事由需要改变政府承诺和合同约定的，要严格依照法定权限和程序进行，并对企业和投资人因此而受到的财产损失依法予以补偿。在完善财产征收征用制度方面，着力解决征收征用中公共利益扩大化、程序不规范、补偿不合理等问题。

虽然所有这一切都需要付出极大的努力、克服种种困难和障碍才能做好，但我相信，随着《意见》提出的各项改革措施的落实，我国社会主义市场经济的法治建设必将迎来一个更加光明的未来。

让房地产市场回归居住属性

国务院参事室特约研究员　左小蕾

中国人对于房子，有一种复杂的情结。在外国人可以潇洒地租一辈子房也能过上幸福生活的故事里，中国人找不到一点说服自己的理由。无奈，这其中有文化观念的因素，也有国内租房市场制度不健全的原因。中国人要想"安居"，就必须折腰当"房奴"，在既爱又恨的房子面前，大多数工薪阶层的中国人都表示"压力山大"；而面对政府调控房价越调越高的房价怪象，国人只能望楼兴叹。

房价怎样才算合理？"刚需"一族们盼望房价能回到收入可以够得着的水平；而"房叔""房姐"们却希望房价能够永远地飙涨下去。这两种力量的博弈反映了中国房地产市场的纠结情绪。但有一个思路却很清晰：房地产调控的终极目标，不简单是房价回归合理，而是应该让房地产市场回归"以居住为主"的消费品属性，唯此，才能稳定房价，避免中国式的次贷危机；才能让中国人实现"住有所居"的安居梦想。

中国房价怪象是如何形成的

2003—2013年间,房地产可以说是中国经济发展重要的驱动力之一,房地产业也经历了十年的黄金发展期,被很多人认为是国民经济的支柱产业。十年间无论什么行业,都在楼市投资,境内外资金蜂拥而入。由此,这十年里的国内房价几乎是一路上扬,除了在一轮轮的房地产调控下房价略有波折之外,十年下来,房价几乎上涨了十几倍,甚至出现越调越高的怪现象。从某种意义上说,中国经济已被房地产绑架,令人咋舌的高房价和疯狂的投机行为造就了一个畸形的房地产市场。时至今日,房价高企,居民望楼兴叹,房地产问题已经不仅仅是个经济问题,而是已经演变成影响改革和发展大局的社会问题和政治问题。

当然,针对房地产的问题,也衍生出各种"房市"评论,有所谓的学院派专家,也有各种著名财经评论人;有坚定看涨楼市的,也有一直唱空房价的。众说纷纭,让楼市扑朔迷离。以2012年为例,这一年被称为史上最严的一轮楼市调控,但土地市场和楼市却双双进入"暖冬",房价再次抬头。对此,当时学界形成两种观点,一为"供求论",一为"崩盘论"。在最严厉的房地产调控政策下,是什么原因使得房价不降反升呢?

第一个论调就是以供求关系原理企图说明房价居高不下的"供求论",它强调当年房地产投资下降,新开工项目减少,而"刚需"很大,需求大于供给,价格上涨是必然的。但是"供求论"有几个误区。

首先，房地产投资是从畸高的37%的增长率水平下降到接近15%的温和增长水平（行业平均投资增长率为20%），是不合理的增长率下降到合理增长水平，而不是负增长。也就是说房地产投资还在增长，房地产的供给还在增长，只是从不合理增长趋于合理增长而已。加上广泛存在的持有多套房的现象造成的空置率，以及由于销售放缓造成的存量住房，当年没有供不应求的问题。按照这样温和的"增速"，第二年也不会存在供给短缺的问题。

其次，"刚需"的定义有误。所谓"刚需"应该是没有价格弹性的需求，即无论价格如何变化，哪怕价格高到根本买不起需求都存在。也就是说基本是以自住使用的居住需求，或者说第一套房才能称作"刚需"。鉴于国内体制演变的特点，经过历史上的单位分房和货币化住房改革，城市"原居民"基本是居者有其屋，真正的"刚需"以两大类人为主，一类是进城的农民，另一类是刚毕业留城的大学生。这两类人的工资收入在短期内只能是望房价兴叹。所以，"刚需"虽然很大，但在高房价背景下是"求"之而不得，也就不可能对房屋的供给造成压力了。如果不算真正的"刚需"，而且把那些持有几十套，甚至上百套房的"房姐""房叔"们的存量房推向市场，加上各地存在的空置率，切断投机购房的各种歪门邪道，整体房地产市场完全可能出现供大于求。房地产供给在低端结构上的不足是存在的。

"供求论"模糊了"刚需"的概念，混淆投机需求与"刚需"，把第二套甚至通过各种不法手段逃避调控规定的多套非居住购房行为，笼统说成"刚需"，掩盖投机行为推动的价格上涨的真相。这些多套非居住购房行为的投机需求原则上是"无上限需求"的概念，媒体频频曝光的数十套甚至数百套房屋持有者们的蝇营狗苟，印证了这一点。受资源约束的供给是无法满足这样的无上限的投机需求的。也就是说，房地产市场以投机需求为主时，是没有"供求平衡"可言的。特别是投机需求能够通过银行贷款放大资金和维持资金链的情况下，一段时间出现"供给不应投机需求"的假象是不奇怪的。

"供求论"的供给短缺是不成立的，刚需旺盛是偷换了概念，掩盖投机需求推高价格的真相，维护了投机炒房群体利益。如果"供求论"的思路主导房地产市场的发展，会继续让有限资源不公平地被少部分人拥有，使真正的刚需买不起也租不起一套房，也会成为城镇化的阻力，由房地产泡沫引发的危机也不可避免。

更重要的是"供求论"模糊了房地产市场投机需求为主的事实，投机为主的房地产市场的价格，是由于供求失衡支持价格上涨的观点有经济学概念上的误解。经济学关于以供求为基础的市场定价机制是以商品的实际供给和需求为基础，以投机需求偷换实际需求的概念，已经背离了供求定价的最基本的内涵。而且商品市场均衡价格产生需要三大条件，除供求以外有一个关键条件是效用最大化约束。也就是当效用满足后，需求就发生边际上的变化，供给价格就要下降去满足较低价格带来的边际需求，这样的"价格—效用—需求—再价格"的网状调整过程，直到边际效用不再增长，均衡价格形成。过度投机性使市场定价机制完全失灵。投机需求不仅不是实际需求没有实际需求的属性，而且缺失了效用最大化约束这一重要条件。投机的目的是为了赚钱，赚钱是欲望，欲望是无穷大的，投机性市场没有最大满足度约束条件。所以投机需求不在意价格高，只在意价格要不断上涨。100万元买一套房，150万元卖出就赚钱；然后200万元再买，250万元卖出仍然赚钱。投资性需求有强烈的动机推动价格上涨。换句话说，一旦房地产市场成为以投资为主体的市场，市场定价机制的基本条件被破坏，不可能形成合理的均衡价格。投机性市场的定价机制呈现经济学意义上的失灵。

所以"供求论"如果不是缺乏经济学的基本认知，就是刻意混淆房地产市场的是非黑白，以否定房地产调控的合理性和合法性。

第二种论调是"崩溃论"。"崩溃论"根据美国，日本和亚洲其他部分国家房地产泡沫调控的历史经验，即一般调控两到三年后房地产价格就会出现大幅下降。中国2010年起实施包括"限贷限购"政策在内的逐步升级的房地产调控，照此规律应在2012—2013年显现效果，出现房地产价格下降。"崩溃论"的判断是基于经济学的基本结论，即当市场失灵以后，若没有外力就不可能恢复正常的市场秩序，这时政府需要采取相应的干预措施，扮演一个外力的平衡角色，恢复市场的正常秩序。同时"崩溃论"假设为了经济和社会的稳定，政府调控有防止房地产泡沫破灭而引发危机的动力。但是事实与其判断的相反，"崩溃论"的错误是假设的错误，是对体制和房地产市场上的权力和利益的密切联系缺乏准确判断而导致的错误。

为了实现经济的可持续发展，保障社会稳定，中央政府下大力气调控房价，但是无论初衷多好的政策，其执行都要经由地方政府，而各地方政府只关心各地方的 GDP 增长，关心地方财政收入。在"土地财政"的痼疾下，中央政府房地产调控的宏观目标与地方政府孜孜以求的经济增长的目标是不一致的。当然，归根结底这一点归咎于政绩考核标准存在误区的体制原因，在唯"增长"而论的政绩考核各地不仅没有动力去严格推行房地产调控的政策，反而会姑息民间投资者和房地产企业通过各种"打擦边球"的方式与调控政策博弈的行为，对背离了调控政策的各种行为采取睁一只眼闭一只眼的态度，不到太过分的程度不会出面禁止。一些城市房价上涨的背后，都能看见"限购限贷"政策变相放宽的影子，一些城市不断放出试探性的政策放松的信号，都显示了一些地方政府对房地产调控政策不予严格执行的事实。再严厉的政策如果没有执行力都是一纸空文。如果调控政策都没有执行到位，而且还有很多抵消政策的行为，房地产的价格降不下来是必然的。

从理论上讲，"崩溃论"预期房价在 2012 年下降是讲得通的，其预期假设在逻辑上本也是不言而喻的。但是执房地产市场调控之牛耳的权力部门的利益与房地产市场的利益高度关联，导致"调控执行力"本是顺理成章的假设不再成立了。"崩溃论"的错误是没有把经济学的"理论"与国内被扭曲的体制性的"实际"相结合。"崩溃论"的破产从另一角度深刻揭示了国内体制的弊端。

从根本上来说，国内房地产市场的供给结构有必要向与城镇化发展相一致的方向调整，也就是向真正"刚性需求"的结构调整。与城镇化对应的房地产一定是以农民在城镇安居为主的市场，只有以居住为主的房地产市场才够"资格"谈市场定价，才能形成真正意义上的市场定价机制，房地产行业也才能借新型城镇化战略再次得到发展的机遇。这是平衡房地产市场两个极端预期的正确途径。

房价调控的终极目标是什么

往前回顾，2010年那一轮房地产调控政策实施后，当时对房价降幅的各种猜想满天飞。可以发现，利益集团对降价幅度关注的实质，是关心房价调控的底线在哪里，关心房价降到什么水平调控政策会放松，什么时候是再进入房地产的时机。我们理解，现在各方对房价下降的关注点，仍然是把房地产作为投资品市场来定位，这个思路显然与政府一再强调的调控终极目标不一致。房价下降是调控目标的一部分，把房价下降水平作为判断调控政策转向的依据，确定下一步的房地产的投资战略，可能会对经济发展造成南辕北辙后果的影响。

房价显然是调控的显性目标，但是既然要房价合理回归，而且要回归与居民收入相适应的水平，当然不能让回归后的房价再次反弹。也就是说，房价回归后还必须稳定。什么样的房地产价格可能稳定，投资性房地产的价格可能稳定吗？房地产调控政策祭出的"抑制"投机、投资性需求的目标实际上发出了明确的信号，即调控的终极目标是要让房地产回归其"以居住为主"的属性，未来房地产应当主要是"消费品"而不是"投资品"。因为消费品的价格是可以稳定的，而投资品的价格是不可能稳定的，只有将房地产的属性定位于消费品，房价才能回归合理的价位，并维持稳定。

消费品价格和投资品价格的形成是基于完全不同的机制。"居住"需求属于实际有效的需求，以一套基本住房为效用最大满足度，是真正意义上的"刚性"需求，而且受收入水平和可支配支付能力的约束，对价格上涨非常敏感。价格上涨过高，购房能力下降，有效需求受到压抑，市场呈现供大于求，房价应该有向下调整的压力而回归到均衡水平并保持相对的稳定。居住性市场属于消费品市场，具有消费品的效用最大满足度这一重要特点。一个人吃一碗饭吃饱了，再有人提供第二碗饭，边际效用就开始递减，同样的价格就卖不出去，价格就必须降下来了。这种网状调整过程就形成消费品市场的均衡价格。房地产以居住为主就具备消费品的属性，效用最大化的约束条件成立，市场供求关系的定价理论就可以实现稳定的均衡价格。

相反，以投资为目的的房地产市场属于资产类市场，不是一般商品市场。投资需求没有效用最大化约束，投资品的市场价格不可能通过实际供求决定。投资是以价格差异为"赚钱"的目标，赚钱的效用是无限大的。"赚钱需求"不在意价格高昂，而在意价格不断上涨，价格需求弹性极高，有推动价格不断上涨的强烈动机，从而破坏了价格理论中效用达到最大满足度后需求下降的假设。赚钱需求属于效用无限大，不可能出现与这种无限需求达到均衡的"供给"水平，所以理论和实践都说明，房地产作为投资品，不可能靠增加供给来调整价格最后形成稳定的均衡价格水平。特别是在银行信贷的支持下,这种无限的赚钱需求得到低成本资金,而基本不承担风险,因为风险由银行承担。所以银行不断向赚钱需求提供的信贷给了价格上涨源源不断的动力。如果不断增加满足赚钱需求的房屋供给,只会把价格越调越高。

特别糟糕的是,如果不把两类需求市场严格分开,投资性房地产价格的上涨,会把平均价格拉高,整体房地产市场价格就会上涨。一般收入群体的居住性需求所面对的房价水平以及房价预期,也越来越不能承受。有报道显示在调控前,大城市的平均"月供"水平,即月收入与房价的比值,达到76%。这就是说,一般城市居民买房子,月收入中有76%是购房支出。据称,在某些城市这个数字最高达到85%,而正常水平应该是40%,最高也不能超过50%。现实中真实有效需求即首套房的刚性需求阶层根本没有这么高的支付能力,所谓城市化意义下进城的农民工,满足他们居住需求的支付能力与房价,以及将来房价预期之间的差距,更是无法联系起来。

据知,全世界,包括发达国家,很少出现一般人持有多套房产的情况。美国人95%以上的人都是一辈子在为一套房子工作。德国房地产市场的管理更严格,大城市很多人都是居住政府提供的租金房。中国目前一部分人过多占有本来稀缺的土地资源和房地产资源用来投资,而大部分民众却没有能力购买一套居住性住房,这种极大的反差,和极不公平地挤占和囤积资源的情况,其实可以变相地拉大收入差距,并给经济和社会带来极大的不稳定的隐患。

此外,由房地产衍生的地方土地财政和银行风险以及产业空心化的风险，都可能演变为更严重的经济危机。"以资产价格泡沫为特征"的经济危机，是20世纪90年代以来世界上发生的经济危机的特征。比如，日本危机、亚洲危机，以及2008年爆发的美国危机，以及近几十年来爆发的历次经济危机，都是房地产作为投资品推动资产价格过度膨胀后泡沫破灭而引发的危机。

如果抑制投机、投资需求和促使房价稳定是房地产调控的终极目标，未来的房地产市场应该是以居住需求为主的消费品市场而不是以投资需求为主的投资品市场。那么房地产调控就可以形成制度化的长效机制，如继续实施对第二套购房的差别性信贷，以保证市场满足一套房有效需求的约束的假设成立，才能使房地产价格保持相对的稳定。另外，在更大范围内实施房产税，加大房屋持有成本，遏制投机、投资活动。有些国家采取高资本利得税的方式，缩小投机性行为的获利空间。德国更直接，采取限制房价上涨幅度的措施，超过规定房价情形严重的会被认定为犯罪。

所以，我们认为，房地产调控的终极目标，不简单是房价回归合理，而应该是让房地产回归其"以居住为主"的消费品属性，不仅考虑价格下降的幅度，还应该考虑价格下降后的持续稳定。

房价之争，两个市场两种需求

在住房商品化后，房价的起落，在中国人的生活中，就成了像英美人谈天气一样的习惯性热门话题；在互联网上，也成为各门户网站民意调查最多的话题之一。多少人在房价的观望中，犹豫不决；还有太多的人，因看不清房价的走势，在国内"看多"和"看空"两种趋势观点的交织中，无所适从；而在房价最终走高后，因为错失及早出手购买的良机而扼腕叹息。

事实上，中国的房价短期内的走势，不用说老百姓看不清，专家学者的看法都存在分歧。在中国住房制度改革后，学界和业界关于房地产的讨论就多了起来，而关于房价走势的争论，各种争论也是不绝于耳。君不见有各种针对房价"涨跌"的对赌闹剧，成就了一些参与者的名气，也同时为中国房地产的舆论增添了一丝乱象。

由于制度的原因，中国的房地产尤其有特殊的复杂性。但一般而言，主流观点都认为中国的房地产价格应该会上涨，主要理由有货币超发导致流动性过剩、人民币升值吸引海外资金持有人民币资产、建安成本增加推高房地产价格等。从房地产投资的角度，这些原因可能是推动房价上涨的理由。但在近年来中央出台一系列包括保障性住房在内的房地产新政之后，仅仅从投资的角度来分析和判断房价涨跌的理由，就会产生许多的误区。

首先，讨论房价必须界定两个价格，而不是笼统的一个价格。在房地产新政下，房地产行业被清楚地划分成两个市场，一个是居住性市场，一个是投资性市场。这两个市场是不同的，价格形成条件和形成规律也是不同的，因而就会有两个价格。笼统的"房价"概念，并不符合房市将来可能形成的两个市场的格局。

其次，两个市场的价格形成机制不同。两个市场有两类不同的需求，居住性市场的需求是实际需求，是以一套住房为目标的或买或租的需求。其需求者基本是低收入群体，受收入水平约束，价格的稳定对满足他们的需求非常重要。该需求市场比较接近一般的商品市场，一套住房的效用满足度和收入约束，可以产生稳定的均衡价格，这个价格将得到房地产新政的大力度支持而相对稳定；投资性市场的需求是赚钱需求，是以买卖房屋赚取价差为目的。其需求者希望价格能够不断上涨。只要能够在比购买价格更高的价格上出售，赚钱需求就得到实现。该市场对价格有无限上涨的需求，是没有均衡价格可循的。

如果不区分这两类不同的需求，不讨论不同市场价格形成的不同效用约束条件，用笼统的"需求旺盛""储蓄很多"的理由，不足以看清中国房价的根本问题，这样的理由也会沦为炒作房价上涨的似是而非的根据，实际上是利用大多数人的居住需求推高整体房地产价格，从而有利于少部分投资者的赚钱效应。

事实上，在需求被细分以后，根据需求的判断，房价涨跌就不能统而论之了。所以房地产新政最重要的新意，就是明确地把房地产分割成两个不同的市场，针对不同的市场实施不同的价格管理的思路和政策组合。政府主导居住性需求市场，包括制定购买经济适用房和租住廉租房的收入标准，最重要的是制定合理的价格标准，提供较多的保障性住房的土地资源，并对经济适用房的二手房采取回购。如果合理的规则得到严格的执行，经济适用房和廉租屋的投入规模加大，相信居者有其屋的需求会逐渐得到满足，发展商的资本投入应该可以得到社会的平均收益回报，最重要的是，居住需求的房地产的价格就不会随着投资性市场的价格变化而变化了。

对于投资性的市场，政府基本不对价格进行管制，但是对贷款进行了新的规定，比如加大第二套房的首付比例，对发展商严格房屋封顶后才能出售的要求等。在以自有资金投资为主的投资性市场上，如果价格上涨，不会影响居住市场的价格；如果价格下跌，也不会带来银行的坏账进而影响经济。但是，如果投资性的市场上主要都是投资者，相互推高价格的动机就不会很强烈，特别是必须用更多的自有资金来推高价格之时，投资性市场的价格上涨动力就不足。这里有一个需要界定的概念，有了一套住房但希望有更好住房的人，应该划归投资者范畴。如果这个群体很大，投资性的市场价格就应该走高。如果这个群体并不很大，供给大于需求，空置率就会引导价格。

所以，只要政府的房地产新政得到落实，我认为，对中国房地产价格就可以有一个相对稳定的预期。因为两个市场的分割，其价格涨跌不会相互波及。而在投资性市场上，当投资者发现这一市场主要是自己上下跳动时，其价格也会稳定下来。

在分析房价的同时，有两个问题值得注意：首先，美国次级贷的一个教训，就是不能把低收入群体的住房问题完全交给市场。因为完全市场的价格变化，很容易使基本居住需求的低收入群体的违约率上升，最后带来次级贷危机而拖累整体经济。但中国的低收入群体的住房也不能全部由财政来解决，也应该让民营资本进入经济适用房和廉租房的建设和开发中来，借助社会资本，包括银行资本，设计一些风险控制比较有效的、为低收入群体量身定做的金融工具和信贷产品，使保障性住房的投入能够市场化运作，同时也把风险降到最低。其次，有观点认为，房地产新政的执行对银行过去几年过高的房地产贷款有增加坏账的风险。我认为，这种观点不无道理，我们应该现在就开始注意投资性房地产贷款中的盲目性，这对减少银行将来的房贷坏账是非常重要的。

一般认为，中国没有次级贷的问题。事实上，中国的信誉记录是很不完善的。银行的投资性住房贷款与次级贷款和衍生产品一样，是在房地产价格会不断上涨的假设条件下的投资项目。但是，"房价不断上涨"这个假设是不合理的，特别是受宏观形势变化和宏观政策影响很大。如果对于这个假设的风险控制不到位，大环境稍有变化，特别是房价出现调整，所谓的次级贷危机就会引爆。依靠价格上涨支持，且没有特别严格的信誉记录的中国的房地产贷款，实际上与次级贷款一样是高风险信贷产品。特别是那些靠房屋的滚动抵押不断获得贷款，不是以自有资金为主的投资人，房价变化以后出现"逾期"房贷的概率非常高，中国的次级贷就可能产生了。这应该是为什么新政提高第二套房的首付比例的重要原因。

切实落实好房地产新政，调整信贷结构，稳定房地产价格，以避免今后发生大规模中国式次贷危机，严重冲击银行信贷体系的重要措施。调控中国房价，必须对房地产市场分而治之，分清两个市场、两种需求。政府应以居住性需求为主，以民生为本，真正解决好民众住房问题，帮助广大民众尽早实现他们的"安居梦"。

房产税开征是否需要立法？

房产税开征，是否需要经过立法程序？曾有观点密集地对此发表过评论。房产税政策牵涉很多人的利益，如果不把政策相关的概念阐释清楚，就容易形成带有民粹主义性质的负面效应，会导致社会误解，而将征收房产税的政策误解为与民争利，进而演变成对政府向老百姓乱收钱的声讨，演变成对房产税的征收是否具有合理性的质疑，这样就不利于房地产市场制度的完善，不利于税收体制的改革和完善。

关于"房产税"，有三方面的基本概念有必要进一步探讨并厘清。

第一个基本概念，房产税不是财产税。有观点认为，房产税涉及个人财产利益，对非国有财产征税，必须通过立法程序批准。让国民交钱，就要先在最高立法机构层面上获得人民的同意。

就我们的理解，国外"房产税"的标的物是土地。房产税实际上是"土地税"，不是以建在"地"上的房屋为标的物的税收。而"土地"如果是国家所有，政府代表国家对这一块地的使用者收取税收形式的租金，这是合理合法的政府职能。换句话说，"土地税"不是"财产税"的范畴，被冠以"房产税"的税收不是对个人财产或者说不是对非国有财产征税。如果从更广泛意义上定义"资源"的概念，把"国有土地"包括在"资源"的范畴，房产税就是对国有土地的国有资源的使用者收税，就像取得资源开采权以后开采资源要缴纳资源税是一样的道理。如果是这样，"房产税"征收应该也就有法律根据了。

至于"让国民交钱,就要先在最高立法机构层面上获得人民同意"的说法,需要说清楚,否则有民粹主义之嫌。最高立法机构是对相关问题的合法性进行论证和把关,包括是否符合国家和人民的利益,不是简单的赞成和反对,更不是简单代表"民意",否则立法机构出现被民粹主义左右的倾向就非常麻烦了。因为让"民意"选择收税还是不收税,反对收税的"民意"一定大大高于赞成的"民意"。假设更极端的情况,如果进行取消所有税收的民意调查,可能得到100%的"民意"结果。

法国关于延长退休年龄两年的法案的决策过程,应该加深对立法机构职能的理解。法国总统萨科奇提出延长退休年龄两年的法案,遭遇超过300万人上街游行的强烈的"民意"反对,但是议会仍然通过了法案。因为总统的法案符合法国国家和人民的根本利益,法案形成符合既定的法律程序,议会不会因为"300万人反对"就认为法案不合法或者不通过。

无独有偶,奥巴马总统被上届国会众议院通过的医改方案被新一届国会众议院否决,也不是以"很多美国人反对"为理由,而是以方案违犯宪法,强迫美国人买保险为理由的。所以立法机构是合法性的把关,而不是简单的民粹主义的情绪化的反映。

第二个基本概念,是"房产税"的税率计算。有观点认为,因为"房产税"按照房价计算,所以对于"房产税"税率的计算提出房屋价值折旧与土地增值相悖,应该把土地价值和建筑物的价值分开的问题。也就是说"房产税"的计算,不能简单按照房价来计算。

前面分析过"房产税"实际是"土地税"。"土地税"的计算应该根据土地使用价值的计算。土地使用价值主要表现在房屋价值。房屋价值一是居住价值，二是投资价值。这两个价值都在价格中反映出来。所以按照房价来计算"土地税"是有道理的。而且按照房价计算已经把"折旧"考虑进去了。如果房屋年久失修，房价一定会低。房屋在好的社区并且精心打理，时间越长价值越高，价格会不降反升。当然这种观点中提出的"城市土地使用税"已交付，不能重复收取"土地税"的观点，需要对这两类税种的标的有明确的界定。"城市土地使用税"是否指城市公共设施的土地占用的公摊税收部分而不是私人住宅的"土地税"？相关政策部门可能有必要对"城市土地使用税"的概念进一步说明。

第三个基本概念，"房产税"的试点和实施是长期财税制度的完善，而不仅是短期宏观调控的一个工具。"房地产税"的推出对房价的调整应该有作用的。但是把房产税仅仅当作当前房地产调控的一个手段来解读是非常错误的。首先，国内房产税是一个新的税种，许多概念难免不容易马上搞清楚，作为房地产调控的工具容易被坊间误解、误读和误释，也容易被利益群体利用，增加实施的阻力，不容易收到近期调控应有的效果。其次，如果被认为是短期调控的政策，迟早会收回去，也会增加各方面包括地方政府在内的短期的博弈行为，对于长期房产税制度的形成完善和建设是非常不利的。

房地产税的开征，长期来说将为地方政府带来稳定的税收来源，将被培养成地方政府的一个主要税种，应该是财税制度的一项重要的改革。"房产税"的开征短期内可能颠覆一个概念,地方政府"卖地"行为可能并不符合现有基本规则。

因为"房地产税"的实际含义,是国有土地的使用权出让的租金。所以地方政府是不能卖地的,"卖地"是所有权的转让。地方政府只能行使"使用权转让"的权利,中国的住宅土地使用时间规定是70年,70年使用权转让分成两个部分。第一部分是土地开发使用权出让。这一阶段地方政府收取开发权的土地出让金,由房地产开发商支付。第二部分使用权是针对土地上建筑物的所有者的出让,应该是由房屋拥有者在未来70年内分期支付的,也就是房产税的缴付。地方政府是不能"卖地"的,而土地使用权出让的"租金",必须准确分开"使用权转让"的两个阶段,由开发商交付的"开发权出让金"与由房屋使用者交付的"土地税"。按照"卖地"的概念一次性把土地拍出天价是违反"土地使用权转移"的基本规则的。在既定的70年使用转让的规则下,地方政府"卖地"是不合规的。

关于房地产税收应该立法的观点是应该引起注意的。房地产税收制度的改革遇到的这些问题,是我们现在和将来进行制度改革都将面对的问题。在未来的改革开放过程中,应该有更多的新制度和规则会不断建立和完善,新制度建立的程序化规范化合法化,本身可能成为我们的一个新制度。

信用政府：迈向治理能力现代化的基石

国务院发展研究中心副研究员　龙海波

信用政府建构是历史性的恒久命题，也是政治文明发展史上的重要阶段。由于受到传统官僚体制影响，社会公众与政府之间似乎是一种不默契、不信任的状态。转型时期，各种矛盾相互交织、层出不穷：债务纠纷、政策多变、官员腐败等引发的社会问题已经成为影响政府信用的直接因素。与此同时，市场经济的活跃细胞触发了不同社会组织的兴起。以相互信任为基础、以合作交往为载体、以社会规范为支撑的外部力量也进一步影响着信用政府的构建，这也就是通常所讲的"社会资本"。它不仅对现代经济的有效运行具有重要的推动作用，也对我国行政体制改革产生较大影响。

构建一个充满民主、活力、信任的信用政府，不仅是凝聚政治信任、扩大社会交往、强化制度规约的现实需要，也是完善社会信用体系的关键举措，更是推进国家治理体系和治理能力现代化的重要内容。信用政府的建构，既要关注内生因素即政府信用的提升，同时也要考虑外生因素即社会资本的培育。可以说，社会资本是实现政府信用及治理能力现代化的一个重要因素。

两个维度的考察：社会资本与政府信用

社会资本的嬗变形态

社会资本伴随着改革开放 30 多年的探索与发展实现了内在结构性变迁和总体存量变化，呈现出特殊主义信任与普适主义信任结合、单一网络与复杂网络结合、隐性规约与显性制度结合的三大特点。

第一，中国社会流动性与异质性的增强，为普适主义的组织信任创造了制度环境，逐渐成为一种非人格化、正式的信任关系，然而，传统多元价值的冲击和特定土壤的孕育，也使得现代社会中的组织信任中仍然残留着以"关系本位"为特征的人际信任痕迹。

第二，随着社会个体对资源汲取的不断扩大，信任关系结构也逐渐趋于稳固，社会分工交换日益频繁。社会网络开始进入了社会公众视角，实现了从单一网络到复杂网络的历史性跨越。单一网络在网络节点上凸显了分散性和单维性，在网络结构上凸显了有序性和规则性，"偶发性"的投资与交换间接地开启了社会网络的"触发器"。复杂网络在网络节点上凸显了密集性和双向性，在网络结构上凸显了混沌状态，复杂网络中的关键性节点更多地获取了非重复性资源的机会,自身也相应地具备适应组织发展与扩张的规模。

第三,随着民主法治进程的不断推进,实现了从隐性规约向显性制度的转变。现代社会显性制度的构建更是一种公共精神的培育。在公民社会中,个体与个体、个体与组织之间的交往更加注重公共利益的攫取,强调开放对话、思想互换、彼此理解和平等协商。然而,自给自足的小农意识("草民观念")和对权力无限追求的"官本位"意识也影响了信任关系的维系和社会网络的重构,使得社会资本在中国尤其是西部地区发育不成熟,"关系人情"的狭义理解阻碍了社会资本在西部土壤的生根。

政府信用的效应解读

政府信用的特殊性使其受到广泛的关注,地方政府信用的存量状况、变化趋势与社会发展成为信用政府建构的又一焦点,进而引出了政府信用的效应问题:示范效应与"蝴蝶效应",分别从政府信用生成与缺失两个方面进行考量。政府组织的特殊性、官僚体制的复杂性、信用价值的基础性,决定了由特殊组织与普适价值结合形成的政府信用具有强烈的示范效应。

政府信用的生成源自内生的制度供给和"合法性"获取,具体表现为:社会公众以社会契约的形式将行政权力让渡给政府行使,期望获得能够维持其利益的公共产品;政府按照公平正义的行政价值理念履行职责,进行社会管理和社会利益的整合;同时,为了防范权力失衡和滥用,其行为还受到监督机构和社会媒介监督,使其行政行为受到合理的规约,从而形成了一个稳定、有序的政府行动过程框架。政府信用的缺失是一个极其复杂的过程，并不是由以上任何一个单一因素造成的，而是复杂组织环境下各种因素相互交织、相互渗透的结果。从权力边界的内部看，市场经济人的自利性决定了地方政府也是一个特殊的利益主体，是政府失信形成的意识诱因；行为主体的强势直接推动了政府失信行为的形成；公共信息的不对称导致了委托代理双方之间的信息失真，是政府失信形成的信息鸿沟。从权力边界的外部看，信用文化的缺失使得行政价值发生偏离，监督力度的弱势造成了行政权力泛滥。

信用政府的建构理念及模式选择

信用政府的建构理念

现代意义上的信用政府是一个以信用为价值导向、以信用制度为行动纲领的善治政府，其实质是政府与社会的共同治理，同时也是社群主义的集中体现。以社群历史传统及其文化为纽带，进一步增强社群价值共识，由此实现政府、社会与公民之间良性互动。一般而言，信用政府的建构往往依赖于内生性的动力机制。它以公共权力的制衡为逻辑起点，以区域利益的协商为建构主线，以行政价值的矫正实现政府角色定位，通过政府官员的伦理教化和社会公众的监督参与，最终实现信用政府内在资源的整合、既得利益的妥协和自我形象的重塑。与此同时，公民意识的觉醒和民主政治的发展，为社会资本的发展创造了条件，一种助推信用政府建构的外生力量正在积蓄。信用政府的建构处在社会资本与政府信用之间，具有两个重要特征，即"社会资本的恒定性"和"政府信用的共振性"。

信用政府建构的路径选择

鉴于我国特殊的政治体制和区域性制度安排，外力式的建构路径不能处于主导地位，尤其是在西部地区的县域城市，往往还要依靠体制机制改革来提升政府信用。因此，信用政府的建构路径应该选择一条二者相互结合、共同促进的路径——二元协同发展，这也体现了社会资本与政府信用的互动关系，通过多元社会主体的参与，彼此增进信任与了解，畅通政府回应渠道，提升政府信用水平和社会资本存量，从而实现善治的理想蓝图。总体而言，信用政府的建构必须依靠政府的主导力量，不仅在于政府权力的配置与运作，还要为社会资本创造良好空间，从全能主导向重点主导、多方参与转变，逐步走出一条"宽口径、广网络、优资源"的协同发展之路。

第一，政治信任是政府形象提升的前提，也是实现信用政府建构的价值基础，主要包括公民参与、价值重塑和规范市场三个方面。

第二，多元网络的融合是政府活力创造的关键，也是实现信用政府建构的重要载体，主要包括职能转变、组织培育、资源配置三个方面，从转变政府职能到社会资源配置，是一个有序的网络过程。

第三，制度规范的约束是政府信用监督的保障，也是实现信用政府建构的行动准则。它更加强调了正式制度的作用，而非正式规则仅是在制度变迁中扮演引导角色，主要包括信息公开机制、失信测评机制、责任追究机制、危害补救机制、守信激励机制和申诉复核机制六个方面，形成一个有序循环、相互依存的制度链条。

治国理政新时期政府信用的新考验

党的十八届三中全会《决定》提出了全面深化改革的指导思想，规划了中国现代化之路的关键方向和具体路线图，标志着治国理政新时期的到来。治国理政，无信不立。各级政府必须把诚信施政作为重要准则，而诚信施政的前提是提升治理能力，使其适应新时期治国理政的发展需要。新的历史条件下，政府信用赋予了新的内涵，同时也面临许多新考验。因此，必须深刻认识我国经济发展进入新常态的宏观背景，从经济、社会和改革三个层面剖析外部环境变化对政府信用的考验，比如，地方政府债务风险、社会信任危机与舆情隐忧、改革推进动力不足的影响。

新常态背景下的经济下行压力

经过改革开放30多年的高速增长，我国后发优势的内涵发生了深刻变化，低成本要素大规模、高强度的数量扩张式的增长模式已经难以支撑如此庞大的经济体量实现高速增长。特别是随着人口红利减少、生产要素成本上升、资源配置效率和要素供给效率下降，中国也面临着"跨越中等收入陷阱"的瓶颈。2014年

5月，习近平总书记考察河南时指出："我国发展仍处于重要战略机遇期，我们要增强信心，从当前我国经济发展的阶段性特征出发，适应新常态，保持战略上的平常心态。"由此，新常态作为治国理政新时期的全新理念首次提出，这也是党中央对我国经济发展阶段的重大战略判断。从经济发展阶段转换的一般规律和当前我国宏观经济形势看，今后一个时期仍面临较大的下行压力。

科学把握经济新常态的基本特征

我国经济发展进入新常态后，出现经济增长动力与经济下行压力并存的复杂情况，增加了科学判断经济形势的难度。因此，需要正确认识经济下行压力带来的影响及新变化。2014年中央经济工作会议，从"消费需求""投资需求""出口和国际收支""生产能力和产业组织方式""生产要素相对优势""市场竞争特点""资源环境约束""经济风险积累和化解""资源配置模式和宏观调控方式"等九大方面，全面阐述了经济发展新常态下的九大趋势性变化。这些趋势性变化表明，我国经济正在向形态更高级、分工更复杂、结构更合理的阶段演化，经济发展进入新常态，正从高速增长转向中高速增长，经济发展方式正从规模速度型粗放增长转向质量效率型集约增长，经济发展动力正从传统增长点转向新的增长点。

当前，我国正处在新旧动力转换的关键时期，新旧动力并存是新常态的一个基本特征。虽然传统动力在弱化、新的动力在孕育，但外延式扩张的溢出效应仍然存在，经济增长的质量和内涵没有发生根本改变。从长远发展看，中国经济新常态新特征已经非常明显，即经济增长要从高速转为中高速，逐渐完成探底企稳。例如，从 2010 年第二季度至 2015 年第三季度，经济增速在波动中下行已经持续 22 个季度。这其中有国内外需求扩张放慢的影响，但根本上还是我国发展进入新阶段，经济增长内生动力发生变化的结果（王一鸣、陈昌盛，2016）。现阶段，我国仍处于可以大有作为的战略机遇期，经济长期向好的基本面没有改变，经济发展仍具有巨大的韧性、潜力和回旋余地。

新常态下经济发展面临的几大挑战

一是如何防范财政金融风险。进入新常态后，伴随着增速下行和结构调整，原有的风险化解机制难以继续生效，市场主体行为很难及时做出调整，原来被掩盖的矛盾和风险就会显露出来，主要表现在产能过剩企业、地方性债务、房地产投资市场等领域，而这些问题最终都会在财政金融部门暴露。截至 2015 年，我国地方政府债务预算为 16 万亿元。然而，大量地方政府债务游离于财政预算之外，地方政府债务依赖的融资平台、土地财政、金融机构贷款等使金融风险与地方财政风险相互交叉，极易出现连锁反应，从而转化成系统性金融灾害。从目前的表现来看，截至 2015 年年末，商业银行不良贷款余额已连续 17 季度上升，且不良贷款率已连续 10 季度上升。

二是如何保持经济平稳运行。伴随着持续的下行压力，经济运行效益整体下滑，如果这种状态拖延过久，将会对经济运行的稳定性带来较大影响。一方面，企业效益下滑幅度扩大。2015 年，规模以上工业营业收入同比增长仅 0.8%，而同期利润同比下降 2.3%。其中，六大高耗能行业利润累计同比增速降幅超过了 40%。另一方面，财政增收更加困难。受企业效益下滑影响，

2015年全国公共财政收入同比增长5.8%,低于经济增速水平,部分省份甚至出现负增长。与此同时,全国公共财政支出同比增长15.8%,较上年上升7.6个百分点。财政刚性支出特征明显,维持财政稳健性的难度在加大。

三是如何有效稳定市场预期。改革创新的深入推进,离不开稳定的宏观经济环境,政策效果的实现有赖于市场主体形成正面预期。在全球经济增长依然乏力、宏观政策明显分化的情况下,我国经济更需要一个相对稳定的市场预期。在完成增长动力转换之前,市场主体先看到的可能是经济下滑和风险因素逐渐累积。一旦宏观环境无法传递利好信息,企业和民众对未来增长的预期就会恶化,从而抵消改革的正向激励。当前,市场主体对于未来的判断仍然缺乏坚定信心,宏观政策始终处于摇摆状态,短期政策与中长期政策缺乏有机协调,最为明显的市场表现就是民间投资出现明显下滑,在某种程度上也反映了民间投资对我国经济长期信心不足。因此,面对市场的迷惘和不确定,透明和稳定的政策预期是化解当前中国经济各种风险和不确定的正确选择。

地方政府债务风险的总体考量

经济下行压力使地方政府信用面临更大考验,主要表现地方政府债务风险。受经济增速放缓、土地调控日趋明显以及地方财政增速回落等因素影响,地方政府债务导致的宏观系统性风险仍在累积叠加,个别地方政府资产负债率超过100%,区域及个别地区仍存在短期风险,偿债压力非常大。截至2015年年底,我国地方政府债务预算为16万亿元。然而,大量地方政府债务游离于财政预算之外,地方政府债务依赖的融资平台、土地财政、金融机构贷款等使金融风险与地方财政风险相互交叉，一旦中间的某个环节出现问题，极易出现连锁反应，从而转化成系统性金融风险。目前，地方融资平台自身信用不断向政府信用靠拢拉近，信用风险也逐渐从个体信用风险向地区风险和宏观系统性风险迁移，高层级政府的信用风险不断累积加大。[①]

国际经验表明，发达国家的政府债务大多数是在高速增长以后为刺激经济增长而形成的，而我国的地方政府债务是在高速增长期尚未结束时就已经形成，一旦经济增长速度放缓，那么原先被掩盖的政府性债务风险就会立刻暴露，这也是新常态下经济发展面临的第一大挑战。特别是随着城市化进程不断推进，地方政府债务扩张的风险也逐步显现，主要表现为：融资不规范，多头举债，举借主体多达15.4万家，涉及省、市、县、乡各级政府机关、事业单位、融资平台公司和一些国有企业；举债方式过多过滥，包括银行贷款、企业债券、中期票据、信托、回购（RT）等30余种，为规避监管，已经从信贷转向非信贷，从银行表内转向表外，从显性转向隐性。

总体来看，地方政府性债务风险总体可控，短期内爆发全面债务危机的可能性较小，但部分地区由于经济发展水平较低、产业结构单一、存在明显产能过剩、融资能力较弱致使其偿债压力较大，存在着爆发债务危机的可能性。因此，必须严格规范地方政府性债务管理机制，加强总量风险控制，优化贷款结构，积极稳妥化解存量风险。

---

① 参见中诚信国际信用评级有限公司发布的《2014年中国地方政府信用分析报告》。

社会转型面临的潜在风险

伴随着经济发展进入新常态，社会转型步伐也在加速，社会分化和利益失衡加剧，各种制度化风险不断积累，导致社会潜在风险日益增多。当前，我国经济社会发展不仅面临着不平衡、不协调、不可持续等问题，还存在思想观念的障碍、体制机制的利益固化的藩篱等。在激发社会主体发展活力、释放更多社会能量的同时，也为复杂社会矛盾的产生提供了多种可能。总体而言，国内外形势仍有许多不确定性，不稳定因素增多、社会结构多元、新旧秩序相互交替，容易滋生社会道德失范、社会焦虑加剧、信任危机加深等社会风险因素，造成不同历史阶段风险因素交织叠加的特征。社会转型时期的风险表现出既有现代化社会风险的普遍特征，又有中国转型社会风险的特殊表征。从可能影响政府信用的因素看，潜在风险主要体现在以下几个方面。

社会认同和信任关系弱化

我国当前社会转型的非均衡性和社会极化的形成并强化，直接导致了"社会结构紧张"[①]，加之社会建设长期滞后于经济建设，在加速转型的过程中必然导致结构冲突、体制摩擦和利益分化交织，使得社会成员在利益诉求中片面追求经济理性，社会认同弱化，价值失范明显。特别是在全面深化改革新时期，社会公众价值观念呈现多样化特征，原有社会规范对社会秩序的调控作用减

---

① "社会结构紧张"也称为"结构紧张"，最初由美国社会学家默顿提出，是指因社会结构的不协调而导致社会群体之间的关系处在一种对立的、矛盾的或冲突的状态下。在此状态下，社会矛盾比较容易激化，社会问题和社会危机容易产生。

弱，新的社会秩序尚未建立起来，贫富分化、收入分配不公、"权大于法"等问题没有得到根本解决，这些都不可避免地削弱了政府在公众心中的权威性和公信力。社会认同和信任关系弱化，最核心的症结在于制度公信力不足，政府层面的理性选择和制度设计在广大基层社会成员日常生活中的影响力日益式微。

以社会保障制度为例，目前社会公众对此表现出的不信任感在增强，尽管社会保障在"十二五"期间已初具普惠全民的特色，但公平性不足仍然是各项社会保障制度的共性。比如，全国基本养老保险基金积累日益增加，但许多人却在怀疑这一制度的可持续性，以致越来越多的人担心领不到养老金，不参保、停保或尽可能少缴的现象有蔓延之势。又如，2013年国务院出台发展养老服务业的重要政策文件，结果被媒体与公众简化成"以房养老"并被进一步演绎成政府要推卸责任。此外，渐进延迟退休年龄、医疗保险终身缴费等政策思路出台均遭遇多数人质疑与反对，等等。不可否认，这其中有媒体炒作的嫌疑，但也要从制度设计层面思考政策出台的价值意图，老百姓并不是不愿意缴费，而是目前的社会保障制度公平性不足、效率不高，社会公众对未来政策缺乏合理预期。如果公众对社会保障制度丧失信心，也就丧失了认同和参与的积极性。

社会焦虑和浮躁情绪增多

社会焦虑是一种普遍存在的社会心理现象，通常表现为人们对社会生活中的高房价、高物价、高通胀、负利率、贪污腐败等现象的直接担忧和不满。社会加速转型，意味着整体利益结构的调整，大批社会成员、社会群体的经济社会地位被重新洗牌，人们面对未来的不确定性因素和潜在风险增加,同时缺乏"本体性安全"和"例行化"管理,容易产生对自身安全的担忧和恐慌,甚至出现社会焦虑。部分焦虑、普遍焦虑由于涉及面广,且直接影响对民众情绪的控制,容易引起社会骚动和群体间不信任。还应看到,政府失信也是造成社会焦虑、引发群体性事件的重要诱因之一,很多社会焦虑现象或多或少都与此有关,特别是涉及住房、医疗、教育、就业、社会保障等民生问题,由于缺乏对改革的广泛共识,许多政策稳定性和连续性不强,直接催生社会成员不同程度的非理性行为,使得人们对长期行为往往不感兴趣,相反却会热衷于短期行为,容易形成从众行为和越轨行为。

由于社会结构不断分化,群体性焦虑在日常生活工作中表现也较为突出。改革过程中各种利益的受损,收入差距不合理的过分拉大造成了不同社会群体间的利益失衡,尤其是引起了社会底层人群严重的心理落差,产生强烈的相对剥夺感。随着经济下行压力和结构调整深化,部分隐性失业已经出现显性化苗头,就业形势不容乐观,特别是在重化工业部门和资源型地区,一些企业经营困难,部分企业甚至依靠贷款维系日常营运,员工轮岗、待岗和拖欠工资的现象时有发生。这些都可能导致中下阶层群体的不满和焦虑,加之现有社会阶层固化明显,个人向上流动的机会受到阻滞,基本权利得不到保障,更使得一些弱势群体改变现状的心理极度敏感和脆弱,往往会产生对社会的不满情绪。社会转型时期存在的社会矛盾和问题,有一些可能没有那么严重,如果人们的社会焦虑和浮躁情绪日益增加,再夹杂一些不公正的心理感受,就容易把本来不是很严重的矛盾和问题看得很严重,容易迁怒于他人、他事，进而激化某些社会矛盾和问题。比如，各种官僚主义、权力腐败行为和各种投机暴富现象，助长了社会上一部分人的"仇官""仇富"心理。

新媒体时代带来的舆情隐忧

社会转型期的多重利益、多元价值观念引起各种思想交互碰撞，特别是随着微博、微信、SNS（社交网络服务）等新媒体的迅猛发展，网络舆情已经逐渐渗透并影响着社会生活各个方面，成为影响人们社会判断与行为、政府决策和施政的重要力量。互联网管理政策中对"匿名性"的尊重和保护，削弱了传统"把关人"对网络传播与表达的审查；与此同时，互联网空前活跃的舆论"流动性"，让信息在虚、实两个社会空间进行充分的互动传递。由此可见，网络新媒体与传统媒体最本质的差别在于，传统媒体是"主导受众型"，而网络新媒体则是"受众主导型"，这就意味着每个团体和个人都是舆论的传播者，互联网时代的舆情传播范围广、时效性强，如果网络话语权控制不当，很可能产生"情绪型舆论蔓延""假新闻误导舆论走向"等负面影响，造成可能威胁社会稳定的不良事件。梳理近年来的舆情热点，从公共管理部门角度看，网络舆情事件的风险源大体可以归纳为"八涉"事件[①]，其中涉"官"和涉"腐"事件与政府信用密切相关，也是社会关注的焦点。

官员在一定程度上是其所在政府机构的形象代表，与官员有关的网络事件是网民关注度较高的兴趣点，也很容易会被推成

[①] "八涉"指的是与官员、炫富、警察、腐败、情色、暴力、造假、弱势群体八个方面有关的舆情事件。

网络舆情事件，如果处置不当可能会损害政府信用。有研究表明，涉"官"事件网络舆情存在着网民刻板印象、媒介不作为或不当作为、网民从众行为等因素共同作用所致的"一边倒"现象。不可否认，当前一些官员确实存在工作作风、生活作风等问题，在公众中造成了不良影响，使公众对官员整体产生了刻板印象，以致涉"官"事件在面对网络时极其脆弱。与官员密切相关的还有腐败行为，当涉"腐"事件遭到网络曝光时，网友无不拍手称快，并迅速转发。特别是党的十八大以来，随着中央加大反腐力度决心，网络反腐呈现出井喷的局面，有关部门也更加重视网络的反腐功能，相继查处了一批政府官员，赢得人民群众的广泛称赞。但同时也应看到，还有一些事件的曝光是蓄意而为的，一些利益集团制造网络中难以及时查证的谣言、传言、危言传播信息，利用水军和推手绑架了网民的意见表达，故意抹黑政府形象，虽然及时进行澄清，但由此带来的负面影响一时仍难以消除。正如学者研究所指出的，公众对互联网的政治性使用已威胁到公众对政府的信任状况，但情形还远未达到严重的境地，新媒体时代带来的舆情隐忧不可忽视。

改革推进的障碍与阻力

治理现代化实质上是一个与时俱进、改革创新的过程，没有改革创新，就谈不上推进国家治理现代化。当前全面深化改革已进入深水区，推进改革的关键是充分挖掘内在潜力、汇聚改革动力，最大限度地减少改革的阻力。能不能适应新常态，能不能让新常态逐渐走向成熟，关键就在于全面深化改革的力度。党的十八届三中全会以来，已确定的各项重点改革任务正稳步推进，有些领域取得积极进展，但总体感觉推进阻力较大，特别是在金融、土地等要素市场领域，改革的任务还很艰巨，垄断行业、国有企业改革等也没有到位，这些不仅影响了市场机制作用的发挥，也对政府治理能力提出严峻考验。到2020年，确定的重点改革任务如果不能按时完成，人民群众没有切实感受改革带来的红利，可能会对政府信用产生极大负面影响，业已建立的政治信任关系可能也将大打折扣。

深刻认识新一轮改革的复杂性

从某种意义上讲，改革就是既得利益的再调整，最初的改革主要针对旧体制弊病，改革容易取得广泛共识并易于推进，凡被旧体制束缚的人几乎都是受益者，相对来说阻力就小得多。相比而言，全面深化改革面临的外部环境十分复杂，除了继续革除旧体制弊端外，更要触及既得利益集团所获取的许多不当利益，当前面临的最大难题还是利益格局的调整。可以说，全面深化改革到了必须"啃硬骨头""涉险滩"的攻坚克难阶段。

一方面，利益关系调整势必触及部分既得利益者已经取得的利益和预期得到的利益，涉及不同的部门、行业、地区和群体，利益诉求必然存在差异，对深化改革的态度自然也各不相同。进入深水区的改革很难再做到帕累托最优，部分群体利益受损在所难免，这就使得一些改革的推进出现"中梗阻"和"最后一公里"现象。全面深化改革不仅要敢于直面既得利益集团的阻挠，更要以极大的政治智慧和政治勇气破除利益固化的藩篱，不失时机地大胆开拓。

另一方面，改革从一开始就非简单的修修补补，应避免部门碎片化，而应注重整体性、系统性和协同性。只有抓住关键领域改革才能真正"牵一发而动全身"，但哪些是关键领域的改革，如何推进这些改革在认识上却没有形成广泛共识。相比以前的"摸着石头过河"，当前的改革对各方协同配合的要求越来越高，随着改革的不断深入，各领域各环节改革的关联性互动性明显增强，每项改革都会对其他改革产生重要影响，每项改革又都需要其他改革协同配合，这在客观上也增加了改革的复杂性。

改革试点推进面临的问题

习近平总书记在中央深改组会议上强调，改革要处理好"最先一公里"和"最后一公里"的关系，突破"中梗阻"，防止不作为，把改革方案的含金量充分展示出来，让人民群众有更多获得感。要把鼓励基层改革创新、大胆探索作为抓改革落地的重要方法，坚持问题导向，着力解决好改革方案同实际相结合的问题、利益调整中的阻力问题、推动改革落实的责任担当问题。

近年来，已有学者针对改革方法与试点推进问题进行了研究，有针对性地指出了改革推进面临的问题及体制机制障碍。魏加宁等在《改革方法论与推进方式研究》一书中指出，应摒弃过去那种仅仅依靠政府主导下的单一行政手段推动的运动式改革模式，转向通过推进治理体系和治理方式的现代化，构建持续推进改革所需的体制机制架构，包括事前事后评估机制、干部任用选拔机制，以及改革的沟通机制和利益协调机制等相关配套机制。张永伟通过对近年来试点工作的考察，认为过多依靠倾斜性政策来推动试点容易造成"改革成功假象"，很多试点缺乏实质性改革突破，一些试点甚至会成为以改革名义延缓改革的手段，还有些改革根本不需要试点却仍以试点方式启动改革，实质上延缓了改革进程。据大致统计，在近十年我国实施的200多个国家试点项目中，未得到推广项目的数量（57.3%）高于已推广的项目数量（42.7%）。在此基础上，提出了改进试点工作的总体思路和具体建议，比如，树立全面深化改革试点的新思维、建立试点工作的协调机制、完善健全试点选择机制、建立纠偏纠错机制等。

现有改革推进方式的弊病

一项改革要取得实效，不仅需要设计一个好的改革方案，同时也要制定有效的推进方式，只有二者有机结合，才能确保改革真正落地。十八届三中全会以来，改革举措出台的数量之多、力度之大前所未有，抓落实的任务之重、压力之大也前所未有。当前，改革推进某些方面不尽如人意，既有改革方案自身的原因，也有推进方式不科学的问题。

从改革方案自身看，方案设计缺乏清晰的目标导向，兼顾性目标导向较多，没有考虑现实推进的实际困难，在实际操作过程中既可以这样做也可以那样做。方案制订过程中，仍然是以部门利益为主导，遇到利益冲突和不一致意见时，通常采取删减方式以求共识，实在绕不过去的问题有时就采取模糊表述，进而把矛盾冲突下移。关联性改革方案之间相互打架、彼此冲突现象也时有发生，"各说各的话、各做各的事"的情况比较多。此外，还有些改革方案前后矛盾，缺乏连续性，之前的还未废止新的又出台，从而造成实施操作过程中的执行偏差。

从改革推进动力看，改革的包容机制、免责机制表述不具体，缺乏可操作性。有些改革的推进主体与改革对象存在角色冲突，自己改自己难免出现利益保留，很难保证方案的设计更有突破性，也不可避免地出现固守自我利益。更为重要的是，改革缺乏有效的激励机制，一些地方政府有等、靠、要的倾向，基层政府治理能力与当前改革需要尚有较大差距，一定程度上影响了政府公信力。领导干部改革创新的积极性不高、主动性不强，一个重要原因就是，反腐形势下许多领导干部出于"多干多犯错，少干少犯错，不干不犯错"的心理，对市场主体的需求视而不见，贻误改革时机。

治理能力现代化进程中的社会资本

治理能力现代化实质上是一个与时俱进、改革创新的过程，本身也意味着国家治理要从未现代化或者前现代化进入现代化。当前国家治理的转型是内外因素共同作用的结果。一方面，传统治理职能的体制性衰退引发了政府信用危机的产生；另一方面，传统治理模式也不利于激发社会主体的发展活力，亟须依靠一种外部力量推动国家治理的转型。社会成员基于信任关系、社会规范基础上相互交往、合作形成的社会资本，是实现治理能力现代化的重要力量。因此，应当高度重视政府信用的治理意义，特别是其实现离不开社会资本的积极参与。社会资本主要通过作用于政府信用进而影响政府治理，是国家治理体系和治理能力现代化的必要条件，要有序规范和引导社会资本，构建其良性积累的政治生态机制。

政府信用的治理意义及实现

正如上述所言，信用是政府自诞生之初就形成的一种价值。这种普世价值被视为政府执政合法性的主要来源之一，政府信用水平的高低决定了政府治理现代化进程。随着我国经济发展进入新常态，传统的增长方式难以为继，面临的潜在风险和社会矛盾也逐渐暴露，这些都是信用政府建设面临的新挑战。如果民众对政府行为缺乏心理预期，全面深化改革没有明显进展，不仅会影响政府自身形象，还涉及整个社会信用体系的建设，甚至会引发政治合法性危机。党的十八届三中全会指出，科学的宏观调控、有效的政府治理，是发挥社会主义市场经济体制优势的内在要求。因此，必须切实转变政府职能，深化行政体制改革，创新行政管理方式，增强政府公信力和执行力。在新的历史时期，应当高度重视政府信用的治理意义，政府信用水平的高低决定了政府治理现代化的进程，信用政府建设已经成为政府治理能力现代化的重要内容。

政府信用是实现治理能力现代化的基础

国家治理的有效程度，往往取决于社会共识的凝聚程度，因为一个缺乏基本共识的国家根本谈不上有效治理。推进国家治理能力现代化的核心要义就是要提升国家治理的有效程度。作为国家治理的重要主体之一，政府的政策制定和执行能力直接影响其他治理主体的运作方式及效能，比如，政府公共政策制定过程中如何更好地与公民沟通，从而进一步增进互信、提升效率。改革开放以来，威权主义的治理模式结束了民粹主义的无序状态，并在短期内凝聚人心、形成共识，通过行政、政策手段推动经济的快速增长和社会秩序的稳定。如何增进政府与公民之间的信任，形成推动经济社会发展合力显得尤为重要。

第一，高水平的政府信用有利于增强改革共识。当前，改革面临的外部环境远比想象中复杂，利益格局调整带来的阻力有增无减，不同利益群体的诉求更为多元，各种针对改革的社会舆论更加嘈杂，这也加大了达成改革共识的难度。需要指出的是，新时期凝聚改革共识，不论是对原有改革共识的延续，还是面对新情况对改革共识的重塑，都离不开良好的政府信用。政府信用水平越高，社会民众对政府官员、组织机构及其制度安排的信任度就越高，有效协调沟通的能力就越强。高水平的政府信用能够更好地理解其他治理参与主体的诉求，最大限度调动一切积极因素，从而获得社会各界的广泛信任和大力支持。

第二，高水平的政府信用有利于提升治理绩效。政府治理绩效与政府的合法性、组织力、执行力紧密相关，还会受到治理结构和治理体制的影响。提升治理绩效的关键在于，充分发挥政府的引导整合功能，激发社会不同主体的潜能和活力，最大限度改善社会民生、促进经济增长，最为重要的还是强化政府的合法性和执行力。已有研究也表明，政府信任作为政府信用内涵的重要构成，是衡量公众对政府及其治理认可和支持程度的重要理论工具，同时也是成为政治合法性的重要来源。政府的一切行为都必须以政府信用为前提，高水平的政府信用能够有效扩大个人和组织的交往频率，减少公共治理成本，有效提升治理效率。

第三，高水平的政府信用有利于引导公众参与。一个始终以广大人民群众利益为出发点，以民主、法治、高效、廉洁为价值基础的信用政府，才能获得来自社会各界的广泛信任和大力支持，政府对于自己更好地扮演好社会治理引导者的角色就会更有信心。目前，政府治理仍然存在公民参与不足、政府缺乏有效回应等问题，直接影响了政府与社会主体之间的有序互动。加强公民参与，内在的动因之一在于提升政府与公众的沟通协作，增强公众对政府的信任感，提升公众对政府的心理认同。因此，只有基于政府发展目标、权力合法性以及契约有效性的认可，建立畅通有序的多元主体参与治理网络，才能更好引导公众参与，这也是政府信用的内涵要义所指。

政府信用的实现离不开社会资本参与

从推动力来看，政府是社会资本的最大来源之一，政府的合法性和可信度对于社会资本的形成和增加至关重要。实证分析结果显示，政府信用具有传导性特征，传导路径的多少与区域社会资本存量、结构有关。历史经验也表明，一个共同体的信任越普遍，国家与社会、政府与公众之间的良性互动就越有可能，政府自身信用的提升空间就越大。超越现代政府信用的困境，将信任作为公众与政府互动关系的前提，以更加复合、开放、动态的视角寻求政府信任的基础，从而推动公众与政府信任关系的主动建构。由此可见，社会资本参与对于政府信用实现将发挥更为积极的作用。

一方面，社会资本为公众认可培育社会信任基础。社会资本的基础是社会信任，一个社会的经济繁荣程度取决于该社会的普遍信任程度。社会普遍信任的形成，是建立在社会成员通过不同层次和领域的合作参与基础上的。只要政府与公众的沟通互动顺畅了，政府决策制定真正体现了公共利益，政府的群众基础就更加牢固，社会公众认可度也随之提高。当前中国社会进入全面转型时期，新的社会结构需要重建新的社会信任，多元主体参与治理更需要以社会信任为基础，这其中以政府信用为社会信任的核心。政府应当积极促进公民参与政府决策，积极与公民互动沟通，保障公民的表达权，让公民有机会表达和监督政府，从而弱化"批判性公民"的负面影响，提升社会公众的政府信任水平。

另一方面，社会资本为政府能力实现提供参与网络。公共参与网络能促进合作、团结、民主等公民精神的培育，增加博弈的重复性，有助于克服集体行动困境，提升政府治理绩效。通过公共参与网络，社会公众可以了解彼此的共同需求和利益差异，并以理性沟通协商的方式寻求一致性意见。它不仅存在于公众与公众之间，同样适用于政府与公众之间，这对于推进治理能力现代化至关重要，也更为迫切。当前，政府失信行为仍然较为突出，有些方面不是因为主观因素，而是由于自身能力不足导致的，这与传统治理模式参与网络单一、提供公共产品低效有关。因此，需要依靠社会资本进一步拓展参与网络，使之更加富有弹性和活力，真正让治理主体发自内心地信任其他参与者，并自觉遵守地方治理的运作规范，在相互合作中提升政府能力。

社会资本对治理能力现代化的影响

社会资本在政府治理过程中发挥着重要作用，它主要通过作用于政府信用进而影响政府治理，是国家治理体系和治理能力现代化的必要条件。可以说，政府治理与社会基础密不可分，社会资本理论或许可以成为一个研究视角。作为社会资本的核心要义，信任、互惠、规范以及参与网络是政府和公众沟通及联系的关键，这些要素结合形成的力量能够提高社会的凝聚力，有助于实现治理主体和权力来源的多样化。深刻认识现代社会资本的角色定位，必须对治理能力现代化的内涵进行阐释。在此基础上，从正负外部效应的角度分析社会资本的影响作用。

治理能力现代化的认知审视

国家治理作为公共管理学概念被学者们广泛关注，肇始于1992年世界银行发布的年度发展报告《治理与发展》。此后，"治理""国家治理"等概念被公共管理学和政治学领域的诸多学者研究和讨论，成为学界探究的焦点。党的十八届三中全会明确提出："全面深化改革的总目标是完善和发展中国特色社会主义制度，推进国家治理体系和治理能力现代化。""国家治理能力现代化"首次进入党的全会文件并成为研究国家治理的新方向，是新时期社会主义民主政治建设的必然要求，也是党和国家执政理念科学转变的重大信号。国家治理现代化主要包括治理体系和治理能力现代化两个方面，其中治理体系的建设尤其受到关注。然而，仅有合理的治理体系是远远不够的，国家治理体系的建构需要治理能力的支持。需要指出的是，这里仅仅讨论治理能力这一范畴。

国家治理能力现代化包含的内容十分丰富，具有多重表征，很多学者也进行了归纳。刘建伟在《国家治理能力现代化研究述评》一文中进行了总结。概括而言，大致分为以下几类：（1）"三表征说"，即制度化、公平化、有序化；（2）"四表征说"，包括国家治理的民主化、法治化、文明化、科学化；(3)"五表征说"，一种表述为治理制度化、治理民主化、治理法治化、治理高效化、治理协调化，另一种表述为治理主体的多元性、治理关系的交互性、治理模式的复合性、治理方式的科学性以及治理结果的有效性；(4)"综合表征说"，包括国家、市场、社会机制的互相支撑与平衡，法治与德治的有机统一，民主与效率的相互补充与协调。总体来看，已有的研究对国家治理能力现代化的表征不尽相同，大都包含了制度化、民主化、协同化和高效化四个方面的特征。有学者指出，当下中国推进国家治理能力现代化需要特别重视共识凝聚能力、制度构建能力、科学发展能力与改革创新能力。国家治理能力现代化具体地表现为持续提升的制度执行能力。

国家治理涉及多元治理主体、多种治理手段和复杂治理机制。推进国家治理能力现代化，需要充分发挥政府、市场和社会三方力量，综合运用多种治理工具、动员各方社会资源，通过强化公民参与提升政治认同感，进而推动社会结构和功能的调整、社会主体间关系的重塑和规范。"政府治理"作为国家治理的一个中心，在国家治理体系中处于关键位置。国家治理的转型首先是要实现政府治理的转型，即由人治型向法治型、全能型向有限型、管制型向服务型转变。因此，我们可以理解为，政府治理能力是国家治理能力的重要体现，其核心特征与国家治理一脉相承，它是以制度化为根本保障、协同化为基本手段，多元主体参与政府治理的过程。从这个层面看，治理能力现代化是以政府信用为基础、实现善治为目标，以规范权力配置和运行机制为重点的系统性改革，更加注重治理的制度化、民主化、协同化和高效化，主要表现为"治理结构+制度安排+治理绩效"。

现代社会资本的角色定位

社会资本是建立在信任关系基础上的社会群体及成员在特定的社会规范指引下相互交往、合作形成的一种网络关系。从本质上讲，社会资本是一种公共物品，它产生于人们的社会交往关系，主要以关系网络的形式体现，其核心要素是信任关系、社会网络和社会规范。当前，社会资本正经历着由传统社会资本向现代社会资本的转变，但传统社会资本存量仍较为充分，现代社会资本存量不足。推进治理能力现代化，更多的是发挥现代社会资本的作用，因为它更加注重个人能力的发挥和个人价值的实现，强调社会成员之间的自主、平等、信任和互惠合作关系。可以说，培育现代社会资本，有利于提高政府信用，改善传统治理框架，不断发挥多元主体的参与作用。主要体现在：

提高社会流动性。较高的社会流动性是维持长期经济增长的必要条件，也只有较高的社会流动性才能保证动态的机会公平，从而调动不同治理主体的参与积极性。从信任关系维度看，现代社会资本的培育主要依靠组织信任，政府治理如果缺乏组织信任的支撑，其有效性是难以实现的。现代社会全体成员之间的互动与信息交换都必须在抽象体系中的信任机制中进行。只有形成了普遍意义上的信任关系，社会成员之间的关系网络才能更复杂，社会资源的互动与信息交换才会更频繁，不同阶层的社会成员流动性才能得到提高。奥尔森说，当一个社会被各种利益集团所挟持，各利益集团的利益日趋固化，那么这个社会的发展就停滞了。因此，要通过加强社会成员交往，进一步增进彼此信任，包括社会公众对政府的信任,提高社会阶层的流动性,避免形成一种"拒绝合作"的稳定社会均衡。

增强治理回应性。网络是当今社会人与人之间沟通交流的重要纽带,是社会行动者及其彼此间关系的集合。以关系网络为载体的社会资本,可以为公民的利益表达提供多种渠道,促进政府与公众之间的良性互动,积极创造走向"善治"的有效空间。对于政府治理而言,重点强调政府与公众以及社会的合作理念,主张通过公共权力的分享来实现多元治理的有序互动。关系网络越广泛、越密集,公众就越有可能为了共同利益而积极参与,并且会放大其他个人值得信任的信息。通过公共参与网络,公众可以了解彼此的共同需求和利益差异,有效表达对政府决策的意见,从而有助于提升政府的有效回应,进一步扩大民主协商基础,为政府治理奠定稳固的民意基础。

发挥主体多元性。治理的实质是建立在市场原则、公共利益和认同基础上的合作,它所拥有的管理机制主要不是依靠政府的权威,而是依靠合作网络的权威。现代社会资本最具特色的,就是构建了这样一个合作关系网络,使得不同社会主体通过合作、协商、伙伴关系等方式对公共事务进行管理,其权力向度是多元的、相互的。这种多元主体参与也是治理的核心要素之一,也是善治所倡导的"政府权力让渡"。由此可见,现代社会资本在治理能力现代化进程承担着重要角色。具体而言,信任基础使得不同参与主体愿意并敢于表达自身的立场;关系网络使得不同参与主体的意见和诉求能够通过畅通的渠道和关系路径得以表达;由互惠形成的社会规范反映了不同参与主体之间相互信任和紧密合作的整体秩序。

社会资本的外部效应及影响

政府治理的关键问题,是转变政府职能、创新管理方式,构建以信用为基础的服务型政府,进而为形成多元治理创造环境。社会资本理论有助于引起人们对非社会状况、经济条件、政治传统等因素的重视,主要关注人与人之间的社会关系以及镶嵌在社会结构中的信任、规范和参与网络等公共精神。基于文化传统和特定的历史背景,社会资本也有可能导致"拒绝合作",传统习俗、潜在规则等非正式关系也有可能对政府治理及其社会资源分配产生不良影响。由此可见,社会资本是一把双刃剑:如果运用得当,能够更充分地释放制度红利;如果运用失当,则会使治理活动陷入泥淖。

从正外部效应看,社会资本为有效政府治理创造了优良的社会土壤,促成了经济的繁荣和民主政治的良好运转,是创新政府治理模式、提升政府治理绩效的重要前提。我们可以称之为"积极的社会资本",它一般与横向的、开放的组织结构、社区文化和公民文化、自治的社团组织相联系,其结果是形成普遍的信任关系。卡雷斯·鲍伊斯(Caries Boix)分析了社会资本促进政府治理的五个微观机制:(1)积极参与公共事务的网络可以增加官僚的责任感,同时扩大人们的利益表达渠道;(2)如果人们对他人遵守政府规则的信任度增加,就会减少政府强制执行的成本;(3)社会资本可以形成一种公民美德,努力培养人们对公共事务的关注;(4)官僚之间的信任和合作可以降低上级监督下级的费用,从而提高官僚的工作效率;(5)社会资本可以促进精英之间的妥协，消除不同群体间的隔阂。

从负外部效应看，社会资本作为一种非正式制度安排，是正式制度缺位情况下的一种不得已的安排。虽然能够对政府治理现代化有积极作用，但若缺乏正式制度的引导与规范，反而会妨碍政府治理绩效的提升。我国传统社会规范与伦理是在血缘关系或拟血缘关系基础上构建的，社会资本主要镶嵌在以家庭为核心的家族关系、朋友关系当中。在这样的条件下，社会资本外部性的发挥使得以家庭为核心的小群体联系愈加紧密，加剧了群体结构的封闭性，导致社会对立的困境。进入现代社会后，由于各种伦理观念对中国传统伦理的冲击，传统的小群体式的关系模式得以保留，但维系关系的关键则逐渐由"血缘"转变为"利益"，在功利主义的催化下原本严格的小群体内部的权利义务关系也变得松散不堪，形成了为社会道德所不容却又无孔不入的"圈子文化"，腐败社会网络也就由此产生。

社会资本的良性积累：提升政府治理的重要抓手

从社会资本理论角度看，当前存在的许多不良社会风气都与官本主义有关，它在破坏公共生活社会资本的同时，本身也成为不良社会资本而积累下来，并不断放大负面效应。一旦在关系、规范、信任之间形成恶性循环，社会资本便进入不良状态，极大地影响政治生态的健康发展（时和兴，2015）。如何规范和引导社会资本，构建良性社会资本积累的政治生态机制，是推进政府治理能力现代化的重要议题。因此，需要把握政治生态系统在不同层次的复杂性，进一步整合社会资本，着力培育现代意义上的社会资本,进而形成良好的政治生态。在讨论良性社会资本获取与积累时,主要从社会规范重构、关系网络重塑、信任关系重建三个方面进行阐述。

社会规范重构:非正式规约的合理引导

通常来说,社会规范有正式与非正式之分。正式的社会规范主要指法律、法规、规章等具有法律效力的规范;非正式的则主要指社会生活中没有正式成为法律规定但被广泛认可和遵循的规范,例如道德规范、生活习俗等。正式规范与非正式规范间有紧密的联系,一般来说正式规范会反映部分非正式规范的内容并且对公民具有实际的强制约束力;非正式规范的范围比正式规范更加广泛,虽然没有国家机器作为强制约束的保障,但通过舆论压力、渗透等方式对人们的思想观念和行为方式有重要乃至决定性的影响。正式规范如与非正式规范目标一致,则非正式规范能够支持正式规范的执行,如果两者出现冲突,非正式规范的影响可能会阻碍正式规范发挥作用。

秩序良好的公共生活以正式规范和非正式规范的一致性为基础,这样才能产生既合理又合法的权威,建立非人格化的权威服从关系。然而,官本位、个人权威等不良社会资本及其所依附的非正式规约,扭曲了权利和义务、正式规范和非正式规范、法理和伦理相互之间的关系,严重影响着社会的信任和互惠程度,其根本原因还在于现代民主法治精神的缺失。重构社会规范,不是全部否定传统习俗、宗族关系等非正式规则,而是对其中一些与法治精神相违背、不利于政府治理的规约加以合理引导,对其中的积极因素加以讨论转化为理性的正式制度。

改变人格化的权威服从关系,就是要打破传统依附式的交往关系规则。无论在公共生活中以何种关系状态存在,所有行为主体都不得违背法治精神和公共伦理,不能以"圈子文化""潜在规则"代替法律制度。没有稳定的制度结构和稳定的行为预期,就不利于构建法治社会、法治政府。因此,政府要强化制度建设,坚持依法行政,降低人际关系在资源配置中的重要性,使社会资本成为法治的弥补和社会良性运转润滑剂。只有如此,才能够为社会资本的良性积累打下坚实的制度基础,使积极的非正式规约逐步上升为正式规约,同时努力改造落后的非正式规范。

关系网络重塑:不同关系型网络的有效回应

要实现社会资本的良性积累必须重塑关系网络,提高公民的政治积极性和参与意识。自主参与公共生活和集体行动的各种主体作为社会网络的节点,通过契约精神串联在一起,构成完整的社会交往结构。这种关系网络呈现平等性、自主性和契约式特征,通常在公共领域开展合作实现资源有效配置。如何为公民平等参与提供创造公共空间,有序推进社会组织自治发展,成为治理能力现代化进程中重塑关系网络的关键。开放畅通的社会网络能够促进不同群体间的沟通与协作,有利于彼此间信任关系的建立,进而提高社会治理绩效。然而,如果社会网络中存在彼此割裂的"小圈子",事情则截然相反。因此,需要正确区分"强关系"社会网络和"弱关系"社会网络的特征,尽快建立和完善"官民共治"的制度框架及回应机制,让更多的公众通过合法方式有序参与公共生活的管理。

应该看到,基于传统血缘、地域以及共事关系形成的社会网络属于"强关系"网络，个人社会资本在促进区域经济发展、改善政府治理方面也发挥了积极作用。从已有观察中可以发现，地方政府主要官员从异地交流任职，通常都会借助在原来工作地方积累的个人社会资本，带动各种社会资源流向新的工作地方，尤其是在产业招商、企业融资、吸引人才等方面表现更为突出，这是正式制度安排下资源整合所不具备的先天优势。只要在这种关系网络交往过程中不发生利益输送、徇私枉法等腐败行为，这种官员自身积累的个人社会资本是可以有效利用的。由于"强关系"网络既有内部协作默契的优点，也存在较大封闭性和割裂性，容易成为"潜规则"滋生的土壤。此外，"强关系"的社会网络也不利于培育多元参与主体，因为这种网络有着较强的群体规则和内在契约，往往是某几个关键节点控制着社会网络的运作。

与之相对应的是"弱关系"网络，它在群体、组织之间建立联系纽带，不同行为主体之间互动频率较弱、关系较弱。社会网络本质上是一种弱关系，体现了理性的社会交换，人与人之间的正常交往互动通常是通过"弱关系"网络实现的。因此，一方面，应构建以"弱关系"为主导的开放畅通的社会网络，注重回应不同群体、不同组织的利益诉求，扩大关系网络空间；另一方面，要注意"强关系"社会网络可能滋生腐败现象，使"强关系"不能越过法律为圈子内部成员牟取利益，要引导"强关系"网络中成员通过合法方式开展投资合作。

信任关系构建：社会信用体系的不断完善

信任的发生依赖于社会环境的可信赖度、社会结构信息流动的能力、与奖惩相伴的规范。一定程度的信任等社会资本要素对于地方治理是必不可少的，它可以为政府治理培育理性而积极的参与主体。在公共事务参与过程中，公众之间的信任与合作至关重要，直接影响了政府治理的效果。政府工作人员只有与公众加强联系，增强互信，才能切实了解公众的期盼与需要。由此可见，信任是社会资本的核心和基础，社会信用体系建设首先应从政府开始。然而，政府本身不守信在现实生活中已经司空见惯，成为构建社会信用体系最大的难题。一方面，社会信用建设需要凭借政府的力量；另一方面，政府在很多时候又是社会信用的最大破坏者。虽然不能绝对地认为政府的一次失信会让社会信用体系彻底崩溃，但至少可以说它会使社会信用体系遭受沉重打击。

重建信任不能成为抽象的口号，而是要有实实在在的行动机制，只有对非正式规约加以合理引导，有效回应不同类型关系网络的需求，才能在交往互动中获得社会公众信任。第一，需要加快转变政府职能，明晰政府权力清单、责任清单和负面清单，加大政务信息公开力度，确保行政权力法制化运作。第二，在信息公开的基础上，要充分调动公民参政议政的积极性，通过广泛的社会网络构建与公民的良好回应机制，让公民在政府治理过程中扮演重要的角色。第三，政府应秉持公共行政精神，切实尊重公民合法权益，不断提高公共行政人员的责任意识和处理公共事务的能力，使之在行使公共权力的过程中实现公共利益最大化。

总之，信用政府是现代社会政府发展的基本形态，也是行政价值的基准线。一个始终以广大人民群众利益为出发点，以民主、法治、高效、廉洁为价值基础的信用政府，才是值得信任的政府、充满活力的政府、廉洁务实的政府。

后记

立足新方位,凝聚新势能
——兼谈"三破""三立"新经济法则

智石经济研究院执行院长、研究员 朱克力

(一)

子在川上曰:"逝者如斯夫!不舍昼夜。"时间一如既往,不疾不徐,改变着这个世界,使之面目全非,只留下一堆堆记忆的碎片。不管人们多么不情愿,时光就这样如水而过,进而横扫世间一切……任何事物离开了它,都会变得毫无意义。

2016年,从国际到国内,发生之种种,光怪陆离,跌宕起伏。谓之"黑天鹅之年",应属不虚。无论英国脱欧、美国大选,还是A股熔断、货币贬值,无不令人猝不及防甚至大跌眼镜。不确定性越发常态化,世界变局也越发深化,更加接近新的"奇点"。

2017年,站在历史新方位,展望大未来和小趋势。"新方位"是中央经济工作会议期间的舆论热议,融合了"新常态"(速度变化、结构优化、动力转换)、"新理念"(创新、协调、绿色、开放、共享)、"新实践"(供给侧结构性改革),对中国经济进行了新概括。

当前及今后一段时期,全球经济和中国发展面临诸多新机遇、新挑战,一股从过去和未来穿越而来的"洪荒之力",正在激荡与聚合,迎来一场全面的历史性变革。

(二)

从国际看,逆全球化、贸易保护主义、美联储加息、汇率动荡、新一轮科技和产业革命、发达国家回归实体经济、发展中国家低成本竞争等现象,对中国而言机遇与挑战并存。

从国内看,创新驱动、"双创""中国制造 2025""互联网+"、新型城镇化、京津冀协同发展、长江经济带发展、"一带一路"建设等重大战略深入实施,带来了全新机遇。

立足中国经济新方位,面对上述机遇与挑战,如何抉择?国务院发展研究中心主任李伟研究员的回答是:"通过改革释放创新活力、创新培育发展新动能,以新动能支撑经济较快增长,以新动能优化经济结构,以新动能化解潜在风险。"

基于此,新动能的逻辑,拆解开来就是:改革激活新动力、创新迸发新势能、开放汇聚新经济。循此思路,通过近十年来对新经济的观察与研究,我总结和提炼了以"三破""三立"为内核的新经济法则,旨在解释并启迪"互联网+"大数据时代的转型与创新。

（三）

什么是"三破""三立"？

"三破"，即破介、破界、破诫。这是对当前整个新旧秩序转换中，正在发生的去中心化、跨界创新、规则重构的描述与概括。

破介。互联网的大规模协同和去中心化，打破了传统分工，大大削弱甚至正在消灭许许多多的传统中介。

破界。"互联网+"连接一切，大数据使资源使用无远弗届，趋于零边际成本，打破组织、行业和国家边界。

破诫。新经济的快速迭代与颠覆，人们越发追求个性、崇尚价值共享，一些旧规则和旧诫律已不足为训。

"三立"，即立志、立智、立制。这是指个体、组织、国家在此转换中，应树立战略布局、智慧整合、制度建设等系统性思维。

立志。战略布局——看清大势，梳理战略新目标；脚踏实地，志存高远。

立智。智慧整合——壮大实力，明智参与新趋势；修炼内功，"智"在必得。

立制。制度建设——持之以恒，改写制定新规则；水滴石穿，"制"胜之道。

以上"三破""三立"新法则的雏形甫一提出，就有学界朋友美言，这是一种通俗的新经济理论或创新方法论，洞见深邃自成体系，期待深化完善云云。对此愧不敢当，诚望通向新经济时代的转型哲学更为丰富多彩。

一家之言何须敝帚自珍，能让读者诸君有所体悟，就心满意足了。